大夏书系 | 语文之道

FAXIAN
YUWEN ZHIMEI

第二版

发现
语文之美

杨 斌——著

华东师范大学出版社

·上海·

图书在版编目（CIP）数据

发现语文之美 / 杨斌著. — 2 版. —上海：华东师范大学出版社，2024.
—ISBN 978-7-5760-5221-3

I. G633.302

中国国家版本馆 CIP 数据核字第 20245B5W93 号

大夏书系 | 语文之道

发现语文之美（第二版）

著　　者　　杨　斌
策划编辑　　杨　坤
责任编辑　　韩贝多
责任校对　　杨　坤
封面设计　　淡晓库

出版发行　　华东师范大学出版社
社　　址　　上海市中山北路 3663 号　邮编 200062
网　　址　　www.ecnupress.com.cn
电　　话　　021-60821666　行政传真 021-62572105
客服电话　　021-62865537
邮购电话　　021-62869887
地　　址　　上海市中山北路 3663 号华东师范大学校内先锋路口
网　　店　　http://hdsdcbs.tmall.com/

印　刷　者　　北京季蜂印刷有限公司
开　　本　　700×1000　16 开
印　　张　　17
字　　数　　259 千字
版　　次　　2024 年 8 月第一版
印　　次　　2024 年 8 月第一次
印　　数　　4 100
书　　号　　ISBN 978-7-5760-5221-3
定　　价　　62.00 元

出　版　人　　王　焰
（如发现本版图书有印订质量问题，请寄回本社市场部调换或电话 021-62865537 联系）

某些定理和理论具有堪称范例的那种多样性中具统一性的迷人性质。当我们做出了这样的发现的时候，我们内心感到极大的满足，并产生非常巨大的愉悦。这种高度的美既可以在数学中也可以在经验科学中发现。

　　　　　　　　弗兰西斯·哈奇森（Francis Hutcheson）

目 录

辑二

主张：让思想冲破牢笼

辑三

课例：追寻文字背后的意蕴

辑
四

札记：那些滋养
那些人

序　言

　　杨斌老师新著《发现语文之美》即将出版，寄来书稿，嘱我写序，我深感荣幸。

　　杨斌老师探索语文教育规律，坚持不懈地执着追求，在课堂教学实践与文字诉求两方面同时着力，相互促进，相得益彰，结出累累硕果，令人尊敬。

　　母语教学是世界难题，如何有效地提高母语教学质量，往往众说纷纭。西方文字有其传授的特点，汉语言文字更是有自身独特的优势、特色及难度，非西方文字所能比拟。当今，有些人的脑子里认为什么都是外国人的好，从理念到操作，模仿、移植乃至抄袭，对语文教学而言，大概无济于真正提高质量，提高学生理解与运用语言文字的能力，提高学生的语文素养。

　　提高语文教学质量确实有诸多途径、诸多方法，且仁者见仁，智者见智，但有一点必须遵循，即必须遵循语文学科的本质特征。如果只见技，不见义，或人为地把技、义剥离，总非教学的上策。任何教学都具有教育性，丢失了教育性的教学，轻则苍白无力，落入重技轻人的窠臼，重则失魂落魄，难以实现教书育人的目标。语文教学中教育元素极其丰富，美之发现与鉴赏当然也是其中应有之义。

　　汉语之美，美不胜收。鲁迅先生说："音美以感耳，形美以感目，义美以感心。"语文教学每节课都在与音美、形美、义美的汉语言文字结伴，教师只要目光敏锐，就会自觉地引领学生在语言文字中徜徉，在咀嚼、品味过程中发现美，领悟美，赏析美。

曾记得教育家苏霍姆林斯基这样说："美——是道德纯洁、精神丰富和体魄健全的强大源泉。"他又说："美是一种心灵的体操——它使我们的精神正直，心地纯洁，情感和信念端正。"显然，崇尚美、欣赏美会使人变得高尚、优美起来。教学中带领学生学会找到美、评判美，给学生以熏陶感染，是教师义不容辞的责任。

语文教材中所选诗文，一般来说，均文质兼美，寓含着极其丰富的美育资源。打开课本，语言美、自然美、人性美、逻辑美、风格美等有时会扑面而来。如何运用这些优质资源，对学生施以良好的审美教育，关键在于教师有一双慧眼，对诗文的遣词造句、谋篇布局的表象有穿透力，识得作者的匠心别具，从而精准地把握住诗文的真谛。讲求语文之美，绝不是贴标签外加，更不是故作姿态拔高，而是把文字表述与情意内涵融为一体，春风化雨，滋润学生心灵，力求做到"清水出芙蓉，天然去雕饰"的教学高境界。

杨斌老师为此高境界而艰苦跋涉，从理念提升到躬行实践，从阅读到写作，不断探索，尽心尽力。今日将长期探索的做法、经验结集出版，必能对语文同行有所启迪，对语文教学改革起助推作用，意义非凡。

于漪

2012 年 10 月

导　言

　　大约是三年前的一天，我在网上检索资料。无意间，在一个语文课题的网站上发现一篇文章《用心发现语文之美——读杨斌〈语文美育叙论〉》，作者是徐州一位素不相识的语文老师。文章写道："从自己当初毫不犹豫地选择学习语文专业至今，我心中对语文的喜爱从没有改变，也一直在心中认定语文对一个人的一生应该不可或缺。究竟是怎样的一种不可或缺呢？我始终把模模糊糊的想法掩藏于心，不是不想表达，是没有思考透彻，没有寻找到能够表达出来的言语。而当在现实生活和教学实践中，又屡屡地发现语文受到冲击，本该对学生的精神成长最有影响力的语文似乎远远不是本来所想的那样；想张口辩驳，却又发现是那么的苍白无力。我愈加想寻找到自己心里想表达的话语，也相信语文对人生一定有着绝不可忽视的重要价值，只是我暂时还没有找到。今天，在这本书里，我找到了一些自己想说想表达的意思，让我高兴并且感谢。"[①]

　　读毕，我喟然一叹，如逢知己。确实，真正一语中的点破我语文教学思想内核的，就是这一句话：发现语文之美！也就是为了这一句话，我在语文教学之路上一蓑烟雨无悔无怨，不计收获只问耕耘，几十年如一日地做了回辛苦而执着的"农人"。

---

① 　陈艳：《用心发现语文之美——读杨斌〈语文美育叙论〉》，《中学语文教学参考（初中版）》2011年第1期。

一

最初走上语文讲台，是在家乡濒临黄海的一所乡镇中学——堆沟中学。师范毕业伊始，即碰上了"文化大革命"结束后初中恢复三年制的首届初三，而且一教就是六年（后三年在张湾中学执教）。可能是进入师范之前曾经当过几年民办教师的缘故，也许是因为年轻人特有的那份激情吧，那时的初三语文课教得一点也不累；非但不累，而且非常享受课堂上和学生一起读读讲讲其乐融融的感觉。但是，说实话，那时候对语文教学还谈不上有什么认识，语文课怎么上，主要还是"跟着感觉走"。

1985 年，我调入省重点中学——灌南县中学。幸运的是，我遇上了对我的教学观念产生很大影响的李坦然老师。李老师是我们的教研组长，我又恰好和他同教一个年级，因此听李老师的课便是家常便饭。几节课听下来，我便发现李老师的课与一般的课不同：没有流行的从时代背景到段落大意的固定模式，印象中似乎也没有刻意追求什么教学的重点、高潮，更没有盛行于当时观摩课上演讲一般的慷慨激昂之态。一切，都来得十分自然，也十分流畅，像乡间的小河款款流淌，浸润其间的是对语言、对文字的品味和赏析。记得有一次，听李老师讲《为了忘却的记念》。稍作介绍之后，李老师即让同学们读书。这在讲风颇盛的当时，可是不够时髦的事。读了一阵子书之后，开讲第一段。李老师挑出了两个词语让大家比较。为什么"悲愤总时时袭击我的心"，而要摆脱的却只是"悲哀"？一个小小的问题，却一下子抓住了文章的核心内容，激起了课堂上的一潭活水。同学们的讨论非常热烈，课堂气氛十分活跃。我觉得，这才是真正的语文，原汁原味的语文，脱离了种种概念、程式和现实利害的语文。

当时，正是语文教改风起云涌、流派迭出的时代，各家观点层出不穷，种种旗号此起彼伏。有时，我会"鼓动"李老师也去"杀"上一枪。要知道，老先生可是 20 世纪 50 年代北京大学中文系的高材生，读大三时已在《文史哲》上发表了 9000 多字的学术论文，还曾参加过《现代汉语词典》《中国文学史》的编纂；他的同班同学谢冕、张炯、孙玉石、孙绍振一个个都顺理成章地成为中国文论界的"大腕"人物，而他，却因1957年的一场风暴，一直在中学语文教学园地默默耕耘。这样一位出身名门、根底深厚的老教师，对语文教学是有资格经常说点什么的。然而，李老师没有讲，不是没机会，而是不愿意。有时闲聊到语文教学的某个问题，他会不经意间冒出一句："不能这样吧。"

而我，则幸运地"听"到了李老师的许多声音。从课内到课外，从观念到实践。从李老师的"声音"里，我悟出了语文教学的不少门道，也让我在起步之时少走了许多弯路。受李老师的影响，我也努力追求一种朴实无华的教学境界，教学中总是力求在课文中找出一个个语言的精彩亮点，让同学们去讨论，去发现，去揣摩作者的用意，去领悟语言的魅力。当时还无力对它进行理论概括，但我已经朦胧地感觉到，理想中的语文教学似乎就应该像李老师这样，沿着"语言"（或说"言语"）的路径，走向更深更远的地方。李老师，是我语文教学的引路人；李老师的教学实践，也是我语文教学思想萌生的最初"温床"！

二

真正理性地省视自己的语文教学，是在读了李泽厚的《走我自己的路》之后。关于这本书给我的启发和帮助，我曾在多个地方说起。而要说清我研究语文之美的因缘，这本《走我自己的路》，确实是一个绕不过去的话题。

这是李泽厚的一本杂感集，有序跋、散文、杂文、治学谈、答记者问等各类文章百余篇。作者自谦说，是"不伦不类，不知是什么味道"，而在我读来，却是在品尝一道道色香味兼具的美味佳肴。给我启迪最大的是作者的"治学经验谈"。李先生多次在讲演和文章中反复强调"读书要博、广、多，写文章要专、细、深"，要"以小见大""由小而大"，"题目越小越好"，"可以有一个大计划，但先搞一个点或者从一个点开始比较好"。在谈到研究题目的选择时，李先生强调，"应该在自己的广泛阅读中，发现问题，找到前人没有解决的问题或空白点，自己又有某些知识和看法"；要兼顾主客观条件，选择"在主观上适合自己的基础、能力、气质、志趣的方向、方法和课题，而不是盲目地随大流或与各种主客观条件'对着干'"。这些话也许不算什么特别新颖的见解，但由李先生这样的知名学者结合自己的学术经历说出，却使我有如久旱逢甘霖。

李先生的话给我以极大的启发。作为一名中学教师，客观条件的限制使我的理论素养必然只能"蜻蜓点水"，但我也有我的优势，那就是在语文教学实践方面积累了不少经验体会，我何不扬己之长、避己之短呢？于是，反观自己的语文教学实践，从审美视角去透视教育教学问题便成了我的选择。我选了语文教学领域的一个个很小的点：教学情境、教学情绪、教学风格、教师素质、教学创造……结合自己的教学实践，从审美的角度作些探讨。很快，第一篇论文便在《教育研究》上发表。这给了我以极大的鼓舞。从此，一发而不可收，我就这样开弓没有回头箭地走上了漫漫语文教研之路。

就在整理这篇教学思想录的时候，我编选的《李泽厚论教育·人生·美——献给中小学教师》也正在华东师范大学出版社紧张编排。在编者介绍中，我写下这样一段话："和李泽厚的书一见钟情，30年长相厮守，沾溉良多。编选本书，只是一种微不足道的答谢；同时，也希望能为转型期的中国教育加添一点思想养分。"这的确是我的肺腑之言！没有李泽厚《走我自己的路》，我就没有机缘走上语文教研之路；而没有后来30年李泽厚思想的持续浸润，也就不会有我语文教学思想的形成和深化。这么说，绝不是要标榜我的思考和实践达到怎样的境界，漫漫语文之旅，我仍然只是在海滩拾贝；而是这些年来的语文乃至整个教育田园，喧嚣浮华的东西实在太多，令人眼花缭乱、目不暇接，是哲人的思想和智慧让我保持一份清醒和冷静、淡定和执着。

三

到底什么才是真正的语文之美？究竟从怎样的路径走向语文之美？我想，它不应该是教学内容。讲述什么是美、有哪些美、怎样才美等，那是大学美学课的任务，显然不是也不可能是语文教学的内容。它也不应该是教学方法。课堂教学的环节、步骤、操作流程等，那是师范院校语文教学法的任务，不是也不可能是语文教学的内容。发现语文之美，应该是一种教学思想、一种教育观念，它会影响你、指导你在教学中选择什么，欣赏什么，也会启发你、指引你在教学中如何去选择，怎样去实践。

我所理解的语文之美，简而言之，就是在语文教学中体现美的精神和原则，给学生带来发现的愉悦，创造的快乐，成功的体验。换言之，语文之美不是要教师在课堂上大谈哪里是自然美，哪里是心灵美，哪里是人格美。那种"贴标签"式的美与语文无关。语文之美是让学生在语文学习过程中，潜移默化地去发现和感受。首先，是教学内容的选择，不应把鲜活的语文挤压成干巴巴的咸鱼干似的几道习题，而是发掘语文自身魅力，包括内容之美和形式之美，用这些"美"滋养学生心灵。其次，语文之美的发掘又必须和语文因素水乳交融，而不是抛开"语文"，空谈美。最后，语文学习的过程也应符合美的精神和原则，那就是让学生的思想和心灵自由，而不是只把学生当作容器。应该充分创造条件，凸显学生的主体地位，给学生以发现和创造的自由，为学生提供知识生成、能力形成和精神养成的广阔空间。总之，语文学习的过程应该是"发现"的过程："美的发现"（发现语文之美）和"发现的美"（在发现过程中学生体会到的喜悦和激动）。发现知识之美，也接受知识之美熏陶，同时，发现的过程中也会感受"发现之美"。发现语文之美要求学生成为学习主体，充分发挥学生的积极性、创造性；也对教师的教学素养提出比较高的要求，譬如选择教学方法、创造教学艺术、营造和谐氛围等。正是在这一点上，语文之美和现代教育的观念高度一致地吻合起来。

这样的理解对吗？首先，它是对前辈教育思想的继承和借鉴。叶圣陶、夏丏尊、朱自清先生都用他们的思想和实践对此作了生动诠释。叶圣陶一贯主张教育重在育人，重在为人生奠基，在语文能力培养上，注重"涵泳""体味""揣摩"，把语言学习和语感培养、情感修炼结合起来。夏丏尊注重语感培养，在语文的形式上多有阐述。朱自清强调语文学习就是学习文化，学习文言文是"古典的训练，文化的教育。一个受教育的中国人，至少必得经过这种古典的训练，才成为一个受教育的中国人"[①]。他们不仅在理论上作了深刻阐述，而且留下了很多富有启发性的教学实例。其次，也是对现代教育理论的运用和发挥。现代

---

① 朱自清：《朱自清全集（第二卷）》，江苏教育出版社1996年版，第32页。

教育理论强调教育不仅仅是教书，教育过程是教师学生共同参与、创造和生成新内容的过程。在课堂情境中，教师的主体性充分发挥的过程即是教师"创作"课程事件或"创生"课程的过程。在课堂情境中，教师与学生创造并解释课程事件，这个过程也是美的创造和体验的过程，而在融洽和谐的氛围中，语文知识和能力的生成也应该水到渠成，相得益彰。最后，从学术界研究成果中得到的启发，譬如申小龙的文化语言学理论，王尚文的语感论，于漪、钱梦龙的语文教育实践，都给了我很多学理上的启迪和帮助，不断丰富自己对汉语言规律和语文教学的认识。而当我接触到让·皮亚杰（Jean Piaget）的发现式学习理论之后，恍然明白：原来自己多年懵懵懂懂、磕磕碰碰的努力，竟然也和这位教育学大师的思想方向大致吻合。

四

为什么要在语文教学中发现语文之美？暂且不论语文课应该承载的精神滋养和情感熏陶功能，仅就语文教学本身而言，这也是一个十分重大而严肃的课题。

汉语言突出地具有人文性，而且这种人文性应该和语言紧密地结合在一起。人文就在语言中！紧紧地抓住"语言"这个抓手，深入体会语言的精神内涵，就是抓住了汉语言的人文性特征。同时，语文能力的培养和提高也就在发现语文之美的过程中逐步达成。因此，一方面，我不赞成置语文素养、语文能力于不顾，空谈和"语文"不沾边的人文精神；另一方面，我也不赞成让语文学习仅仅停留在"习得语言规律，培养语文能力"的基本层面，那样势必还是回到问题的起点，重新落入单纯"工具性"的窠臼。发现语文之美追求的理想是在"语文学习"中濡养精神，在"人文滋养"中学习语文。总之，从"语言"入手，却又不仅仅停留在语言，再向前走一步，就会触摸到更为具体、更为鲜活、更为深刻、更为丰富的人文。窃认为，我的这一语文观在洞悉学科本质属性、把握语文教育规律方面，能够在一定程度上作出比较辩证的回答和富有积极意义的探索。

其实，如果从教育学的视角进行考察，发现学科之美也是一个颇具普遍意义的课题。近几年，我正是在总结提炼语文教学思想的基础上，由此及彼，从语文学科走向整体教育，欣喜地感悟到了发现学科魅力或者说学科之美的重要意义。

英国教育家赫伯特·斯宾塞（Herbert Spencer）有一段著名的话："你会设想一滴水，在俗人眼中看来只是一滴水，而一个物理学家懂得了它的元素是由一个力量集结在一起，而那力量突然释放时可以引起闪电，在他的眼中那滴水会是什么？你会设想在普通人不经意地看来只是雪花的东西，对于一个曾在显微镜中见过雪的结晶的奇妙多样形式的人不会引起一些较高的联想吗？你会设想一块画了些平行线痕迹的圆岩石，对一个无知的人和一个知道一百万年前冰河曾在这岩石上滑过的地质学家，能激起同样多的诗意吗？"①斯宾塞用"诗意"一词来解释知识的魅力。对于语文来说，语文之美，就是作者凭借文字营造出来的氛围、意境、思想情感，是作者流淌在文字中的生命，是源自作者心灵的歌哭，或者说，就是作者的心灵。同时，语文之美，也是作者凭借文字呈现出来的母语自身的魅力，或者说是语文形式的魅力。不同的文体有不同的魅力，不同的风格有不同的魅力，不同的表达方式也有不同的魅力，甚至不同的教学个性、不同的教学语境都会碰撞、生发、创造出不同的语文魅力。

知识为什么会美？因为美和真是相通的。自然界本身的规律叫"真"，真与善、合规律性与合目的性的这种统一，就是美的本质和根源。教学内容反映的是各个科学门类的客观规律，这些规律凝结着人类的智慧和劳动成果的结晶，这里也同样有着如李泽厚所说的"真与善、合规律性与合目的性的统一"，从而可以"以美启真"②。"以美启真"何以可能，因为世界上的事物有许多相同的结构，它们相互对应，同形同构，有些是不能用语言表达出来的，只能用理知直观，即通过科学美而感受和发现它。所以沃纳·海森堡（Werner Heisenberg）说，美是真理的光辉、自由的万能形式。这种科学发现或创造直观与艺术家对

---

① 杨斌：《什么是真正的教育——50位大师论教育》，福建教育出版社2010年版，第93页。
② 李泽厚：《美学四讲》，天津社会科学院出版社2001年版，第121页。

艺术美的发现创造一样，两者具有许多相通或相似之处。依此类推，教师在教学中完全可以引导学生通过感受知识的魅力去感知学科内容。是否发现学科知识之美，很大程度上取决于教师钻研教材的深浅。真正钻研透了，发现了知识的内在逻辑结构，知识之美就自然而生。知识和美如水乳交融，无法截然分开，合则双赢，分则俱伤。深刻地把握了"真"，也就自然领悟了其中的"美"；寻找到恰当的"美"的路径，也就容易逼近事物的本质——"真"。我们很多老师之所以忽略了学科之美，往往不是缺少发现的眼光和能力，而是被庸俗的教学观遮住了双眼。问题的关键就在于，教师是否成为斯宾塞笔下的那位物理学家、地质学家或者手拿显微镜观察雪花的人！

因此，在我编著的《什么是真正的教育——50位大师论教育》一书中，我即从教育学整体构架出发，把"知识的魅力"作为全书的一个重要章节。我认为，学科之美应该成为教育学研究的重要内容和极具创新意义的突破口。也许，在未来的某一天，当你看到教育学园地里有一株破土而出的新芽，上面怯生生地写着"教育之美"的字样，亲爱的读者朋友，请不要感到惊讶。因为，这株新芽孕育和植根的土壤，正是本书呈现给您的思想：发现语文之美！

杨　斌

2012 年初稿

2013 年 2 月二稿

本文曾分别收录于《著名特级教师教学思想录（中学语文卷）》（丁帆主编，江苏教育出版社 2012 年版）、《中国著名特级教师教学思想录（二）》（朱永新主编，华东师范大学出版社 2016 年版）。

辑一

方法：发现和创造的双重变奏

发现和创造的双重变奏

可以毫不夸张地说，语文教学的过程，时时都有美的发现和创造的契机。这不仅因为语文教材中大多是文质兼美的名篇佳作，其间蕴藏着丰富的"美"元素，充分地利用它、开采它，可以给学生以多方位的陶冶，而且也因为面对这教材的是几十个性格各异、思想不同的活生生的"人"，这种性格和思想的撞击，为语文教学的艺术创造提供了不竭的源泉。

当然，并不是每一处美的风景或美的语言都要拿过来"发现""创造"一番，语文课毕竟不是美学课。关键是要抓住"牵一发而动全身"的问题，精心设计，精心组织，不仅让学生体会一番"发现"和"创造"的喜悦，而且要在这发现和创造的过程中，加深对课文的理解，从而产生情感（思想）的升华。这就是于漪老师所说的"熔知识、能力、情感陶冶为一炉"的综合效应。获得这种综合效应的前提，必须是语文和美的有机结合，浑然一体；同时，这种体现在语文中的"美"又必须由学生去发现、创造。

譬如，教学鲁迅的小说《药》的最后一部分，有心的教师不是首先倒出结论，大谈其景物描写对主题的烘托作用，而是着意引导学生去寻找景物的"色彩"，从而"曲径通幽"，体味作品深邃的思想内涵和精湛的艺术技巧。一堆一堆的"黄土"，"几点青白小花"，"支支直立"的"枯草"，"铁铸一般"的"乌鸦"……冷色调的景物，传达着阴郁的气氛。而作家正是要借这"安特莱夫式的阴冷"来达到烘托悲剧效果的目的。这里，重要的是让学生去发现，在发现中体味，而教师只需要在关键处点拨。这对学生的收益是多方面的。一方面，使学生循着色彩—感受—思想情感的思路，深刻地领会作家的创作意图，受到情感的陶冶；另一方面，这种发现本身也充满了心灵的惊喜。这既是发现了美（作品本身的美学意味），也是发现的美（发现过程的喜悦）。因此，这种发现不单单是指对教材"美"的元素的欣赏，广义地说，一切发现都可以给发现者带来美。因为在发现的喜悦和激动中，发现者感受到了自己的"本质力量"。因此，我在教学《记念刘和珍君》一文时，曾让学生比较一些词语，让他们去体会"发现"的喜悦。

1. 可是我实在无话可说。我只觉得所住的并非人间。四十多个青年的血，洋溢在我的周围，使我艰于呼吸视听，那里还能有什么言语？

2. 我将深味这非人间的浓黑的悲凉；以我的最大哀痛显示于非人间，使它们快意于我的苦痛，就将这作为后死者的菲薄的祭品，奉献于逝者的灵前。

3. 真的猛士，敢于直面惨淡的人生，敢于正视淋漓的鲜血。这是怎样的哀痛者和幸福者？然而造化又常常为庸人设计，以时间的流驶，来洗涤旧迹，仅使留下淡红的血色和微漠的悲哀。在这淡红的血色和微漠的悲哀中，又给人暂得偷生，维持着这似人非人的世界。我不知道这样的世界何时是一个尽头！

4. 苟活者在淡红的血色中，会依稀看见微茫的希望；真的猛士，将更奋然而前行。

第1部分中我选择了"洋溢"一词展开讨论。首先让学生查字典，了解"洋溢"的词义是"充分流露"。然后讨论，此处应作何解释？不少学生答曰"充满"。为什么不用"充满"而用"洋溢"？表现了作者怎样的感情色彩？通过讨论，同学们认为："洋溢"一词说明作者无论在干什么，无论是白天黑夜，无论是睁眼闭眼，总会想到青年被杀的事，总会想到青年的血，因而用"洋溢"一词充分表现出作者的悲愤之情。

第2部分中我选择了"后死者""逝者""奉献"几个词展开讨论。"后死者"指鲁迅自己，"逝者"指刘和珍烈士，称"烈士"为表示对"逝者"的尊敬，作者为什么称自己为"后死者"？回答这个问题需联系全文。作者在文章中，在表现对烈士尊敬和怀念的同时，多次称自己为"苟活者"，为自己不能像刘和珍那样勇敢斗争而自责、自愧。正是出于对烈士的无比尊敬和对自己的自责，才称自己为"后死者"。称自己的文章为"菲薄"的祭品，乃是认为把自己的文章同烈士的牺牲精神、高尚的人格相比，显得微不足道，其实表达的仍是对烈士的崇敬。在讨论"奉献"时，我要求学生拿"奉献"和"贡献"进行比较，从词素分析的角度，让学生确切解释"奉"和"贡"的不同意义，从而明白此处用"奉献"表达的仍是作者对烈士的敬意。

第3、4部分中重点讨论的是"淡红""微漠""依稀""微茫"几个词。"血色"为什么是"淡红"而不是"鲜红"的？"悲哀"为什么是"微漠"而不是"浓郁"的？为什么是"依稀"地看见而不是"清晰"地看见？希望为什么是"微茫"而不是"强烈"的？结合课文不难看出，作者的用词是多么准确，传达的感情意味是多么贴切。对庸人来说，对烈士的事迹渐渐忘记，"时间的流驶"当然使"鲜红"的血变成"淡红"，庸人认识的模糊和立场的暧昧，对烈士的悲哀当然是"微漠"而不是"浓郁"，苟活者在烈士鲜血的教育下，逐步认清敌人的反动面目，倾向革命，但毕竟还没有成长为坚定清醒的革命者，因而只能是"依稀"看见"微茫"的希望。可以说，学生一旦领会到这些词语的意蕴，其心灵一定会受到震颤，情感一定会受到炙烤，而且这种意蕴如果又来自学生自己的"发现"，就更会有一种喜悦和激动（发现的喜悦和激动）油然而生。相反，如果不是由学生体味而是由教师"嚼"后吐出，味自然就寡淡多了。

创造和发现是一对孪生姐妹。发现的过程包含着创造。如前例，当学生感受着"黄土""枯草""白发""寒风"的意味时，头脑必然浮现萧瑟、凄凉、死寂的坟场氛围；当学生辨析着"淡红"和"鲜红"、"死"和"逝"的差别时，也不单单是词义的辨析，而是同时包含着对语言深层意蕴的体会，这便是一种审美创造。在阅读教学中，类似的审美创造是很多的，关键是要教师去精心选择发现的"点"。这些"点"既应该是富有思想情感内蕴的，又应该是和语言因素紧密结合在一起的。因此，教师的眼光就显得非常重要。

作文教学也是学生审美创造的重要领域。高明的教师是引而不发，含而不露，让学生用自己的眼去观察，用自己的心去思考，让学生去认识社会，体验人生，教师决不越俎代庖，把现成的结论强加给学生。1991 年的高考作文《"圆"的想象》之所以受到众口一词的称赞，就因为它给学生提供了极广阔的审美创造的余地。有的把圆想象成"夕阳"，表达"夕阳无限好，只是近黄昏"的意境；有的把圆想象成"磨盘"，慨叹"自我封闭""作茧自缚"的驴子式人生；有的把圆想象成一口"老井"，让它饱经沧桑，传达出纵深的历史感……可以说是佳作纷呈，学生的审美创造力得到了充分的发挥。在作文教学中进行艺术鉴赏也是一种创造。我在教学中曾做过这样的作文设计：

一位画家画了一幅名为《父亲》的油画，对于父亲的耳朵上该不该"夹圆珠笔"出现了不同看法，请同学们发表议论。

同时，我介绍了画的背景。题目公布后，两种意见针锋相对。赞成"夹圆珠笔"的人以鲁迅《药》的结尾为例证，说明文艺作品应该有些"亮色"，给人以鼓舞；反对者则从作品应该真实立论，指出"夹圆珠笔"不符合生活的真实，还从审美风格上指出，"夹圆珠笔"与父亲那满脸皱纹、饱经沧桑的老农形象不协调，破坏了作品的整体美。观点尽管不同，但作为一次文艺评论的习作，却取得了意想不到的成功，学生的审美创造力无疑得到了充分的发挥。

无论是美的发现，还是美的创造，都有待于教师的艺术调度。如果说有了学生发现和创造的双重变奏，才有语文教学之美这一华美乐章的话，那么，教师则是这支乐曲的指挥。同样的学生，同样的教学内容，在有些教师的课堂上，可能是谈笑风生，春风和煦；而在有些教师的课堂上，则又可能是死气沉沉，愁云惨淡。语文教学艺术的高下在这里泾渭分明。前者，即便教师不着一个"美"字，学生也会"美"从心来；后者，即使教师"美"语不断，学生也与"美"无缘！于是，教师是否有创造意识、创造力便成了问题的关键。富于创造性的教师，会苦心经营，为学生的发现和创造提供条件；缺乏创造性的教师，则往往抱残守缺，守着一本教参过日子。

"美的发现"和"发现的美"

发现语文之美，却必须警惕对语文教学危害甚大的"泛美化"倾向。"某某美"名词满天飞，其结果是败坏了语文教学的声誉，误导了语文教学的走向。它给人们一个强烈的错觉：发现语文之美就只是罗列、展览或者至多是赏析教材中的"美"。

诚然，语文教学之美应该而且必须挖掘语文教材中的"美"，这是毋庸置疑的，但仅仅停留在此，又是非常不够的。如果说利用教材中的"美"的元素，对学生进行美的熏陶，那是"美的发现"的话，那么，语文教学之美至少还应包括"发现的美"，即让语文学习的过程充满发现，让学生的心里充满了发现的"惊喜"与"激动"。美味佳肴，芳香陈酿，应该由学生自己去品评。教师越俎代庖、包办代替，再美的精品，学生也会觉得索然无味。死气沉沉的课堂，美从何来呢？

以《故都的秋》为例。作者在文中所要极力渲染的，是北国之秋的"清""静"和"悲凉"之美，从而抒发郁积于内心深处的孤独冷落之情。要深切理解作家的这种感受，引导学生体会秋景、体味秋的悲凉之美是重要的教学环节。如果不注重启发、引导，仅仅由教师去讲解、评论一番，那么，是很难引起学生心灵共鸣的。很可能是教师在台上欣赏得津津有味，学生在台下听得昏昏欲睡；或者，教师讲得头头是道，而学生收获甚少。因为，学生的心灵没有打开。有心的教师不是生硬地"倒"出结论，也不是廉价地冠之以"悲凉美"的标签，而是引导学生从一个一个具体的景观入手去分析、讨论一些富有启发性的问题。譬如，北京的秋景很多，为什么要在"一椽破屋"之下，"从槐树叶底"细数着"一丝一丝漏下来的日光"？为什么要在"破壁腰中，静对着像喇叭似的牵牛花的蓝朵"，而且是"以蓝色或白色为佳，紫黑色次之，淡红者最下"？为什么会想到"北国的槐树"的"落蕊"和"秋蝉的衰弱的残声"？通过讨论，学生慢慢地、细细地去领略作者笔下的"悲凉之美"。这样，不是教师去"讲解美"，而是引导学生去"发现美"。这是语文教学之美的一个重要方面。

与"美的发现"相比，语文教学更为看重"发现的美"。道理很简单，因为语文教材不可能篇篇都有美的风景、美的人物，但是语文教学应该每一节课都有让学生"发现"的契机和"创造"的酵母，语文创新教育也应该要求语文课堂成为学生"发现"和"创造"的殿堂。只有这样，才能培养出适应 21 世纪需要的创新人才。因而，"发现"不仅仅是指"美的发现"（发现了作品本身的美学意味），更应该是指"发现的美"（在发现过程中学生体会到的喜悦和激动）。后者可能因为更广泛、更普遍因而更具现实意义，这是语文教学更为广阔的天地。而这一点，往往为人们所忽视。

语文课堂上的"发现"为什么会给发现者带来美？因为"发现"会给学生带来心灵的惊喜和激动。在这心灵的惊喜和激动中，发现者感受到了"自己的本质力量"，感受到了一种情感、思想、智慧的愉悦、满足和升华，因而体会到了美。语文教材中可"发现"的东西很多，不是每一处"发现"都能带来"惊喜"和"激动"，也不是每一处能带来"惊喜"和"激动"的地方都要"发现"一番。我的体会是要抓住"牵一发而动全身"的问题。所谓"一发"，是指具体细微之处；所谓"全身"，是指不仅能让学生体会一番"发现"的喜悦，而且要能在这发现的过程中，加深对课文的理解，从而产生情感、思想或智力的升华，收到"熔知识、能力、情感陶冶为一炉"的综合效益，这样的"发现"才是有意义的。大体来说，"发现"可以从如下几方面入手。

第一，品味词语。语文教材对语言的要求很高，出自名家之手，经过千锤百炼、言浅意深、言简意丰之处甚多。品评词语不是一般的词语解释。在词语的选择上，应该是那些经过作者反复推敲、内涵隽永、言简意丰的词语；在教学的方法上，应该是通过老师的启发、引导，学生去比较、揣摩，品味其耐人寻味之处，从而加深对文义的理解和内涵的领悟。

"语言是思想的直接现实"，关键词语是作家艺术匠心的凝聚之处。"吟安一个字，拈断数茎须""两句三年得，一吟双泪流"，通过品评词语这一路径去领会作家思想、体味作家情感，从而引起学生心灵的共鸣，是语文教学人文化的重要内容。"在战争中学习战争，在游泳中学习游泳"，语言能力也只有在运用语言的实践中才能提高。选择经过作者精心锤炼、含蓄隽永、富有意味的关键词语让学生反复品味，是语言思维的训练，也是情感意味的品评。这样才能使学生的心灵产生共鸣，获得成功的愉快体验。这是真正突出学生的主体位置，使学生的主动性、创造性得到充分发挥，从而在语言学习的活动中产生审美发现的激动和喜悦。品味词语可以采用比较法，如汪曾祺的《胡同文化》中有这样的句子："穷忍着，富耐着，睡不着眯着。"这个"眯"字就大有品味的必要。我让学生比较，为什么不用"闭""闲"？经过讨论，学生发现，"闭""闲"没味儿，体现不出北京人心情的闲适、轻松。那种睡不着别烦躁、别着急、悠着点的心态，唯有"眯"字最为传神，这是安分守己、逆来顺受、万事"忍"为先的胡同文化的典型体现，其中有无奈、有辛酸、有不满，有作者对这种没落文化的欣赏和调侃。这些文字，看起来平淡无奇，却有深厚的文化意味，如同陈年佳酿，越品越有味。这种味道如由老师道出，则成了别人嚼过的馍。我的做法是尽量启发学生，让学生自己去"嚼"、去"品评"、去"发现"其中的妙处。品味词语还可采用"表演法"，让学生在表演中"发现"其意味。譬如《胡同文化》中写北京人的易于满足，有这样的句子："虾米皮熬白菜，嘿！"对于这个"嘿"字，我让学生做朗读表演，在表演中仔细品味，从而发现胡同文化知足常乐、随遇而安、安分守己的意蕴。

第二，咀嚼细节。细节，即细小的情节，一般指能凸显人物性格传神的、个性化的、细微的语言、动作、神态。咀嚼细节，是指在分析课文时，选择这些典型的细微之处，通过老师的启发、引导，由学生去咀嚼、揣摩、品味其耐人寻味之处，实现读者的再创造，从而加深对作品思想内涵或艺术匠心的理解和领悟。选择典型的细节，引导学生反复咀嚼、品味，或惟妙惟肖地模仿，或设身处地地体味，或设计问题展开讨论，或欲擒故纵相互质疑……把对一个个细节的咀嚼，同对主题的理解、对作家内心感情的挖掘、对人物性格的把握结合起来，循着一个个具体的"细节"，走进作品人物的内心深处，走进作家的内心深处。小小的"细节"可收"四两拨千斤"之效。这比大而无当的泛泛分析，效果要好得多，留给学生的印象也要深刻得多。通过引导讨论，学生一旦理解"个中三昧"，那么对文章的领悟必然深入一层，与作者心灵的沟通必然贴紧一步。阅读，说到底，是读者和作者心灵的对话。心灵贴近了，文章也就容易懂了。《孔雀东南飞》写到兰芝拜别婆母时，做了一番"检讨"："昔作女儿时，生小出野里，本自无教训，兼愧贵家子。受母钱帛多，不堪母驱使。今日还家去，念母劳家里。"而与小姑分手时，却是"泪落连珠子"。此处看似寻常，但若老师这样发问，定能引起学生思考：兰芝为什么在小姑面前泪流满面？在焦母面前哭了没有？为什么不哭？通过讨论，学生可以发现兰芝内心的自爱自尊，发现人物的性格之美。

有时，这种讨论甚至是众说纷纭，莫衷一是。虽然如此，也比仅仅由老师"定于一尊"的标准答案要好得多。毕竟，学生的思维被充分激活了。重要的是思维的过程而不是结论。当然，这种典型的细节不是在每一篇文章中都能找到，一般在典型的文学作品中要多一些，这需要我们的语文教材多关注经典的文学作品。同时，也需要语文教师具有一双发现的慧眼，要善于从看似平常的细节中发掘出深刻的意义，不能身在宝山不识宝。

第三，鉴赏技巧。文章之所以为文章，总是凝聚着作者的艺术匠心。引导学生发现这些艺术技巧，是一种高层次的审美，而发现的过程，自然也会带来无穷喜悦。艺术技巧的种类很多，不同文体、不同风格的文章又各有不同。叙事文中多用伏笔、照应、铺垫，抒情文中常有虚写、实写、象与意、景与情等。"发现"要从文章实际出发，选好角度，找准文脉。如《阿Q正传（节选）》的教学，依据小说本身的逻辑，着眼于引导学生发现"革命""不准革命"两部分的多层次对比。我设计了一份表格，让学生在反复阅读课文的基础上，摘取相关的关键词语填表并作出分析。对比项有"未庄封建势力在革命前后的精神状态""阿Q在革命前后的精神状态""阿Q的革命观的变化"等。填表，是一种阅读的提示，一种思维的启发。填表的过程其实就是"发现"的过程。有了这种"提示"和"启发"，学生的思维活动就有了一定的目标，"发现"的过程也就有了一定的指向。当学生发现阿Q革命前"飘飘然""得意""昂了头"的神态和"飞"的动作，革命后"失意""无聊""冷落""不快""不平"的心情和"游""踱"的动作，对阿Q性格的理解就会大大深入一步，感受到阿Q除了有滑稽可笑、可憎可恶的一面外，实在还有令人同情、令人心酸的一面。这样，作者"哀其不幸"的感情才容易被学生所理解，阿Q在学生的心中才不会是"流氓相""瘪三相"（鲁迅语）。深刻地理解了这个人物，领悟了作品蕴涵在文字背后的深邃的思想内涵和艺术匠心，学生的心中也就体会到发现的美。

语文课堂上能否让学生自由地"发现"，饱尝"发现"之美，关键在于教师能否更新教育观念、转变教育思想，切实把学生放在主体位置，让学生成为"发现"的主体。尊重学生的主体地位，引导学生去发现、体会，即使教师不着一"美"字，学生也会"美"从心来，可谓"不着一字，尽得风流"。相反，如果教师只有生硬地讲解、机械地灌输，即使课堂上美语不断，学生也与"美"无缘。但是也必须强调，语文课堂上的发现，不能采用"牧羊式"，信马由缰，走到哪里是哪里，那种看起来热热闹闹的课堂，如果没有高质量的问题为"契机"，也是没有意义的。那样的课堂，只有"发言"，没有"发现"。"发现"离不开老师的主导作用，要精心选择话题，选择"闪光点"，选择能激发出思维火花的语言材料。如何进行这种选择呢？当然常常在学生有疑处。但是，"发现"并不等于"释疑"，或者说，一般意义上的"释疑"也并不是"发现"。"发现"必须是经过讨论后，领会了文章的深层意味，而这种深层意味又往往是隐藏在文字背后，不被人注意的，这样"发现"的喜悦才来得尤为强烈。因此，我的体会是，往往"从无疑处生疑"。教师需要一双慧眼，从那种看似平常、平淡、很容易一带而过的地方，激发讨论。如果经同学们一番讨论，有所"发现"，个中愉悦难以言说。记得教学《为了忘却的记念》时，"吟罢低眉无写处"一句看似十分平常，却让学生饶有兴致地"发现"了一番。讨论是由"低眉"开始的。

师："低眉"是什么意思?

生:低头。

师:为什么说"低眉"而不说"低头"?

生:这是用借代的修辞手法。

师:为什么不用"低鼻""低耳"代指"低头"?

(学生语塞,老师换一个角度发问。)

师:古诗中有这样的例子吗?

生:有。"安能摧眉折腰事权贵""低眉信手续续弹"。

师:为什么用"眉"代"头"?"眉"跟"鼻""耳"相比有什么特点?

生:眉能传情。(非常精彩的发现!)

师:能举个例子吗?

生:"眉开眼笑""喜上眉梢""眉目传情""眉清目秀"。

此时同学们七嘴八舌,气氛非常活跃。看得出,学生的思维处于非常积极的状态。置身这样的气氛中,学生的心里一定会荡漾着美的涟漪,"发现"还需要宽松的氛围。有时,这样的讨论也会出现问题,超过教师的"设计"之外,或者出现错误的意见,那也不要紧,千万不要摆出权威的架势,一锤定音。须知,"真理和谬误只有一步之遥",看似错误的意见往往包含着真理的萌芽或者指示着通向真理的路径。此时需要教师以园丁的热忱和玉匠的技能,细心点拨,精心雕琢,让真理之芽破土而出,由"山重水复"走向"柳暗花明"。

于细微处见精神

  发现语文之美，从道理上可以说出很多；但在操作层面上，却必须从语文教学实际山发，从细微处入手，烛幽探微，引导学生去发现美、品评美、创造美，方能真正领略语文之美。

  细微处，可以是凸显人物性格的细节，可以是个性化的语言、神态、动作，可以是用词精当、妙笔生花的语句，甚至可以是虽不起眼但却有丰富内涵的标点。《荷花淀》的开头："女人坐在小院当中，手指上缠绞着柔滑修长的苇眉子。苇眉子又薄又细，在她怀里跳跃着。"让学生学一学苇眉子"缠绞"的动作，在怀里"跳跃"的情态，由此感受水生嫂优雅动人的风致，是品评美。当水生嫂听说丈夫就要到大部队上去时，"女人的手指震动了一下，想是叫苇眉子划破了手。她把一个手指放在嘴里吮了一下"。抓住"震动"和"吮"字，引导学生分析：手指为什么震动？反映了水生嫂怎样的复杂心情？为什么"划破了手"而不出声，只是默默地"吮"了一下？由此可以进入水生嫂的内心世界，体察水生嫂识大体、顾大局而又深恋着丈夫的美好心灵，这也是美的品评。《一碗阳春面》中的面馆老板和老板娘，为了维护在艰难中拼搏奋斗的母子仨的自尊，在大年夜照例期盼着这母子仨。"从九点半开始，就都显得有些心神不定""十点刚过，就立刻把墙上挂着的各种面的价格牌一一翻了过来""将 200 元一碗的阳春面价格改为 150 元"，并且在二号桌上摆上了"预约席"的牌子。一个"翻牌子"的细节，反映了面馆老板夫妇对母子仨的关心、体贴和尊重，表现出普通人之间感人至深的人情美。能领会"翻牌子"这一细微动作的丰富意蕴，是美的发现。学习《拿来主义》，引导学生讨论"孱头""昏蛋""废物"三个句子之间的关系，启发学生思考为什么"孱头"和"昏蛋"之间用分号，而"昏蛋"和"废物"之间用句号。这种从细微处入手，去深入领会作者的艺术匠心，也可使学生的心灵产生"顿悟"，获得美感，这也是发现了美。可以说，语文教材中美育的"元素"像晴空中的星星，只要是文质兼备的文章，实施美育的"机缘"是很多的，关键是语文教师要有一双"慧眼"和一颗"匠心"。没有"慧眼"，发现不了蕴于细微之处的美；缺少"匠心"，也会窒息学生发现和创造的灵感，使课堂变得枯燥无味、死气沉沉。

为什么要从细微之处去发现美？这是因为，细微处也往往是作家的用心处。托尔斯泰说过："艺术家在细节上必须竭尽全部力量"，"只有当艺术家找到了构成艺术作品的无限小的因素时，他才可能感染别人，而且感染的程度也要看在何等程度上找到这些因素而定"。作家在创造过程中孜孜矻矻，寻寻觅觅，选择着典型、传神的细节，推敲着准确、贴切的用语，这些细微之处的美学意味自然也就最浓，最值得读者去推敲、揣摩。试想，教学《群英会蒋干中计》，如果忽略了周瑜"笑""大笑"的潇洒神态和"挽其背""携干手""执干手"的传神动作，那么，周瑜儒雅飘逸的风采从何说起呢？又怎么能使学生对这位倜傥风流的大将军产生景仰之意呢？离开了对周瑜性格美的品评，仅仅把《群英会蒋干中计》当作一个战斗故事来解读，那么，语文的魅力何在？语文教学艺术何在？

不能忽略作品的细微之处，还因为细微处往往是作家的动情处。那是文章最敏感的神经，是作家从笔尖流下来的最贴心的"血肉"。王蒙说："我不是蘸着墨水，而是蘸着自己的血肉在写作。"抓住它，往往可收"牵一发而动全身"之效。《阿Q正传（节选）》的临近结尾处，有这样一处细节：当阿Q听到"异样的声音"，且从小D嘴中得知"赵家被抢"时，"阿Q的心怦怦的跳了"。应该说，这是再细微不过的细节了，况且，课文分析到这里，阿Q的形象分析也已经完成了。这细节，一不注意就忽略过去了。此处，我曾设计过这样的问题：阿Q的心为什么"怦怦的跳"？是紧张？是激动？是恐惧？是兴奋？……

回答这个问题并不容易，需要联系阿Q自"革命"以来的种种遭遇、不平、失意来分析，需要结合阿Q的身世、生平、性格及对革命的态度来体会，方可知道这普普通通的"怦怦的跳"几个字，倾注了作家对阿Q深深的同情和无奈：阿Q毕竟还是想革命的啊，他毕竟是被压在社会的最底层！他仿佛看见了革命党人"白盔白甲"在造赵太爷的反。但最终，"两只脚却没有动"。为什么没有动？他还记得假洋鬼子手中高扬着的"哭丧棒"。这是一个多么令人"哀其不幸，怒其不争"的人物啊！这里是作家真情的凝聚之处！抓住这一细节去体悟、品评，对学生心灵的震撼是非常强烈的，而学生对文章主题的理解也会因之深化、升华。美感，就在这样的心灵震撼中获得。

当然，强调发现语文教学之美从"细微处"入手，并不是说美育因素只在"细微处"。文章的结构艺术美、语言风格美、人物性格美、主题的赏析、意境的领悟，都必须从文章整体着眼，进行整体把握和宏观观照。但这种"把握"和"观照"仅是理解的方式，一旦到了教学的操作层面，仍然需要寻找到具体的切口，从一个个细微处入手。汪曾祺先生曾就鲁迅的《祝福》说过一段话，堪称微观分析之经典，引录如下：

"……但是，谈话总是不投机的了，于是不多久，我便一个人剩在书房里。""剩，是余下的意思。有一种说不出来的孤寂无聊之感，仿佛被世界所遗弃，孑然地存在着了。而且连四叔何时离去，也都未觉察，可见四叔既不以鲁迅为意，鲁迅也对四叔并不挽留，确实是不投机的了。四叔似乎已经走了一会儿，鲁迅方发现只有自己一个人剩在那里。这不是鲁迅的世界，鲁迅只有走。"

很明显，关于"剩"这一局部和微观的精彩分析，对于学生整体和宏观地把握小说的精神主旨，该是多么重要；如果缺少了类似的一个个"局部"和"微观"，对于小说的整体把握、宏观理解又该是何等苍白无力。同样值得我们注意的是，这里的局部和微观分析又是多么具有宏观视角和整体意识啊！

当然，从细微处入手，说到底还只是一种"局部感知"和"微观体验"。在进行"局部感知"的同时，也需要对文章全段乃至全篇进行整体把握；在进行"微观体验"的同时，也需要对作者生平乃至时代背景进行宏观的观照。没有整体把握和宏观观照，那一个个美的元素就成了没有线的珍珠，没有主题的风景，而变得没有意义。而且，选择哪些美的元素，或者说，哪些细微处才是美的？选择哪些地方作为切入口，或者说，哪些切入口才便于切入，也仍然需要受"整体"和"宏观"的制约与指引。没有这种制约，选择可能会变得泛滥；没有这种指引，细微之处的寻找便成了盲人摸象。因为，选择需要眼光，需要辨别力，需要取舍，因而必须居高临下。"整体把握"和"宏观观照"，正是为了取一种俯瞰的姿势。有了这种俯瞰，制约才会得当，指引才会准确。这个问题，在后文谈整体和微观的关系时，还会进一步介绍，此处暂略。

一般地说，这种俯瞰的姿势体现在以下几个方面：一是文体。不同的文体需要选择不同的切入点。小说着眼于能传神地表现人物性格的语言、动作、神态等描写，散文侧重于营造意境的语言因素，议论文则偏爱那些论证推理的逻辑魅力。二是风格。"风格即人"，不同风格的作品，不同作家的文章，选择切入点的方法也有不同。朱自清的文章，笔触细腻，婉约自然，炼字炼意，朴素中见功力，选择时当多注意"炼字"的典范之处。如《绿》中"踞在突出的一角岩石上"的"踞"字，"仿佛一只苍鹰展着翼翅浮在天宇中一般"的"浮"字。鲁迅的文章，思想深邃，语言犀利，幽默机智，亦庄亦谐，选择时当多注意意蕴丰厚之处。如《拿来主义》中"抛来""抛给"的区别，"一路挂过去"中"挂"的意味。三是主题和立意。一篇文章的分析，取什么，舍什么，何处一带而过，何处讨论发挥，要受文章主题的限制。切入点的选择，当然应当选择最能帮助学生理解领悟主题和立意之处。总之，制约和指引的重点应该是能给学生带来发现和创造的喜悦，使学生的情感受到陶冶、心灵受到震撼的语言材料。宏观的俯瞰之势，是否包括单元意识，不能一概而论。有的单元目标比较明确，能力指向比较明显，那么，在课文细微处可以找到相应的着力点，此时需要单元宏观意识予以指引。如果单元只有人文主题而没有语文能力指向，那么篇章就是最为宏观之处。传统语文教育讲究字词句篇，汉语文中篇章是最高单位，还是很有道理的。

著名哲学家、美学家李泽厚先生在谈到治学经验时曾反复提到，做学问"要注意微观研究"，要注意"以小见大""由小而大"，要"专、细、深"。我想，做学问如此，语文教学也应如此。因为多年来，我们的语文课堂过分注重知识的讲练而忽视学生的"感受"和"领悟"；讲起来又往往海阔天空，云遮雾绕，目中无"人"，真正能拨动学生心弦、直指人心、引发共鸣、给予学生启迪的东西太少。这方面，为语文教学艺术留下了巨大的研究空间。

走进人物的心灵

——小说教学片论

　　小说教学的重点是分析和把握人物，这是由小说的文体特点决定的。在小说三要素中，环境是为塑造人物服务的，是人物活动的舞台和背景；情节是人物性格的历史，情节的安排是人物性格逻辑发展的必然。小说教学的这个重点也是由语文教学的目标决定的。学生阅读小说，最感兴趣的是作品中的人物命运、性格；作家对生活社会的认识理解，也主要通过塑造人物来表达。要准确深刻地把握作品的思想内涵，也需要准确地认识作品中的人物性格。因此，在小说教学中，引导学生走进人物心灵，应该花较大的气力。而且，只有准确地把握了人物的心灵脉搏，能和小说人物进行心灵上的交流，才是真正地理解了作品，感悟了小说之美。走进人物心灵，可从揣摩人物的内心世界、品味人物语言的内涵、寻找人物行动的内在逻辑三方面着手。

一、揣摩人物的内心世界

　　通常我们的小说分析，都会着眼于人物性格，这固然没错。人物性格是我们理解人物、把握小说主题的重要方面。但仅仅停留在人物性格尤其是思想性格分析上，似乎就显得简单了些，也概念化了一些。深入一步，就是走进人物心灵，探寻人物的心路历程，得到的可能是比人物性格分析更鲜活也更宝贵的东西，因为文学就是人学。人的心灵是最为复杂的。走进人物心灵，才有可能对人物性格有更准确的把握，对小说主旨有更深切的体悟，对作品有更深刻的理解。试以《林黛玉进贾府》为例。

黛玉方进入房时，只见两个人搀着一位鬓发如银的老母迎上来，黛玉便知是他外祖母。方欲拜见时，早被他外祖母一把搂入怀中，心肝儿肉叫着大哭起来。当下地下侍立之人，无不掩面涕泣，黛玉也哭个不住。

每次教到这里，我都要和同学们讨论：贾母大哭，是为外孙女的遭遇而哭，这在情理之中。可是，为什么地下侍立之人也哭？他们都很伤心吗？不伤心为什么哭？既哭，为什么又要掩面？让贾母见到他们的眼泪不是更好吗？这个情节反映了贾府怎样的环境？这种环境又和林黛玉的命运有着怎样的关系？这些问题都不难，但如果不组织讨论一下，可能也就"滑"过去了。不伤心为什么哭？那是哭给贾母看的，因为老人家是贾府的最高统治者。那又为什么"掩面"？没有眼泪呀！那是假哭，不掩面不就露馅了吗？这些人物的心态和林黛玉有关系吗？有。这就是林黛玉的生存环境、社会背景。聪颖过人的林黛玉看到这些，不可能不产生想法。那就是在贾府，是一切要看贾母眼色行事的。这样，"不可多说一句话，不可多走一步路"的寄人篱下的心理可能会更加突出。而这种心理又在支配着林黛玉的行动。这一番讨论，必然激发大家探讨的兴趣和热情。再如：

贾母因问黛玉念何书。黛玉道："只刚念了《四书》。"黛玉又问姊妹们念何书。贾母道："读的是什么书，不过是认得两个字，不是睁眼的瞎子罢了！"

黛玉说只念了《四书》，在黛玉来说是嫌少，应该没有炫耀之意。而在贾母，则显然对贾家子孙读书状况不满，这正是贾母的心痛之处。敏感的黛玉觉察了贾母的这种心态，于是，等到和宝玉见面，宝玉问及："妹妹可曾读书？"黛玉道："不曾读，只上了一年学，些须认得几个字。"黛玉的这一改口，应该不是没有原因的。为什么？我请大家揣摩林黛玉的心理。不难看出，小心谨慎的林黛玉知道怎么说不会惹贾母生气了。

二、品味人物语言的内涵

言为心声。人物语言有的直率明了，一眼到底；有的却含蓄蕴藉，需要我们去仔细咀嚼、品味。这是我们走进人物心灵的一条重要路径。

还原对话现场。孙犁的《荷花淀》向来以诗情画意著称，这种诗意的涟漪也荡漾在人物的语言上，主要特点是含蓄。一位温柔贤惠的年轻媳妇面对即将参军走上战场的丈夫，其深情爱意自不待言。难能可贵的是，这种夫妻之情又表达得非常含蓄、典雅，蕴藉可人，十分符合东方妇女的温婉性格。教学时，我主要采用反复读的方式，还原对话现场，让学生在身临其境中领悟人物语言的"潜台词"，从而找到通向人物心灵的路径。

体悟言外之意、弦外之音。《林黛玉进贾府》中的人物语言也历来为评家称道，尤其是王熙凤的八面玲珑、随机应变。体察这些语言，对于加深文章理解、感受名著深刻的思想和艺术内涵，作用不可低估。譬如那句经典的"我来迟了，不曾迎接远客！"其一，我让同学们分析：王熙凤的话是讲给谁听的？再思考：她为什么要这样讲？这样说有什么效果？人未进屋，声音已经进来，这是说给大家听的，主要是贾母。为什么？是检讨，还是表白，抑或是兼而有之？其二，贾府最高统治者在此，别人都屏气敛声，谁敢如此大喊大叫？唯有王熙凤。为什么？是不是显示其身份特殊？其三，分析讲话内容：王熙凤为什么来迟？那一定是事务缠身，"工作"太忙。而"忙"也是一种身份炫耀。王熙凤来迟了还可以这样说说笑笑，旁若无人，说明她有这样的自由（其实是地位）。通过对这三个问题的讨论，大家对王熙凤的认识就深入多了。相反，如果不是这样层层剥笋似的，一个问题接着一个问题地讨论，而只是用"未闻其人，先闻其声""先声夺人"之类囫囵吞枣的结论打发了事，那么，学生和人物之间"隔"着一层，其感受也势必少了许多。

三、寻找人物行动的内在逻辑

情节是人物性格的历史。小说中人物的行动无不受人物性格内在逻辑的制约。小说教学中寻找人物行动的内在逻辑，无疑也是把握人物性格、走进人物内心世界的重要方法。如何寻找这种人物行动的逻辑，我通常都是采用"设疑"。

关于人物的行动，同学们往往觉得一目了然，没有疑问，尤其是现代小说。其实不然，许多看似明白的情节，往往大有深意。理解了这些深意，对小说思想内涵、艺术魅力的理解就深入了一步，就会获得许多美的感受；浅尝辄止，往往收获甚微。这里，教师的引导启发起着重要作用。教师成功的引导又以对作品的深刻理解和透彻把握为前提。

教学莫泊桑的《项链》时，我着力引导展开对如下两个问题的讨论：

1. 路瓦栽夫人"丢项链"是偶然还是必然？为什么？

2. 路瓦栽夫人在整个事件中有没有错？如果有错，错在哪里？如何看待路瓦栽夫人还项链的举动？

两个问题的开放度都比较大，且有一定难度。寻找答案的过程其实也就是寻找人物行动逻辑、发现人物性格特征的过程；问题讨论的深度也就是对小说人物理解的深度。为此，我提前一天下发思考题，要学生作好准备，从文中寻找答案，做到"言必有据，不作妄言"。

对第一个问题的讨论，分歧很大。"偶然论"认为《项链》整个故事中充满了偶然因素。地位卑微的书记员能收到部长夫人的请柬是偶然的，向朋友借到一条假项链是偶然的，尤其是丢掉项链这一主要情节更是偶然的。假如不丢项链，那么路瓦栽夫人无可厚非：自己没有项链，借上一回偶尔去"风光"未尝不可，回来还给朋友就是了。还有人说，妻子寒碜到这种地步，借项链参加晚会也是替丈夫挣个面子。"必然论"认为：接到部长夫人的请柬是偶然的，但是向朋友借项链则是必然的，这与她的虚荣心有关；丢项链看似偶然，但也有必然因素。譬如，在晚会上她的"狂想""沉迷""陶醉"都是强烈的虚荣心所带来的幻觉，可谓得意忘形。尤其是深夜回家时，"她丈夫把那件从家里带来预备给她临走时加穿的衣服，披在她的肩膀上"，她觉得这件朴素的家常衣服的寒碜味儿跟晚会上的豪华气派很不相称，为了避免那些穿着珍贵皮衣的女人看见，她想赶快逃走。这一"逃"，慌中出错。这不是必然又是什么呢？经过这一番唇枪舌剑的交锋，"必然论"渐渐占了上风。

第二个问题：路瓦栽夫人在整个事件中有没有错？如果有错，错在哪里？如何看待路瓦栽夫人还项链的举动？

路瓦栽夫人有错，这是大家的共识。错在哪儿？错在爱慕虚荣。向来大家都是这样说的。"那么，梦想家里有幽静的厅堂不对吗？向往美好的生活有错吗？想把自己打扮得漂亮一些，不是人之常情吗？"有同学提出这样的问题，我不表态，请大家回答。大家哑然。过去，大家不会提出这样的问题。可现在是21世纪了，全国人民的生活水平和质量显著提高，再用"向往资产阶级生活方式"这一句政治标签是无法打发过去的。发言开始，有人说："错在超出了家庭的经济承受能力。"马上有人反驳："那就等于说她嫁错了人。"我一看机会来了，见缝插针地说上一句："那么，嫁给教育部的一个小书记员是她的错吗？为什么只得跟小书记员结婚呢？"于是，又引起了争论。最后归结为这是由她的经济地位决定的。为什么卑微的家庭地位就"只得"跟地位卑微的人结婚呢？原来是一个强大的磁场在左右着路瓦栽夫人，她的命运是那个社会的产物，她已经身不由己了。在这样的环境中，路瓦栽夫人一心想跟上流社会的人结交就一点也不奇怪。当然，她的个性里也有贪图享受的成分。于是，大家达成共识：路瓦栽夫人的遭遇令人同情，她强烈的虚荣心又是畸形的，是被社会扭曲了的。她用十年辛苦还项链的举动值得钦佩，但十年艰辛也没有使她改掉根深蒂固的虚荣心，这又是可悲的。她向往豪华生活和我们创造富裕文明的生活不是一回事，根本的区别是：我们用自己的双手、用自己的才华和智慧去建设我们的幸福生活；路瓦栽夫人只沉浸在梦想之中，同时又时时盼望着"捷径"。这一点，虽然作品没有明说，但我们从她对"晚会"的过度热情可以隐约地看出来，而且大致不会冤枉她。

《一碗阳春面》是一篇文字非常浅显的小说。学生读一遍，便好像什么都懂了，教师再讲确无必要；不讲，又觉得意犹未尽。总有一个疑问悬在心中：他们真的懂了吗？懂了还是没懂？真懂还是假懂？我让同学们带着几个问题去读课文：

1. 母子三人为什么要在家境十分拮据的情况下，还要三人去合吃一碗阳春面？

2. 母亲穿着不合时令的斜格子大衣，为什么却让两个不懂事的孩子穿着一身崭新的运动服？这个细节和整个故事有什么内在联系吗？

3. 哥哥在参加弟弟的家长会时，为什么心里感到很羞愧？

4. 在事隔十多年后，两个孩子都已长大成人，家境也已彻底改观，母子三人为什么还要特意从外地赶到北海道面馆吃"阳春面"？

前三个问题都不算难，大家七嘴八舌议论了一番，从课文中找到了答案。到了第四个问题，分歧产生了。

一个同学说："是来感谢面馆老板的。感谢面馆老板当年给他们的激励。"应该说，这个意思是有的。我肯定了这个回答，顺势问道："当年面馆老板给了他们哪些激励？"于是，给分量很多的面而不是给三碗面，没有因为只吃一碗面而歧视，相反却分外热情，专门给他们留着"二号桌"的位置等情节被派上了用场。又一个同学说："兄弟俩策划这个行动，有感谢母亲的意思。""感谢什么呢？""感谢母亲当年在逆境中表现出来的向命运挑战的巨大勇气。""当年母亲哪些地方表现出来挑战生活的巨大勇气？"于是，三人共吃一碗面等一连串事件包孕的意义被揭示了出来。"的确，我们每一个人都不应该忘记母亲的养育之恩，不应该忘记给我们人生供给过营养的每一个人。我们要学会感恩！"还有人说："兄弟俩即将走上工作岗位。在这人生的重要时刻，他们也有借此行动表白他们更加勇敢地迎接未来、迎接挑战的决心！"说得也很好。"人生的每一点小成功都很不容易。他们有必要从过去汲取精神营养。"我及时地给予了鼓励。

对这次行动，母亲是如何看待的？"母亲没有说话。"眼尖的同学马上发现。"没有说话也可以有个态度啊！"我启发道："找找看，有什么描写没有？"有同学找到了："一位身穿和服的妇人，深深低着头走了进来，站在两位青年的中间。""为什么深深地低着头呢？当年在逆境中她低过头吗？此时的母亲应该喜气洋洋地昂着头啊？同样，当她跟面馆老板要三碗阳春面时，只是'平静地说'，为什么不充满着激动和自豪呢？"我一连抛出了四个问题。我说："这是一位伟大的母亲！她像一株沉甸甸的稻穗。当她成功了，却谦虚地低下了头。过去的一切，对她是那么自然和平凡；今天的成功，她也看得非常平淡，心如止水。面对巨大的喜悦，她的心境也只是一泓平静的湖水！母亲的心灵是无私的，是透明的，是辽阔的……"没容同学们再讨论，我用充满激情的一通话结束了课文。我也被母亲的境界深深地感动了！在我的教学中，这样滔滔不绝、激动不已的情况算是一个例外。再看同学们，也都一个个作激动状。我知道，时下的背景，能让他们有这样的"激动状"已经是非常之不容易了。

课后想一想，其效果是不是得益于那一个个有讨论价值的问题？设计这个问题的初衷，是想引导同学推导一下人物行动的内在逻辑。换句话说，是要通过人物的行动走进人物的内心！

品味和体悟

——散文教学片论

　　散文是重在抒情的文体。无论是写事还是写人，都离不开一个"情"字。散文教学的任务就是引导学生品味和体悟文章中的情感。

　　美酒佳茗，"味虽美，不亲尝者不甘也"；同样，"文字之佳胜，正贵读者之自得"。什么是品味？读者自得文字之佳胜，就是品味。

　　"文字是一道桥梁。这边的桥堍站着读者，那边的桥堍站着作者。通过了这一道桥梁，读者才和作者会面。不但会面，并且了解作者的心情，和作者的心情相契合。"[①]叶圣陶的这一精彩比喻，道出了阅读作品尤其是文学作品时品味的重要意义，也形象地揭示了阅读教学的全部秘密。作家总是蘸着自己的心血写作。品味，才能透过文字的表面，领会作者思想，体会作者情感。

　　品味，就是收获鲜活的语感，而不是只得到干巴巴的词语解释。如夏丏尊先生所说：

　　"赤"不但解作红色，"夜"不但解作昼的反面吧。"田园"不但解作种菜的地方，"春雨"不但解作春天的雨吧。见了"新绿"二字，就会感到希望、自然的化工、少年的气概等等说不尽的旨趣，见了"落叶"二字，就会感到无常、寂寥等等说不尽的意味吧。

---

① 叶圣陶：《叶圣陶语文教育论集（上）》，教育科学出版社 1980 年版，第 251 页。

品味，也要注意比较、咀嚼、揣摩，领会其耐人寻味之处。"真的猛士，敢于直面惨淡的人生，敢于正视淋漓的鲜血。这是怎样的哀痛者和幸福者？然而造化又常常为庸人设计，以时间的流驶，来洗涤旧迹，仅使留下淡红的血色和微漠的悲哀。""血色"为什么是"淡红"而不是"鲜红"？"悲哀"为什么是"微漠"而不是"浓郁"？结合语境可以看出，作者的遣词多么准确，传达的感情又是多么贴切，潜藏在文字背后作者想说而又没有明说的意思又是多么意味深长。

　　品味，还要善于驱遣想象，从一个个方块字的组合看出一幅画面、一片场景，甚至是一段人生悲欢。郁达夫《故都的秋》，"一个人夹在苏州上海杭州……"中的"夹"字，是不是给你一种"零余人"的苍凉和漂泊感？陆文夫《梦中的天地》，那帧"月下小别图"，是不是让你感受到一股扑面而来的温馨的生活气息？"大漠孤烟直，长河落日圆。"简简单单的十个汉字，是不是带给你一种旷远、荒凉、静寂之感，带给你一种辽阔、苍茫、雄浑之美？

　　潜入文字背后，走进作者心灵，含英咀华，才能深得个中之味！

　　再说体悟。我们先来看罗曼·罗兰（Romain Rolland）的一句话："从来就没有人读书，只有人在书中读自己，发现自己或检查自己。"什么是体悟？在书中读出自己、发现自己或检查自己，这就是体悟。

　　的确，读者通过阅读文本而情不自禁地联想到自己相似的情感、自己熟悉的生活、自己所处的社会或自己正经历的时代，进而与作者产生心灵的共鸣，简言之，读者在阅读时"把自己摆进去"。有一类文章是很容易让我们"把自己摆进去"的。比如《我与地坛》，相对比较容易让我们被文中的景、情、人、事所感染，因而不知不觉使自己成为文中的一个"角色"。

　　但有的文章所表现的内容距离我们比较遥远，比如《大堰河——我的保姆》《项脊轩志》，因为时代或环境的隔阂，我们会觉着生疏。它需要我们在对文章解读时，在课文所表达的思想感情与自己的心灵之间"搭桥"，需要加进自己的生活经验和人生经验。《读者文摘》曾转述一位作家的话，他说，年轻时看《罗密欧与朱丽叶》，为这对殉情的青年爱侣落泪，而人到中年再看这部沙翁经典，他同情的是罗密欧与朱丽叶的父母。可见，不仅是"有一千个读者，就有一千个哈姆雷特"，就是同一个读者，随着人生经历、个人境遇的不同，也会对文章有不同意义的解读，这就是体悟。

把"我"摆进去，把"我"的人生经验摆进去。我和作者水乳交融，自然悟到文章的真味。走不进作者心灵，徘徊在作者心灵之外，永远无法体会文章之美！品味和体悟就是我们走进作者心灵的路径！

散文中有哪些"滋味"值得我们去品味和体悟呢？

一、语言的滋味

散文也可以说是语言的艺术，虽然没有诗歌语言那样精粹。散文由于风格的不同，语言风格也是千姿百态的，但有一个共同点，那就是纯净。散文语言可以平实，但不能苍白寒碜；可以优美，但不能雕琢浮华。散文语言是秋天的晴空，一碧万里；是雨后的春山，清新纯朴。散文教学不能放过语言的品味。沿着语言的小路，我们会走进作者的心灵深处，也会获得丰富的美的感受。语言是思想的载体。不管语文教学多么"人文"，语言始终是重要的"抓手"。忽视语言的语文，不是地道的语文。

史铁生是当代中国最令人敬佩的作家之一。《我与地坛》是收在高中语文教材里的史铁生的名篇。读《我与地坛》，我们深刻地感到：史铁生是一位语言高手。在许多看似漫不经心的文字下面，却饱含着作者滴血的心。且看下面几段文字：

1. 譬如祭坛石门中的落日，寂静的光辉平铺的一刻，地上的每一个坎坷都被映照得灿烂；譬如在园中最为落寞的时间，一群雨燕便出来高歌，把天地都叫喊得苍凉；譬如冬天雪地上孩子的脚印，总让人猜想他们是谁，曾在哪儿做过些什么，然后又都到哪儿去了；譬如那些苍黑的古柏，你忧郁的时候它们镇静地站在那儿，你欣喜的时候它们依然镇静地站在那儿，它们没日没夜地站在那儿，从你没有出生一直站到这个世界上又没了你的时候……

2. 这样一个母亲，注定是活得最苦的母亲。

3. 待她再次送我出门的时候，她说："出去活动活动，去地坛看看书，我说这挺好。"许多年以后我才渐渐听出，母亲这话实际上是自我安慰，是暗自的祷告，是给我的提示，是恳求与嘱咐。

课堂上，我们一同讨论这些语言的含义。为什么说落日时分是最为"落寞"的时分？雨燕的声音为什么"苍凉"？为什么说母亲"注定"是活得最苦的母亲？如何理解母亲的话是对我的"提示""恳求"和"嘱咐"？母亲在园中走的时候，为什么步履"茫然"？孤立地看这些词语，的确没有什么可品味之处，但是，只要联系文章，就会发现每一个词语后面都大有嚼头。

"落日"本无心，但对一个身体残疾、万念俱灰、正在生与死之间徘徊的人来说，用"落寞"就十分妥帖，那是此时"我"孤独寂寞心境的准确写照。雨燕唱歌，应该是悦耳动听，充满活力，然而，在作者听来，却是"把天地都喊得苍凉"。作者的心灰暗绝望到了如此地步！明白了这些，我们才能真切体会作者在文中表达的对母亲的思念，才能真切地体会母亲对儿子的担心忧虑和惴惴不安，从而领会母亲那一颗伟大的心！

为什么说"这样一个母亲，注定是活得最苦的母亲"？注定，必然的意思。为什么？因为母亲是一位对儿子十分关爱的母亲，而儿子又是一位遭遇命运不幸的儿子。这样的母亲岂不是活得最苦的母亲？"注定"一词正折射出母亲慈爱的光辉！

母亲"提示""恳求""嘱咐"我什么？先要说我去园中干什么了。我说去看书了吗？没有。我说去活动了吗？没有。母亲最担心我的事是什么？是轻生。但是母亲不能直接说，不敢直接说，也不愿直接说，只能往好的方面去说，只能往最希望的方面去说，所以才变成了"提示""恳求"和"嘱咐"。母亲心中的复杂情感，都在这几个平平常常的词语中了。

二、情感的滋味

先从一个真实的故事说起吧。一群初中生学了朱自清先生的《背影》之后，嚷嚷道：一点儿也不感人，一点儿也不感动。这告诉我们两点：一是《背影》的年代离同学们远了，让今天的孩子认同上一代人的情感难了；二是这也说明我们教学中有问题，可能是我们没有把同学带入文章特定的情感氛围中。如果你只是教几个生字词，概念化地介绍背景，概括主题，再说几点写作特色，那么，学生没有受到情感陶冶，觉得不感人也就不奇怪了。假如你这样来试试看，效果会如何呢？

1. 父亲是在怎样的背景下送我到南京的？找出有关词语和句子。（祸不单行、奔丧、狼藉、变卖典质、惨淡、赋闲、谋事）

2. 找出父亲过铁道、爬月台的艰难动作，加以体会。（蹒跚、探身、攀、缩、倾）

3. 你有过和父亲或者母亲共同渡过家庭困境的体会吗？如果没有，请父亲或母亲给你讲一段他们和父亲、母亲共同渡过家庭困境的故事（他们一定有），谈谈你的感想。

4. 回忆你的父亲、母亲最让你感动的一件事、一个细节或一个瞬间，说说你感动的理由。

如果我们的课堂上有了上述几个活动之后，学生还会对《背影》无动于衷吗？我想：绝大部分同学应该为之动容。"文学是人学。"语文教学也应该关注人的情感，散文教学尤其应该如此。不走进作者的情感深处，就不能真正地理解作者；没有理解作者的情感，也就放弃了语文课本里重要的感情资源。这样的语文教学是残缺的。那么，学生的精神发展、人格健全，也就势必残缺。孙犁先生的《黄鹂》，也是一篇经典名篇。我在组织讨论这篇课文时，时时围绕"黄鹂的命运"展开。譬如：

文章写了几只黄鹂？分别出现在何时、何地？作者笔下的黄鹂分别是怎样的？它们的命运为什么会如此不同？

请看同学们对不同场景中的黄鹂的概括：

一只非常美丽、生机勃勃的黄鹂 / 一只担惊受怕的黄鹂 / 一只有危险的黄鹂 / 一只紧张、彷徨的黄鹂 / 一只精神犹疑的黄鹂 / 一只凄惨的黄鹂 / 一只美到了极致的黄鹂。

黄鹂的命运为什么会有这样的差别？作者为什么要这样写？通过深入讨论，你就会发现，黄鹂的命运其实是人的命运。作者最想直接说的就是文学艺术家的命运。没有一个理想的创作环境，文学艺术就不可能繁荣，艺术家也就不可能有好的命运。把握了作者的这些情感内核，再联系作者的写作背景，我们的心会和作者的心贴得很近，也就顺着情感这条线索走进了作者的情感深处，破译了作者的心灵密码。

三、意境的滋味

抒情散文，尤其是借景抒情的散文，往往要营造一种意境。散文内蕴的赏读，要借助对意境的体会，这一点上与诗歌相似。不同的是，诗歌的意境要相对含蓄些，散文的意境相对显豁些。

教学朱自清的名篇《荷塘月色》时，我常常要和同学们讨论下列问题：

1. "叶子出水很高，像亭亭的舞女的裙。"为什么说像舞女的裙，不可以像歌女的裙吗？

2. "有袅娜地开着的，有羞涩地打着朵儿的；正如一粒粒的明珠，又如碧天里的星星。"把"袅娜地开着的"换成"迎风怒放"，把"羞涩地打着朵儿的"换成"含苞欲放"，表达效果又有什么不同？

3. "虽然是满月，天上却有一层淡淡的云，所以不能朗照；但我以为这恰是到了好处——酣眠固不可少，小睡也别有风味的。"这里的"酣眠"比喻什么？"小睡"又比喻什么？

这些问题，如果不展开讨论，一读了之，或者教师笼统地用"优美"之类的评语分析一番，实际效果是有限的，留在学生心里的印象也就是很美而已。至于为什么美，美在何处，这样的美和作者的情感世界有什么联系，作者为什么要对荷塘如此倾情，往往都不得要领。那么，教师抽象分析的那些现成的结论随着下课的铃声，也会烟消云散，不大会在学生的心灵留下多深的印记。如此美好的意境，让它在学生的心里一滑而过，没有触动到学生的情感世界和精神层面，不能不说是语文教学的一大损失。

怎么办呢？讨论！不要吝啬时间，不要担心莫衷一是，让学生七嘴八舌好了，能让学生都动起脑子来，就成功了一半。至于解读是不是都很正确，我觉得那是次要的事。就拿刚才的例子来说，为什么说荷叶是"舞女的裙"而不说是"歌女的裙"，讨论时答案可能会有很多，气氛也很热烈。聪明的学生会想到，舞女的裙更短，其形状和荷叶更为相似。同样，"袅娜""羞涩"等语言传达出来的那份难以言说的含蓄之美，议论一番才能透彻领悟，绝非简简单单、冷冷冰冰的拟人概念就能包容得了的。就是这些看起来颇不起眼的小问题，把学生一步步地带入荷塘月色如诗如画一般的境界中，领略那朦胧之美，进而体会作者对美好事物如痴如醉般的迷恋和追求。对作者的联想之妙，语言之美，文思之绵密，情感之雅致，学生自然会在心中留下深刻印象。同时，作者对荷塘的分外喜爱之情，学生自然也会领会较深。在这里，语言和情感融为一体，文章如诗如画的优美意境会使学生得到更深的体会。美感，应该在这里有一定的生成。

意境的体悟，并非一定就是满眼诗情画意的锦绣文字，有时平平淡淡的文字背后照样也有深情。而且，往往越是成熟的作家，其语言越喜欢追求这种平淡背后的意味。归有光的《项脊轩志》是一篇借记物以叙事、抒情的优秀散文。文章主要是用线索串连生活琐事，使文章形散而神不散。项脊轩虽然狭小、破旧而阴暗，可它是作者长期生活的地方，在时过境迁、物是人非之时，唯有项脊轩才能唤起主人对过去经历深长久远的回忆，因而作者自然对它怀有深挚的眷恋之情。但是，这种深挚的眷恋之情，却没有渲染，没有夸饰，有的只是平实的语言和细节，学生初读很难感动，其实，那是还没有进入角色。如果抓住文中的典型细节和场面，抓住那些朴实无华却又委婉动人的语言，抓住那些一个个感人至深的场面，体会其中的意境，那么，学生的情感之弦就一定会被拨动。仅举其中一个典型的场面：

余自束发读书轩中，一日，大母过余曰："吾儿，久不见若影，何竟日默默在此，大类女郎也？"比去，以手阖门，自语曰："吾家读书久不效，儿之成，则可待乎！"

作者的祖母对孙儿关怀备至，她念念不忘光宗耀祖，因而望孙成龙心切。这简简单单的两句话和一个以手关门的细节，蕴涵着对孙子的亲切关爱和期望赏识，深深地表达了祖母对孙儿的默默疼爱和欣喜之情。祖母要离去时，轻轻关门，生怕有什么干扰孙儿的学习。这小小的动作，足以表达祖母对孙儿的关切之情。同时，祖母看到孙儿如此发愤，想来将来必能成器，喜悦之情不能自已，因此喃喃自语曰："吾家读书久不效，儿之成，则可待乎！"不一会儿，老祖母又兴奋地拿着笏板来到轩中，满怀深情地对孙儿说："此吾祖太常公宣德间执此以朝，他日汝当用之！"简短两句话，充分地表现了老祖母对孙儿恳切的勉励和殷切的期待之情。

再譬如文章的结尾：

庭有枇杷树，吾妻死之年所手植也，今已亭亭如盖矣。

这段文字可谓平淡至极，甚至好像没有涉及感情。其实，深沉的意蕴就在其中。作者抒写对亡妻的怀念之情，但他仅仅跳荡地写了"亭亭如盖"的枇杷树。为什么？这里可让同学们充分展开讨论。因为那是当年亭亭玉立的爱妻手植，人已逝，树却"亭亭如盖"，就把自己思念亡妻的种种复杂、细微的深切心绪都借这棵树显示出来。为此，我们欣赏时，决不能对它掉以轻心，而应该缓缓咀嚼，用心感悟，想象这里面的深沉滋味。

意境的体悟要能够虚实结合，切忌实打实地欣赏。有些意境甚至无法言传，只能意会。我们应该充分发挥想象，用自己的体验去补充它、感悟它，这样才能真正走进作者心灵，达到欣赏的目的。

有一位散文评论家在谈到散文欣赏时，有一个很新鲜的比喻：

一说到散文欣赏，我们就会情不自禁地联想到列夫·托尔斯泰在《安娜·卡列尼娜》中描写的安娜·卡列尼娜爱上沃伦斯基的情景。"她越是了解沃伦斯基，就越是喜欢他……他在身边总是使她感到愉快。她对他的性格了解得越来越多，对他性格中的每个特征都感到亲切。"每个有散文欣赏体验的人，可以回忆一下自己欣赏某一篇散文，并迷上它的情景，是不是也有安娜这样的感觉？大概相似的吧！因此，我们这里想用"恋爱"两字来比喻散文欣赏。

用恋爱来比喻散文欣赏，可谓别具一格，也在某种程度上给予我们极大的启发。散文主要是用来传情，它的欣赏不同于其他文学样式。诗歌有内在的音律和节奏，小说有自身的故事和人物。散文呢？就只有靠情感了。成功的欣赏必须牢牢把握住散文抒情的艺术走向。散文作品抒发情感的走向是一篇散文的主动脉，它是打开散文情感大门的金钥匙。欣赏主体的欣赏水平也常常在这一点上区分开来。问题的关键点还是教师的"发现"眼光。教师有高度的审美素养，自然能带领学生走进审美艺术的殿堂；以其昏昏，岂能使人昭昭？

让年轻的心弦震颤

——诗歌教学片论

诗歌的本质是抒情，诗歌的艺术是抒情的艺术。因此，诗歌教学最重要的任务，也就是要让同学们充分领悟诗歌感情，让作品中汪洋恣肆、气象万千的情愫，化为缕缕和风，拨动年轻的心弦。让年轻的心弦震颤，是诗歌教学应该努力追求的境界。我的体会是主要抓住三个环节：

朗读——感受音韵之美；

推敲——体会语言之美；

想象——领悟意境之美。

一、朗读——感受音韵之美

朗读是诗歌教学的重要环节。通过朗读，透过抑扬顿挫的语调节奏，学生感受到诗歌的音韵之美。

诗歌的朗读要把握好两个重要环节。一是音步，即诗歌的停顿。二是轻重音调，即语调。

音步和音调都应该主要根据诗歌内容划分。因此，朗读的第一步是深刻体会诗歌内容，准确把握诗歌的思想感情。

划分音步。首先，可让同学们根据自己的理解进行初步划分。然后根据自己的划分试读。请大家讨论其音步划分是否恰当，主要看停顿是否恰当，节奏快慢把握得是否合适。语调的确定远比划分音步复杂，它取决于对诗歌思想内容的理解，理解水平直接影响语调的处理。

因此，语调的把握往往和对诗歌的品读结合在一起，相辅相成。下面以《祖国啊，我亲爱的祖国》为例，试谈诗歌教学如何通过朗读指导来感受诗歌音韵之美。

祖国啊，我亲爱的祖国

舒　婷

我是 / 你河边上 / 破旧的 / 老水车，

数百年来 / 纺着 / 疲惫的歌；

我是 / 你额上 / 熏黑的 / 矿灯，

照你 / 在历史的隧洞里 / 蜗行 / 摸索；

我是 / 干瘪的 / 稻穗；是 / 失修的 / 路基；

是 / 淤滩上的 / 驳船

把纤绳 / 深深 /

勒进 / 你的肩膀；

——祖国啊！

叙述祖国数百年来贫困、落后的历史，抒发的是深沉悲痛的心情，节奏缓慢，语调低沉。"破旧的""疲惫的""熏黑的""蜗行""干瘪的""失修的"等词语宜重读，渲染沉重感，强化诗人对贫困祖国的忧患意识。讨论："老水车""矿灯""驳船"等意象象征什么？贫困和落后。诗人表达了怎样的情感？"祖国啊！"，读出沉痛的语气。

我是 / 贫困，

我是 / 悲哀。

我是 / 你祖祖辈辈 /

痛苦的 / 希望啊，

是／"飞天"袖间／

千百年／未落到地面的／花朵；

——祖国啊！

　　句式简短，语气急促，朗读时节奏比上节稍快，语调也稍加强，表达出浓重的忧虑和深深的悲怆。讨论："飞天"意味什么？为什么"未落到地面"？千百年一直没有实现的理想和希望，但不是失望。因为仍然在苦苦地追求着。"祖国啊！"，读出"痛苦和希望"交织的复杂语气。

我是／你簇新的／理想，

刚从／神话的蛛网里／挣脱；

我是／你雪被下／古莲的／胚芽；

我是／你挂着眼泪的／笑涡；

我是／新刷出的／雪白的／起跑线；

是／绯红的／黎明

正在／喷薄；

——祖国啊！

　　句式变长，节拍增多，情感和上文有明显转折。中华古国又迎来一次新生。历史转折时期，民族孕育着希望，语调转为明朗、兴奋、高昂。讨论："神话的蛛网"比喻什么？极"左"思潮的统治，"文化大革命"的迷信。"古莲的胚芽"象征着希望。"祖国啊！"，读出充满朝气活力的语气。

我是／你的／十亿分之一，

是你／九百六十万平方的／总和；

你以／伤痕累累的／乳房／

喂养了／

迷惘的／我、深思的／我、沸腾的／我；

那就／从我的／血肉之躯上／

去取得／

你的 / 富饶、你的 / 荣光、你的 / 自由；

——祖国啊，

我 / 亲爱的 / 祖国！

1979 年 4 月 20 日

这是全诗的高潮，诗人感情的巅峰。节奏较快，语调高昂，情绪热烈。"迷惘的我、深思的我、沸腾的我"要呈明显的逐步推进之势，表明我和祖国唇齿相依的血肉联系。"你的富饶、你的荣光、你的自由"也要语调逐步加强，表明我要为祖国的强盛和崛起而努力奋斗。"我亲爱的祖国！"，读出热烈歌颂、崇敬赞美的语气。

二、推敲——休会语言之美

诗歌是语言艺术。诗歌欣赏不能绕开对语言的欣赏。诗歌语言要精粹，首先表现在纯净。容不得冗余之词，这是诗歌语言区别于其他文体的最大特点。不是说别的文体语言可以拉杂，而是相比起来，诗歌语言对纯净的要求特别高，不允许有一个用得不妥的词语。其次是凝练。诗歌语言应该是以一传十，表现力特别丰富。尤其是用得精当的动词，抓住它们的传神之处，细细揣摩品味，对于理解诗意大有裨益。最后是有一些意味丰富的词语或句子，它们往往借助修辞的帮助，会把诗歌中那种细腻、含蓄、微妙、只可意会不可言传的意味婉曲地传达出来。细细品评这些精妙之处，才知道古人为什么把读诗叫作"玩味"。朱光潜先生说："在文字上推敲，骨子里实在是在思想情感上'推敲'。"引导学生欣赏诗歌语言，其实也就是对诗意的追寻。语言，不过是走进诗人心灵深处的一条路径。仅从教学笔记中撷取几例。

诗歌语言的纯净之美。以艾青《我爱这土地》为例。

我爱这土地

艾 青

假如我是一只鸟，

我也应该用嘶哑的喉咙歌唱：

这被暴风雨所打击着的土地，

这永远汹涌着我们的悲愤的河流，

这无止息地吹刮着的激怒的风，

和那来自林间的无比温柔的黎明……

——然后我死了，

连羽毛也腐烂在土地里面。

为什么我的眼里常含泪水？

因为我对这土地爱得深沉……

1938 年 11 月 17 日

课堂上，我和同学们着重讨论以下问题。

鸟的喉咙为什么是"嘶哑"的？"这被暴风雨所打击着的土地"句中的"这"能换为"那"吗？"打击着的土地"中的"着"可以去掉吗？"那来自林间的无比温柔的黎明"句中的"那"为什么不用"这"？"连羽毛也腐烂在土地里面"句中的"也"有什么含义？

应该说，这些词语都很普通，作者似乎只是信手拈来，并没有刻意雕琢。但是如果结合语境，联系诗歌整体内容来看，就会觉得非常妥帖，诗意的表露十分畅达，毫无生涩、含混的感受，有一种天高云淡、山清水秀般的纯净、明丽、舒畅之美。"嘶哑"而不是优美清脆，可以理解为歌唱的时间很长，因而也可见对这片土地爱得深沉；还可以从嘶哑的歌唱感受到悲壮的时代氛围、悲愤的时代音符，"嘶哑"的歌声是一曲志士出征的号角、民族救亡的鼓鼙！"这……土地""这……河流""这……风"为什么用"这"而不用"那"？因为这正是诗人自己站立着的地方，脚下的土地。"暴风雨的打击""河流一样汹涌的悲愤""激怒的风"正是当时铁蹄践踏下的现实写照。这是祖国的国土，自己的家园，因而用"这"；同时，也表明诗人要和这片土地同生死，共命运，患难相依，这才体现出对这片土地深沉的爱！"着"字并非可有可无，表明一种正在进行的时态。"那来自林间的无比温柔的黎明"，为什么要用"那"指代？因为

"黎明"是胜利的象征。而"黎明"尚没有到来，还在远方的"林间"，所以用"那"。"温柔"一词，写出了诗人对胜利的无比向往和赞颂。"也"是一个用得极度俭省的词，隐含的意思是：把我生命的一切都埋在这里，包括羽毛。对祖国的挚爱之情抒发得淋漓尽致。如果不是联系这些词语去体会诗意，仅仅泛泛地读一读，或者架空地分析一番，很难说是真正地理解了诗意。没有全面地体察诗意，读者的心弦也就不会为诗情拨响。

诗歌语言的凝练之美，往往以古典诗歌为甚，例子俯拾即是。因为古典诗歌要受到格律的限制，炼字炼意，是古典诗歌的基本功。以毛泽东《沁园春·长沙》为例。

独立寒秋，湘江北去，橘子洲头。看万山红遍，层林尽染；漫江碧透，百舸争流。鹰击长空，鱼翔浅底，万类霜天竞自由。怅寥廓，问苍茫大地，谁主沉浮？

携来百侣曾游。忆往昔峥嵘岁月稠。恰同学少年，风华正茂；书生意气，挥斥方遒。指点江山，激扬文字，粪土当年万户侯。曾记否，到中流击水，浪遏飞舟？

课堂上，我们讨论过这些问题。想象诗人"独立"橘子洲头的形象。"击"换成"飞"，"翔"换成"游"，意味有何不同？"携"换成"带""挽"，"遏"换成"击"，表达效果如何？"独立"，从字面上解释就是一个人站立。但我们联系写作背景和诗歌内容看，其包孕的思想内涵就要丰富得多。从写作背景看，1925 年正是第一次土地革命风起云涌之时，四海翻腾云水怒，山雨欲来风满楼。年轻的革命家被迫离湘，但放眼全国，形势大好，诗人胸中还是激荡着革命豪情。因此，"独立"绝非孤独，而是有傲岸天下、风云满眼、俯仰天地、主宰沉浮的胸襟和情怀。从全诗内容看，诗人笔下的秋景虽是深秋，但满目绚丽，灿烂热烈，充满生机活力而不见一丝萧瑟悲凉。联系这些内容来讨论"独立"的内涵，学生就会受到强烈的情绪感染和情感震动，下文的很多问题也就迎刃而解。譬如，"击"所表现出来的雄鹰的苍劲有力，"翔"所表现出来的"鱼"的轻快自由，学生都体会得很好。对"湘江秋色图"，我们略加点拨之后，让学生来想象描写，也大都能表现出原诗的丰富意境。"携"和"带""挽"在表现上有何不同？"带"不能表现同学、同志之间的深厚感情；"挽"嫌太亲密，恋人一般，也和人物关系不合；"携"则准确地表现出青年毛泽东和同学、朋友之间的志同道合，亲密无间。"遏"，有力地阻止，表现出一群年轻人在江河水流中央游泳的气势、气魄、气概，也是对"谁主沉浮"这一问题的回应！

再以刘禹锡《石头城》为例。

> 山围故国周遭在，潮打空城寂寞回。
> 淮水东边旧时月，夜深还过女墙来。

在交代了必要的背景知识之后，我们会这样讨论：这里的"在"是什么意思？有什么深刻内涵？"回"为什么要"寂寞"？"旧时"是何时？"月"应该是怎样的"月"，为什么"夜深"才来？"在"就是存在。为什么强调其"存在"？联系"故国"可知是写其姿态未改，虎踞龙盘，形势依旧。强调其形貌依旧，其实是为下文写"空城"作对比和铺垫。江山依旧，人事已非，所以"潮水"才会"寂寞"而回。"旧时"是何时？照应"故国"，应是做故国国都之时，具体说是六朝之时。这样，用六朝繁华衬托今天萧条冷落的诗歌命意就很显豁了。"月"应该是怎样的"月"，为什么"夜深"才来？从写实角度来看，这是一弯残月，所以不是皓月当空，而是孤单凄凉之月，有力地渲染了国运衰微的悲伤情怀。抓住关键性的词，挖掘其丰富内涵，咀嚼其深层含义，比起囫囵吞枣式的整吞整咽，效果可能要好一些。

三、想象——领悟意境之美

意境之美，是诗美的最高境界。这里寄托着诗人所要表达的诗歌主旨，潜藏着诗人心灵世界的秘密。领悟诗歌意境，就是破译诗人的心灵密码。意境在中国艺术中占有重要地位，不独诗歌。著名美学家宗白华先生曾把意境称为"中国文化史上最中心也最有世界贡献的一方面"。

什么是意境？意境是诗人主观之情和客观景象的结晶品。也许，李泽厚的一段话可作为意境的最好注脚。

读一首诗，看一幅画，总之，欣赏艺术，常常是通过眼前的有限形象不自觉地捕捉和领会到某种更深远的东西，而获得美感享受。齐白石的画，在不懂事的小孩眼中，不过是几只不像样的虫、虾；柴可夫斯基的音乐，在"非音乐的耳"中，最多也不过是一堆有节奏的音响。然而，也就在这虫、虾、音响之中，却似乎深藏着某种更多的东西，藏着某种超越这些外部形象本身固有意义的"象外之旨""弦外之音"。看齐白石的草木虫鱼，感到的不仅是草木虫鱼，而能唤起那种清新放浪的春天般的生活的快慰和喜悦；听柴可夫斯基的音乐，感到的也不只是音响，而是听到如托尔斯泰所说的"俄罗斯的眼泪和苦难"，那种动人心魄的生活的哀伤。[1]

诗歌中的意境应该和音乐、绘画的意境相通。领悟意境，首先是"由象入境"，从感悟意象入手。然后，透过意象，走进诗人内心深处。还是让我们回到课堂。先来看李白《梦游天姥吟留别》中的一段：

半壁见海日，空中闻天鸡。千岩万转路不定，迷花倚石忽已暝。熊咆龙吟殷岩泉，栗深林兮惊层巅。云青青兮欲雨，水澹澹兮生烟。列缺霹雳，丘峦崩摧。洞天石扉，訇然中开。青冥浩荡不见底，日月照耀金银台。霓为衣兮风为马，云之君兮纷纷而来下。虎鼓瑟兮鸾回车，仙之人兮列如麻。

这是李白写梦境的一段诗。首先来看意象。"海日""天鸡"是诗人在半山腰所见。正在星夜登山的路上，忽然看见一轮红日从海上冉冉升起，又听到嘹亮的天鸡叫鸣。天，就要亮了！此时的诗人应该是抑制不住的兴奋。接着，又是一组和前面迥然不同的意象：千岩万转，天色暝暝，熊咆龙吟，天色昏暝……凄迷，阴冷，恐怖，令人心惊胆战。再接着，云开石扉，日月光华，宫殿金碧，仙人如花……诗人欣喜异常，心旷神怡。这种由喜而

---

① 李泽厚：《美学旧作集》，天津社会科学出版社 2002 年版，第 300 页。

惊、由惊而喜的复杂心路历程，正是复杂的社会现实在诗人心理的投影。诗人一次次地在憧憬着、追求着，然而又一次次地失望着、苦闷着，一次次地经历着由惊而喜、由喜而惊这样巨大的心理跌宕。在一次次的"惊起长嗟"之后，结尾再发出"安能摧眉折腰事权贵，使我不得开心颜"，那沉重巨大的人生感喟就有了坚实的基础。不结合"象"展开分析，得出的结论难免大而空；脱离了"意"而就"象"谈象，又不能准确地把握诗人的真正意旨。

意境的把握，有的象征意义比较明显，如上例。但也有的比较含蓄，比较隐晦，藏得比较深。阅读时还要结合写作背景，从诗歌的整体入手，抓住整体意象，不能只作一些简单比附。同时，也应该允许学生根据各自的理解作不同解读。以梁小斌《我热爱秋天的风光》为例。

我热爱秋天的风光

梁小斌

我热爱秋天的风光

我热爱这比人类存在更古老的风光

秋天像一条深沉的河流在歌唱

当土地召唤我去收割的时候

一条被太阳翻晒过的河流在我身躯上流淌

我静静沐浴

让河流把我洗黑

当我成熟以后被抛在地上

我仰望秋天

像辉煌的屋顶在夕阳下泛着金光

秋天像一条深沉的河流在歌唱

河流两岸还荡漾着我优美的思想

秋天的存在

使我想起在耕耘之后一定会有收获

我有一颗种子已经被遗忘

我长时间欣赏这比人类存在更古老的风光

秋天像一条深沉的河流在歌唱

这是一首朦胧诗，很优美，很耐读，但也很难把握。如何处理呢？一起读几遍，用朗读代替讲解，对诗意略作点拨，也不失为一种方法，但总觉得意犹未尽。于是，还是从意象入手，看看诗人到底要表达什么？

诗人讴歌的对象是"秋天"。在诗人笔下，秋天是怎样的秋天呢？"秋天像一条深沉的河流"，这是一个最核心的意象。从"我"和"河流"的关系看，这条河流在"歌唱"，"召唤"找去收割；这条"河流"把我"洗黑"，使我"成熟"；这条"河流两岸还荡漾着我优美的思想"（给我思想的启迪），"使我想起耕耘之后一定会有收获，我有一颗种子已经被遗忘"（给我青春的惆怅）。这里的秋天是美的使者，让我深深陶醉；这里的秋天还是一位哲理老人，给我深刻的人生启迪！是的，大自然原本就是人生导师，只要我们聪敏善悟。分析到这里，不难看出诗意的内核：写大自然之美，也歌颂秋天，赞美秋天。秋天昭示着收获，昭示着创造，昭示着奉献。像诗人这些从 20 世纪六七十年代走过来的一代年轻人，都曾有过青春被荒废的人生经历，于是从昭示着耕耘、收获哲理的秋天身上，就得到了比常人更多的人生感悟。

因为年龄、阅历，也有不少同学只读出了秋天的优美，读出了诗人对秋天的赞美，应该说也抓住了诗歌的部分内涵，我也给予肯定。同时，结合意境分析，从更深的层次挖掘"意象"包含的思想内核，收到的效果应该比泛泛分析要好得多。

领会意境之美，不能不提到诗歌的含蓄朦胧之美。含蓄朦胧之美就是我们通常所说的"言已尽而意有余"。借用一段李泽厚引用徐复观的话："意有余之意，决不是'意义'之意，而是'意味'之意。'意义'之意，是以某种明确的意识为其内容；而意味之意，则并不包含某种明确意识，而只是流动着的一片感情的朦胧飘渺的情调……"①这种"流动着的一片感情的朦胧飘渺的情调"，在诗歌中常常见到，即我们常说的"可意会而不可言传"。怎么处理这类诗歌呢？譬如李商隐的《锦瑟》，有多种解释。我的方法是，把历代诗家的解释都告诉学生，让他们自己去比较领悟。历代诗人都说不清的问题，我们也没有必要强说一端吧！能够帮助中学生开启思路，就足够了。

古人说："诗无达诂。"诗歌的理解难，分析也难。但在语文课堂上的诗歌学习，我想，不管采用什么方法，都得努力"拨动学生心灵的琴弦"，让他们的心弦震颤，这才达到了我们学习诗歌的目的。中学生正值人生花季，青春的心田正需诗意去灌溉！

---

① 李泽厚：《李泽厚十年集（第一卷）》，安徽文艺出版社 1994 年版，第 567 页。

析理·激趣·悟情

——议论文教学片论

中学生正值青春花季。浪漫的年龄、浪漫的心思决定了文学是他们天然的青睐对象，而相对枯燥的议论文则难以赢得他们的芳心。但是，议论文也蕴涵着丰富的审美因素，语文之美不应轻言放弃。析理、激趣、悟情是议论文教学中发现美的"三部曲"。

析理，就是引导学生分析文章中蕴涵的道理、哲理。这些道理、哲理"来自人们对生活对世界独具慧眼的观察、鞭辟入里的认识，新颖、卓异、睿智、深刻，不但使我们在思想上得到启发，认识上得到提高，而且使我们在精神上得到愉悦，在情感上得到激励……"① 是的，议论文中蕴涵的哲理之美是很值得我们去品味一番的，它包含着作者对生活、对社会、对世界的认识和发现。但是，由于年龄阅历和思想水平，中学生一般都很难真正领会这种睿智之美、深刻之美。教学活动就应该首先围绕如何认识文章的深刻思想去展开。

交代缘由，理解作者的思想、背景。不是每一篇文章都需要交代背景；对于有着复杂写作背景的文章，交代来龙去脉还是必要的。譬如《拿来主义》的写作背景，就必须作一介绍，否则学生很难理解文章内涵。再如《在马克思墓前的讲话》，学生不了解马克思和恩格斯两位伟人之间的战斗友谊，也必然影响

---

① 王尚文：《语感论》，上海教育出版社 1995 年版，第 164 页。

对文章思想情感的领会。

　　厘清思路，把握文章思想脉络。认识文章的思想之美、哲理之美，不在于直接倒出结论，关键在于循着作者思想的脉络，跟着作者的思路，一步一步走向深刻，走向睿智，体会这种论证过程中的逻辑之美、智慧之美。譬如我们在学习鲁迅的《拿来主义》时，不是简单地给出批判什么、提出什么观点，而是在扼要介绍文章背景之后，一个小节一个小节地研讨归纳，一步一步地循着作者的思路前行。"闭关主义"—"送去主义"—"送去主义"的危害—"送去"和"送来"—"拿来主义"—"拿来"和"送来"—"拿来主义"者是全不这样的—"拿来主义"者应该怎样拿来—"拿来"的重要意义。我们就像在登山观赏风景，不是直奔山顶，而是一路走一路看。辛辣的讽刺，幽默的调侃，机智的辩白，一路陪伴着我们。最后，再回首来路，看作者是如何循循善诱地把我们引向真理的内核，感受思想之光的烛照，享受思想（动词）的喜悦和思辨的快乐。

　　引申发挥，拓展文章的思想空间。对文章的思想观点，我们多是欣赏认同，感受内化，但对有的文章，我们也可以在原作基础上，拓展发挥，质疑辩诘，引申联系，对比参照，激发出新的思想光芒，培养学生的批判性思维和创造性思维能力，这也是和新课标的教学理念非常吻合的。在教学苏洵《六国论》时，我曾学习语文教学前辈沈蘅仲先生的做法，把苏辙的《六国论》、李桢的《六国论》一齐印发给学生，充分预习，在课堂上展开讨论，比较异同，互相辩诘，最后以《六国新论》为题，写一篇表达自己观点的作文。通过这样的反复讨论比较，学生不仅对苏洵在《六国论》中阐述的观点有了深刻理解，充分感受了苏洵、苏辙、李桢的思想魅力，而且生发出不少属于自己富有时代特色的思想火花。譬如，有的提出"人才强国"战略，有的得出"改革兴邦"观点，有的从时代潮流、社会发展趋势着眼，发表"六国必然挡不住统一大势"的宏论。应该说，这样围绕课文拓展开去，展开语文活动，同时又推动语文学习，使学生形成新的语文知识，构建新的语文能力，其收获应该是综合的，效益应该是高的。

　　析理之外，还需激趣。不管什么文体的文章，总归应该有"趣"，不同文体趣味不同罢了。这"趣"就是文章之"趣味""滋味""意味"，议论文也不例外。

议论文之"趣"，可以列出语言之"趣"、论证之"趣"、结构之"趣"等。精心地选择一些文章之"趣"，交给学生去发现品评，也是欣赏议论文之美的重要一环。让我们看几个例子。

先说语言。

语言的形象：议论说理的同时，夹进形象勾勒之语，有助于读者轻松愉快地认识事物，明了事理。

还有几位"大师"们捧着几张古画和新画，在欧洲各国一路的挂过去，叫作"发扬国光"。（鲁迅《拿来主义》）

要不然，则当佳节大典之际，他们拿不出东西来，只好磕头贺喜，讨一点残羹冷炙做奖赏。（鲁迅《拿来主义》）

有的作品内容确实不错，因为写得拖沓累赘，读起来就像是背着一块石板在剧场里看戏，使人感到吃力、头疼。而读大师们的名著呢，却有如顺风行船，轻松畅快。（周先慎《简笔与繁笔》）

语言的严谨：严谨是议论说理应有之特点。有些精心着墨的严谨之处，会让读者感受到作者思想之严密、逻辑之缜密、思路之绵密。譬如：

中国共产党的二十年，就是马克思列宁主义的普遍真理和中国革命的具体实践日益结合的二十年。（毛泽东《改造我们的学习》）

马克思列宁主义的普遍真理一经和中国革命的具体实践相结合，就使中国革命的面目为之一新。（毛泽东《改造我们的学习》）

但是，如果反对这宅子的旧主人，怕给他的东西染污了，徘徊不敢走进门，是孱头；勃然大怒，放一把火烧光，算是保存自己的清白，则是昏蛋。不过因为原是羡慕这宅子的旧主人的，而这回接受一切，欣欣然的蹩进卧室，大吸剩下的鸦片，那当然更是废物。（鲁迅《拿来主义》）

同样是错误对待文化遗产，对"孱头""昏蛋""废物"三个分句，为什么不用两个分号以显示其同等地位，而要用一个分号，一个句号？

语言的简朴：一些简单朴素的语言，其实包孕着深刻丰富的内涵。看似作者漫不经心，信笔拈来，其实正是用得恰到好处，别具匠心。你会觉得这里的语言是唯一的"这一个"，是表达得最好、表现力最强的"这一个"，是"从错综混乱中找到了联系、秩序，发现了规律、本质，使之臻于和谐，达到统一，具有最大限度的简单明了性，从而使人们体验到理智的满足和感情的愉悦"①。

这个人的逝世，对于欧美战斗着的无产阶级，对于历史科学，都是不可估量的损失。这位巨人逝世以后形成的空白，不久就会使人感觉到。(恩格斯《在马克思墓前的讲话》)

由于剩余价值的发现，这里就豁然开朗了，而先前无论资产阶级经济学家或者社会主义批评家所做的一切研究都只是在黑暗中摸索。(恩格斯《在马克思墓前的讲话》)

再说论证。议论文的论证过程体现出严密的逻辑性。学习时讨论这些丝丝入扣的论证过程，可以体会文章的逻辑之美——力量之美，简约之美，思辨之美，气势之美。

论证的力量：严密的论证本身会透出一种力量，无可辩驳，不容置疑。这是理论的力量，逻辑的力量。譬如：

我们只有这样做了，才有可能正确地或者比较正确地解决问题，而这样的解决问题，究竟是否正确或者完全正确，还需要今后的实践来检验。如果我们不这样做，那我们就一定什么问题也不可能解决，或者不可能正确地解决。(邓小平《讲讲实事求是》)

论证的简约：真理总是朴素的。朴素不是寒碜，而是不加修饰却又力透纸背，不怒而威，是一种朴素的美、庄重的美。譬如：

事实上，辞章问题虽然是个形式问题，却不只是单纯的技巧，而是同作者的思想作风有密切关系的。语言的丰富多彩，往往就是思想的丰富多彩的反映。一个思想僵化、粗枝大叶的人，很难写得出生动活泼、严密周到的文章来。因

---

① 王尚文：《语感论》，上海教育出版社 1995 年版，第 164 页。

此，不从训练自己的思想着手来加强辞章修养，将很难有大的效果。反过来说，如果我们在写文章的时候总是严格地要求自己，尽最大的努力使文章形式作到准确而优美，那也会有助于我们的头脑日趋精密和活泼。（施东向《义理、考据和辞章》）

读了这段文字，辞章和思想的关系还须赘述吗？

论证的智慧：往往一语中的，切中肯綮，透过表象，直指要害，表现出一种说理的聪明、机智和智慧。立论高屋建瓴，势如破竹，读来有气势之美。

只要流传的便是好文学，只要消灭的便是坏文学；抢得天下的便是王，抢不到天下的便是贼。莫非中国的历史论，也将沟通了中国人文学论欤？（鲁迅《文学与出汗》）

鲁迅先生按照论敌的逻辑引申论证，推导出更为荒谬的结论，又顺手一击，给反动的历史观以辛辣讽刺。

再说结构。好的文章结构斗榫合缝，规律、简约、匀称、流畅，像一件精美的艺术品。它带给读者的是中心的显豁，是思路的提示，是形式的优美，是内容的凸显。先看一个全篇的结构提纲。

我们寻常大概都知道敬重"勇气"和敬重"正气"，但是我意以为非有几分呆气，勇气鼓不起来，正气亦将消散。（总）
研究任何学问，欲求造诣深邃者，也不可不有几分呆气。
委身革命事业以拯救同胞为己任者，也不可不有几分呆气。（分）
此外欲能忠于职务，亦非具有几分呆气不可。
初不料呆气也有那么大的好处！（总）

这是邹韬奋《呆气》一文的结构提纲。看了这个提纲，全文内容一目了然，论证思路清清楚楚。一个思路严谨的段落，其结构也能够使人神清气爽，感受到条理、规律之美。譬如：

（1）我们所说的辞章涉及语言、章法和风格等方面。（2）一个作者力求掌握丰富的词汇和多样的句法和章法，目的为了运用自如，能够把内容传达得准确而生动。（3）把内容准确地表达出来，这是对文章形式的基本的要求。（4）用词不妥帖，造句不合语法，行文缺乏条理、拖沓冗长，就会把意思弄得含混晦涩，令人费解甚至误解。（5）在准确之外，还要求文章力求写得生动。（6）在辞章拙劣的文章中间，人们所读到的永远只是干瘪的词汇，刻板的句法、章法，即使这种文章把意思大体表达出来了，也会因为它语言无味，面目可憎，而拒人于千里之外，使人不愿意亲近。（7）所以古人说："言之无文，行而不远。"（施东向《义理、考据和辞章》）

注意一下加点的词语，就会发现这段话的内部结构是多么严谨、有序。（1）（2）句总提讲究辞章的目的是把文章写得"准确而生动"，（3）（4）句分述"准确"，（5）（6）（7）句分述"生动"。脉络分明，眉清目秀。

议论文中的情感常常为人们所忽略。其实，文章不是无情物。议论文的字里行间也同样流淌着作者的情感。不过，它往往是潜在的、含蓄的、不露声色的。它很深沉，和"理"紧密结合在一起。比起散文、诗歌那些抒情文字来，当然不够显眼。但只要我们善于体味，就会发现，这种情感不仅存在，有时还很浓烈。而且，只有当我们体味到渗透在字里行间的情感时，我们对文章才会有深刻的理解。

读《拿来主义》，我们一定会对作者文字的嬉笑怒骂留下深刻印象，感到痛快淋漓，其实痛快淋漓的文字背后，是作者对当时甚嚣尘上的"封建复古论""全盘西化论"的愤慨和指斥，是对中华民族新文化的期盼和呼唤，充满殷殷之情、拳拳之心。不能理解这一点，我们对文章的深刻内涵就还没有充分领会，就会以幽默为滑稽，拿深刻当尖酸。《改造我们的学习》是一篇朴素无华的演讲，但是，如果我们认真读读那些整齐的排比句，就不难体会到作者对主观主义学风的深恶痛绝，对实事求是学风的热切希望。

或作讲演，则甲乙丙丁、一二三四的一大串；或作文章，则夸夸其谈的一大篇。无实事求是之意，有哗众取宠之心。华而不实，脆而不坚。自以为是，老子天下第一，"钦差大臣"满天飞。这就是我们队伍中若干同志的作风。这种作风，拿了律己，则害了自己；拿了教人，则害了别人；拿了指导革命，则害了革命。总之，这种反科学的反马克思列宁主义的主观主义的学风，是共产党的大敌，是工人阶级的大敌，是人民的大敌，是民族的大敌，是党性不纯的一种表现。(毛泽东《改造我们的学习》)

如果我们仅仅着眼于语法修辞，跟同学们讲这是排比，那是对偶，那很难说领会了文字背后丰富的思想内蕴。如果从情感体验着眼，试想一下，作这段演讲时，演讲者的语气、语调、动作手势、神情态度……然后，再鼓励同学们进行模仿。总之，体会演讲者激越的感情，丰富的内心，对改变学风的热烈盼望和期望，我们就会对文章的内涵体会得更深刻些、更深入些，对语言和情感之间的内在联系也会有更深切的体会。至于像《过秦论》《六国论》《陈情表》这些历史上的议论名文，除体会其精辟说理之外，体验其酣畅淋漓之情，就更是我们理解文章的必由途径。

附录：

情感·逻辑·气韵
——《在马克思墓前的讲话》简析

这不是一般的朋友，这是一对战友！这不是一般的友谊，是在跟黑暗世界进行搏击时用思想和智慧凝结的超越个人情感的至情！马克思和恩格斯的友谊是人间友谊的最高典范。其友谊是思想的契合，是人格的仰慕，是心灵的共鸣，是志同道合！因此，当恩格斯在马克思墓前跟亲爱的战友告别时，其悲痛的心情是可想而知的，所要表达的有诚挚的怀念，但又不仅仅是怀念；有热情的赞颂，但又不仅仅是赞颂。也许，最为恰当的首先是评价，对其一生的伟大业绩和为人类作出的伟大贡献作出评价。这是高山对高山的倾诉，是大海和大海的交流。两个人的人格都像高山一样巍峨，两个人的心灵都像大海一样广阔！风云激荡，山水相依。于是我们读到了一篇气沛意丰、情理兼备的悼念演讲。

首先，给我们心灵带来震撼的是充溢于字里行间的诚挚情感。大家都知道，在长期的革命斗争中，恩格斯和马克思结下了深厚的革命情谊。而且，为了支持马克思的研究，恩格斯作出了巨大的牺牲。对事业的共同理解和使命，使他们的友谊又超越了一般的朋友之情。马克思的逝世，不仅是恩格斯失去了一位志同道合的朋友，更是革命事业的重大损失。这种阶级情、同志爱，在文字上表现为一种沉痛而不只是悲伤。我们一起来体会以下几个句子。

"这位巨人逝世以后所形成的空白，不久就会使人感觉到。""空白"一词准确地反映出马克思对革命事业的巨大贡献，表明他在革命斗争中无人能够代替的独特位置和崇高的历史地位。而马克思的这种贡献和地位，当时并没有被人们认识。恩格斯用了"不久就会使人感觉到"，表达了他对马克思思想和实践的深刻理解。这种理解只有在战友之间、在同等伟岸的两位巨人之间才会达成这样高度的默契。那么，看似简单朴实的"空白"二字，又包含着多么丰富的情感内涵！

"由于剩余价值的发现，这里就豁然开朗了，而先前无论资产阶级经济学家或者社会主义批评家所做的一切研究都只是在黑暗中摸索。"这又是一句不动声色但内心却翻卷滔天巨澜的断语，感情色彩极为浓烈。两种研究，两重境界。一种是在黑暗中摸索，一种是豁然开朗，柳暗花明。鲜明的对比，把马克思剩余价值理论的伟大意义揭示出来。寥寥数语，勾画出一座历史丰碑！热烈浓郁的情感，隐藏在冷静平实的语言背后。这样的句子在文中还可以找出不少。譬如："斗争是他的生命元素。很少有人像他那样满腔热情、坚韧不拔和卓有成效地进行斗争。""他对这一切毫不在意，把它们当作蛛丝一样轻轻拂去，只是在万不得已时才给以回敬。""他可能有过许多敌人，但未必有一个私敌。"

其次，给我们带来审美愉悦的是本文严谨的逻辑结构。文章段落之间过渡自然，联系紧密，斗榫合缝，全文层次清晰，结构谨严，显示了强大的逻辑力量。作者高屋建瓴，用十分简洁的语言高度概括马克思的伟大业绩。在第1段对马克思逝世情景作简要追述后，用了一个单独的段落概括马克思的伟大业绩。两个"对于"分述理论和实践两个方面，思路清楚，文脉分明，提纲挈领，举重若轻。然后进行分述。先述理论贡献。第3、4、5段之间分别用过渡句勾连："不仅如此。""一生中能有这样两个发现，该是很够了。"把马克思在理论上的伟大贡献条分缕析，逐一论述，给人眉清目秀之感。在转入介绍实践业绩之时，用"他作为科学家就是这样"了结上文，开启下文，过渡十分自然。理论实践的贡献介绍结束，用了"正因为这样，所以马克思是当代最遭嫉恨和最受诬蔑的人"，不仅承转自然，而且用因果复句，把马克思的贡献和他的遭遇联系起来，突出写马克思的崇高品格和人格，表达对马克思的歌颂和崇敬之情！

结构严谨源于思路的清晰，思路清晰来自逻辑严谨。逻辑的力量是强大的。感人心者，莫先乎情。情可以"先"感染人。那么，感染的深度靠什么呢？靠理，靠逻辑力量！本文的逻辑力量就表现在文章严丝合缝的逻辑结构上。这也是一种美，一种理性之美，逻辑之美！在马克思墓前，首先想到斯人逝世情景，再想到他的一生贡献，因为贡献巨大，所以引起敌人的诽谤攻击，而面对这些诽谤攻击，他却显示出崇高的人格力量。最后，得出"他的英名和事业永垂不朽！"的结论，可以说是水到渠成。

古人评论诗文绘画，曾有"气韵生动"之语，还有"文贵有气"的说法。人有"气"，文才有"韵"。这"气"，便是作者的气质、才情、智慧、精神，它不单是主体气质，更是情感的贯注融通。所谓"气韵"，指作者的才情、智慧、精神、情感之美在文章中的外在体现。今天，我们已无法看到当年恩格斯在马克思墓前演讲时的情景了。但读这篇演讲词，我们常常为文中诚挚的情感和严谨的逻辑所折服，我们感受到一种扑面而来的气韵之美：气沛意丰，气盛言宜，生动流畅，情发于衷，丝丝入扣。我们可以想象恩格斯当年演讲时的情景，体会恩格斯在悼念战友时慷慨激越的强烈感情，那一定是十分感人的场面，声情并茂，风姿动人。没有长歌当哭的忧戚悲伤，惟有字字千钧的历史宣示。呜呼！伟人风范，山高水长！

感受文化的魅力
——文言文教学片论

　　文言文是中国古代文化宝库中一颗璀璨的明珠，是中华民族五千年灿烂文化的优秀代表。因此，中学生学习文言文，不仅是对一种消逝了的古老语言的追念，更是对我们民族悠久文明和深厚文化传统的走近、触摸和亲炙。是否学习文言文是一个不需要讨论的问题。"没有文言，我们找不到回家的路"，真切地表现了现代人对母语、对民族文化、对民族之根的深厚感情和浓浓的眷恋。我们需要讨论的是怎样学习文言文的问题。

　　如果仅仅从应考着眼，那么今天的文言文学习，当然只应该抓住语言，具体说就是文言文中的字词句，培养的是所谓阅读"浅近文言文"的能力。文言文阅读能力当然也要培养，文言的字词句也应该扎实掌握。但是，文言阅读能力如何培养？是否仅仅逐字逐句讲解就能培养阅读能力？还有，文言文学习是否仅仅停留在字词句？这些问题都还有推敲的必要。早在 20 世纪上半叶，朱自清先生就明确指出："我可还主张中学生应该诵读相当数量的文言文，特别是所谓古文，乃至古书。这是古典的训练，文化的教育。一个受教育的中国人，至少必得经过古典的训练，才成其为受教育的中国人。"[①] "经典训练的价值不在实

[①]　朱自清：《朱自清论语文教育》，河南教育出版社 1985 年版，第 61 页。

用，而在文化。"①文字是文化的一个组成部分，又是文化的物质载体、传播工具。文字和文化密不可分。尤其是汉字，因为是表意文字，形象性、审美性特点非常明显，其文化内涵就更为丰富。学习文言文，除阅读能力的培养之外，感受民族文化的巨大魅力是题中应有之义。

文言文的学习，多读是一个重要环节。可惜这个环节常常为人们忽略。朗读，有助于理解文意，有助于培养语感。对此，王尚文在《语感论》中有非常精彩的论述。为什么多读有助于理解？王尚文说："最主要的就是由于多读、熟读能将言语对象内化为语感图式。我国古代的文言跟口语基本上是脱节的，但我国古代的语文教学硬是在不太长的几年时间内基本上能让大部分学生得心应手地运用文言表情达意，这简直可以称之为奇迹。古代的语文教师之所以能够创造出这一奇迹，就是由于他们十分重视读，从而创造出了学生对于文言的语感。"②作者还特意摘引了一张古人读书的"课程表"，用来说明"读"的重要性。

早起……理昨日生书，带温书一卷。背。上生书，师长先依经逐字实义，毕，再讲实字虚用、虚字实用、本义有引申、异义有通假之法……然后析其章段，离其句读，条其意指。讲毕，命学复述一遍（看其有见解否），乃就位读一百遍：初缓读，后稍急读，字句要有抑扬顿挫之节奏，四声要有高下低昂之准的（不熟再加一百遍）。

午饭……写字一二张……温书一本。背。仍读主书。……

灯下念唐贤五律诗（取与试帖相近）或《古诗源》……③

从这张"课程表"上可以看出，古代语文教育是多么重视"读"。从早到晚，学生几乎都是在"读"。一读就是一百遍。而且，"读"是有许多讲究的。首先，是由老师讲解，把有关语文知识搞懂之后再读。其次，"读"有不同"读"法。"初缓读"（应该是为了检查理解情况），"稍急读"，"抑扬顿挫""高下低昂"

---

① 朱自清：《朱自清论语文教育》，河南教育出版社1985年版，第8页。
② 王尚文：《语感论》，上海教育出版社1995年版，第244页。
③ 同②，第245页。

地"读"。这样的"读"，应该是为了加深理解和记忆，即王尚文先生说的语感"内化"过程。有书记载：

> 王士桢吟诵曹子建《赠白马王彪》凡数遍，继而泪如雨下，可见理解之深。王敦吟诵曹操"老骥伏枥"篇，为之击节而碎珊瑚唾壶，足见叹赏之至。[①]

这固然与文章本身回肠荡气、感人至深有关，也许还和文章内容引起朗读者对自身境遇的感触产生情感共鸣有关，但因为反复朗读而加深了理解，唤起了情感也都是不争的事实。朗读吟诵有助于理解，有助于记忆，有助于逻辑思维能力培养，有助于书面语言能力形成，都是为许多名人大家的成长历程所证明了的文言文学习规律。

多读不仅帮助理解，同时还有助于学生感受文章之美，尤其是文言文。从古代文学作品的源头《诗经》开始，中国古代文学作品就一直有着丰富的审美价值。李泽厚评价《诗经》说："虽然这些诗篇中所咏叹、感喟、哀伤的具体事件或内容已很难知晓，但它们所传达出来的那种或喜悦或沉痛的真挚情感和塑造出来的生动真实的艺术形象，那种一唱三叹反复回环的语言形式和委婉而悠长的深厚意味，不是至今仍然感人的么？它们不同于其他民族的古代长篇叙事史诗，而是一开始就以这种短小却深沉的实践理性的抒情艺术感染着、激励着人们。它们从具体艺术作品上体现了中国美学的民族特色。"[②] 是的，文言文的审美价值是丰富的。从形式上说，《诗经》的一唱三叹、反复回旋，有一种旋律和节奏的美；《楚辞》的奔放不羁、自由洒脱，有一种原始野性的美；汉赋有一种磅礴的气势和古拙美，五言古诗乃至骈文，"对汉语字义和音韵的对称、匀衡、协调、和谐、错综、统一种种形式美的规律，作了空前的发掘和运用"；唐诗更是"把重旋律重感情的线的艺术推上一个崭新的阶段"，体现了盛唐之音的"音乐美"；宋词则体现了精工小巧、优雅纤细之美……至于散文，其用语的精练，音韵的和谐，对句的工整，结构的谨严，更是朗朗上口，抑扬有致，读

---

① 陈国安：《语文教学心理学简稿》，宁夏人民教育出版社 2000 年版，第 118 页。
② 李泽厚《李泽厚十年集（第一卷）》，安徽文艺出版社 1994 年版，第 60 页。

来真是一种享受！学习文言文，不注重朗读，的确是"身在宝山不识宝"，愧对古人，也辜负了古人，更重要的还是放弃了文章美的熏陶，浪费了绝好的审美资源。

朗读之外，咀嚼品味汉字之美也是文言文教学的重要内容。学习文言文当然要抓"字词的落实"，但同时也应相机进行汉字特点的分析，让学生有一些领会汉字之美的机会，感受汉语言文字的魅力。汉字之美包括字形和字义两个方面。字形之美就是书法艺术之美。对此，著名美学家宗白华先生曾在《中国书法里的美学思想》一文中作精彩分析。兹摘引如下：

中国人写的字，能够成为艺术品，有两个因素：一是由于中国字的起始是象形的，二是中国人用的笔……许慎《说文》序解释文字定义说：仓颉之初作书，盖依类象形，故谓之文，其后形声相益，即谓之字，字者，言孳乳而浸多也……单体的字，象"水木"，是"文"；复体的字，象"江河杞柳"，是"字"……写字在古代正确的称呼是"书"。书者如也，书的任务是如，写出来的要"如"我们心中对于物象的把握和理解。用抽象的点画表出"物象之"，这也就是说物象中的"文"，就是交织在一个物象里或物象和物象的相互关系里的条理：长短、大小、疏密、朝揖、应接、向背、穿插等的规律和结构。而这个被把握到的"文"，同时又反映着人对它们的情感反映。这种"因情生文，因文见情"的字就升华到艺术境界，具有艺术价值而成为美学的对象了。

……中国字在起始的时候是象形的，这种形象化的意境在后来"孳乳浸多"的字体里仍然潜存着、暗示着。在字的笔画里、结构里、章法里，显示着形象里的骨、筋、肉、血，以至于动作的关联。后来从象形到谐声，形声相益，更丰富了"字"的形象意境，像江字、河字，令人仿佛目睹水流，耳闻汩汩的水声。①

宗白华是从汉字形成的过程来阐述汉字之美的。欣赏汉字的字形之美，是文言文教学的内容之一。譬如，对于一些典型的汉字，给学生画一画甲骨文、

---

① 宗白华：《美学与意境》，人民出版社1987年版，第331页。

金文、篆文等不同字体的写法，对于培养学生对文言文、古代文化的兴趣是有特殊效果的。

从语文教学的角度，汉字字义的玩味体悟，其实更有意义。这个过程往往是和字义、词义的揣摩分析联系起来的，相得益彰。譬如汉字的"形声字"，其表情达意的特点对文言文字词教学就很有帮助。凡带"水"旁的都和"水"有关，凡带"心"旁的则和心理情感活动有关，凡带"草"字头的都和花草树木有关。了解这些特点，对于分析字义、词义的作用是显然的。

从分析字形入手推求字义，是学习文言文时常用的一种行之有效的方法。譬如：

"斤"：象形字，分别象曲柄、斧背、斧刃之形。这种象形证明了"斤"的本义是砍伐树木的工具。引申开去，"斫"有砍义；"析"本义是斧头砍木材，可作剖析分解讲；"所"字最初的意义是表"伐木的声音"，也和斧头相关。

"零"：形声字，从雨从令声，本义指落细雨，大雨不能用"零"。因是小雨，也可引申指露水、落泪。"涕零如雨""感激涕零"中的"零"都指落泪。又因为草木花叶落的样子像小雨，所以"零"又可引申为草木花叶枯萎下落。"惟草木之零落兮""草木凋零"中的"零"都是此义。

"术"：本义是"路"。引申为"道术""方法"，如《孟子·梁惠王上》："是乃仁术也。"又引申为权谋、谋略。如《史记·张仪列传》："吾在术中而不悟，吾不及苏君明矣。"又引申为学术。如韩愈《进学解》："闻道有先后，术业有专攻。"①

从分析声符入手，也可以大略地了解字义。根据学者的研究成果，形声字的声符也与字义有关。譬如"戋"作为一个声符，均有"小"的意义内核。如"浅"是小水，"贱"是小贝（钱），"笺"是小纸，"残"是歹而小等。

弄清字的本义、引申义，对于文言文学习的帮助也很大。譬如：

---

① 郭锡良、唐作藩、何九盈等：《古代汉语》，北京出版社 1982 年版，第 326–327 页、第 366–367 页。

《隆中对》"遂用猖獗"：仅仅知道"猖獗"为失败，当然也可以，但如果知道其来龙去脉，掌握得就更为牢固。猖是"踢"的借用字，本义为"跌"；獗是"蹶"的借用字，本义为"倒"。由跌倒引申为失败。

《冯婉贞》"结束而出"："结束"都是衣服上的带子。衣襟上部腋下处要系短带，叫"结"；穿衣服要扎腰带，叫"束"。人穿衣服到了系短带腰带阶段，已经是最后一道程序，所以产生了"终了"的意义。[1]

这些推求字义的规律，在文言文学习时，如果能够相机结合，不仅比单纯机械地死记字词意义效果要好，效率要高，而且可以感受汉语言之美，一种规律之美、意韵之美。

了解一点文言文语言规律，感受母语的文化内涵。从 20 世纪 80 年代开始，著名语言学者申小龙先生在文化语言学研究方面取得了杰出的成就，使我们有可能从更高的层面上，进一步认识文言文学习的重要意义，也使我们有可能在文言文学习时，自觉和理性地运用语言规律去学习文言文，去感受蕴涵在文言文中的民族思维方式和民族文化密码。申小龙先生的如下观点对于我们的文言文学习无疑具有重要意义。

第一，整体思维和散点透视。散点透视首先是一种着眼于内容完整的组织方法。它以意义的完整为目的，用一个个语言板块（词组）的流动、铺排局势来完成内容表达的要求，因而汉语句子总是以"神"统"形"的。具体说，具有叙述行为事件功能的动句，其视点是流动的，因而造成一种化整（内容之整）为零（句读段之零）的格局。这种句子往往按照时间、地点、施事者、事件的事理内容顺序展开，由一个施事者一贯到底。在动词之前总是简单而整齐，动词一过，视点的移动便顺势而下。思路推进的起伏有后浪推前浪的节奏，浪与浪之间却没有截然的间断，极层累曲折之势，呈风起云涌之貌。具有评论话题功能的句子，视点是环动的，因而造成一种"聚零为整"的格局。"聚"就是得其神。所有的评论语都是以主题语为核心确定彼此关系的，评论语再多也能做

---

① 王艾录、司富珍：《汉语的语词理据》，商务印书馆 2001 年版，第 144 页。

到"形散神不散"①。

这个观点首先对指导朗读有极大帮助。譬如：

"此文人画士，心知其意，未可明诏大号以绳天下之梅也；又不可以使天下之民斫直，删密，锄正，以夭梅病梅为业以求钱也。梅之欹之疏之曲，又非蠢蠢求钱之民能以其智力为也。有以文人画士孤僻之隐明告鬻梅者，斫其正，养其旁条，删其密，夭其稚枝，锄其直，遏其生气，以求重价，而江浙之梅皆病。文人画士之祸之烈至此哉！"（龚自珍《病梅馆记》）

按照申小龙的观点，我们在读这段文字时，就应该用心去体会文气，体会那风起云涌的气势。在朗读时就要读出文气来，特别是那些动词，一定要读重音，前后相衬的句子，一定要读出铺排的特点，读出节奏感，读出抑扬顿挫，读出错综变化。

其次，有利于我们把握段落主旨。我们往往在句首或句末找到段落的中心句、主题句。上段引文句末的"文人画士之祸之烈至此哉！"就为全段收了尾，点明了全段之"神"。

第二，辩证思维和引同协异。汉语单音词的孳生就利用双声叠韵的道理，而且这种孳生往往是向反面转化，音义都处于矛盾运动之中。如"天崩地裂""腹背受敌""风起云涌""海阔天空""标新立异""推陈出新"。辩证思想也重视对立双方的互相转化。如古汉语中的"反训"现象。"乱"可作"治"讲，"离"可作"离开""遭逢"讲，"沽"可作"买""卖"讲。辩证思维还外化为"句法对应"现象。句法对应在句子结构上是节奏匀称而词义对应，不仅使文句意义互相映射，互为补充，甚至"互文见义"。②

这个观点对于我们正确地掌握句读、理解词义句意，应该很有启发。譬如：

其辱人贱行，视五人之死，轻重固何如哉？（张溥《五人墓碑记》）

---

① 申小龙：《语言与文化的现代思考》，河南人民出版社 2000 年版，第 48–50 页。
② 同①，第 57–65 页。

"辱人"和"贱行"对应。"贱行"：偏正结构，卑贱的行为。可推知，"辱人"：偏正结构，可耻的人格。

得双石于潭上，扣而聆之，南声函胡，北音清越，桴止响腾，余韵徐歇。（苏轼《石钟山记》）

"桴止"和"响腾"对应。"桴"是鼓槌，名词；"响"也是名词，响声。鼓槌停止了，响声还在传播。

方其系燕父子以组，函梁君臣之首，入于太庙，还矢先王。（欧阳修《伶官传序》）

"系燕父子以组"和"函梁君臣之首"对应。"系"是动词，捆绑的意思，"函"也应为动词，用木匣装。

襟三江而带五湖，控蛮荆而引瓯越。（王勃《滕王阁序》）

"襟""带"分别和"控""引"对应。"控""引"为动词，"襟""带"也应为动词，解释为"以……为襟""以……为带"。

主人下马客在船，举酒欲饮无管弦。（白居易《琵琶行》）
秦时明月汉时关，万里长征人未还。（王昌龄《出塞》）

这又是另一种对应，即人们常说的互文。"主人"和"客"、"下马"和"在船"互为补充，主人和客人一起下了马来到船上。同样，"秦"和"汉"、"明月"和"关"也是这样的互文，秦汉时的明月秦汉时的关。不直说而采用这样的互文，使诗歌语言更加凝练，诗意也别有情趣，诗意盎然。

第三，具象思维和意象组合。申小龙指出："整体思维使汉民族惯于追求人与自然、社会融契无碍的境界。这种境界所达到的内心和谐，使人以一种审美、直觉的眼光来看待一切，在感性经验中积淀了大量的理性因素。由此形成的具象思维使汉民族的语言充盈着艺术化的气质。""由于汉族人抽象思维往往同形象交织在一起，因而汉语的语词对客观事物加以抽象反映的语义也必然具有具象性。从这个意义上我们可以说汉语是一种艺术型的民族语言，汉语思维具有艺术气质。""汉语的具象思维表现在造词多用比喻，造字多注重图象性，语词组合灵活自由，表达往往言简意赅、辞约义丰。汉语单词就蕴藏了丰富的语文感受，因此将这些基本粒子排列组合起来，就成为一组组生动可感的具象。"①

明白汉语的这个特点，对于我们鉴赏古代诗歌意义重大。我们不能过分拘泥于实体概念，而要注意从一个个独立的、跳跃的甚至不连贯的具象（语词）出发，联想，意会，体味情感，把玩意味，读出作者所要表达的丰富的情感内蕴。试以李清照《一剪梅》上阕为例，略作说明。

红藕香残玉簟秋。轻解罗裳，独上兰舟。云中谁寄锦书来？雁字回时，月满西楼。

第一句排列了两个意象。"红藕香残"，已是百花凋零的深秋季节了；"玉簟秋"，说竹席凉意很重了。这是表象，作者真正想要表达的远远不止这些。秋意很深之外，还有哪些呢？我们可以想到气氛的冷落萧条，想到独居的孤单寂寞，想到少妇闺房相思之愁。要不然，为什么单选"红藕""玉簟"呢？这两个事物很容易使我们想到爱情，想到思念情人的落寞。而这许许多多的言外之意，都得要我们去联想、去意会、去体悟。"雁字回时，月满西楼"，又是两个意象。鸿雁飞回之时，月光洒满西楼。鸿雁飞回，是说丈夫该来信了。人在船上，心里仍然恋着丈夫。上船是为了驱赶寂寞，但哪里驱赶得了呢？可见相思之深，相思之浓，相思之重！月满西楼是想象自己身处楼上，一回回地盼，一次次地望，望着天上的月儿，算着丈夫离家（还是归家）的日子。那个"满"字，何尝不是心中满满的相思之情啊！

王蒙认为，语言不仅是语言，不仅是遣词造句，而且是情调，是生活，是气质，是思想。申小龙说："语言，总是具体的民族语言。作为一个民族看待世界的样式，语言结构中深埋着民族的文化心理结构。在这个意义上，语言本质

---

① 申小龙：《语言与文化的现代思考》，河南人民出版社 2000 年版，第 69—75 页。

上是一个民族文化的意义系统和价值系统。"①学习文言文，不应该仅仅停留在语言学习上，"能阅读浅近文言文"仅仅是目标之一，还应该通过语言走进文化，感受博大精深、璀璨夺目的民族文化之美！此外，从内容上说，优秀的文言作品中积淀着民族文化传统的精神人格。屈原、陶渊明、李白、杜甫、苏轼、陆游、辛弃疾、龚自珍……他们身上有崇高的情操美、高洁的人格美、放达的气质美，那更是青少年陶冶情操、濡养人格的不竭源泉。他们的作品，既是语文学习的珍贵材料，也是审美熏陶的优秀范本，这就无须赘言了。

---

① 申小龙：《语文的阐释》，辽宁教育出版社 1991 年版，第 513 页。

形式也是内容

　　语文之美，包含内容和形式两个方面；发现语文之美，自然也涵盖发现语文内容美和形式美之意。语文内容之美，包括但主要不是像人们常说的自然美、心灵美之类的文章内容（文章内容自然也会潜移默化影响学生），而更多是指"语文意味"之美，即蕴藏在语言表层之外更深层、更有内涵、更值得咀嚼的言语意蕴，这才是语文课需要着力下功夫之处。那么，语文形式之美呢？是否有？是否需要在语文教学中占有一席之地？答案当然是肯定的。

　　什么是语文形式？语文形式即文章形式。中国历史上对文章形式的重视，始于曹丕《典论·论文》、陆机《文赋》，至刘勰《文心雕龙》可谓蔚为大观。对现代语文教学而言，突出重视语文形式的，当数夏丏尊先生。夏丏尊直言："我所讲的方法也是关于形式方面的事情。打算分三层来说：一是关于词儿的；二是关于句子的；三是关于表现方法的。"[①]这就把语文形式的重要性和内涵都说了。重要性说得很到位，所谓语文学习方法，就是要重视语文形式；内涵说得不够全，还应包括文体、音律、篇章结构等。夏丏尊对语文教师提出了重视语文形式的要求："一般做教师的，特别是国文科教师，对于普通文字应该比学生有正确丰富的了解力。换句话说，对于文字应有灵敏的感觉。姑且名这感觉为

---

① 杨斌：《什么是我们的母语：民国三大家论语文教育》，华东师范大学出版社 2014 年版，第 168 页。

'语感'。"①如何重视语文的形式，夏丏尊举了很多例子加以说明。词的形式太过常见，咬文嚼字是语文课的基本功："田园"不只解作种菜的地方，"春雨"不只解作春天的雨，见了"新绿"就会感到希望焕发少年气概，见了"落叶"就会感到无常、寂寥等说不尽的诗味，都是大家熟知的名言，这里就不细说了。关于句子，先说句读，以朱自清《背影》为例：

> 我与父亲不相见已二年余了，我最不能忘记的是他的背影。（甲）
> 我与父亲，不相见已二年余了，我最不能忘记的，是他的背影。（乙）
> 我与父亲不相见，已二年余了，我最不能忘记的是他的背影。（丙）
> 我与父亲不相见，已二年余了，我最不能忘记的是，他的背影。（丁）②

夏丏尊认为，一个句子作一口气读的时候，断句的部分即停顿处意味比别的部分强。依照这个理解，甲强调的重点在时间"二年余了"；乙强调的重点，前一分句在"父亲"，后一分句在"不能忘记的"；丙强调"不相见"；丁前一分句强调"不相见"，后一分句"是"字意味特别强，"他的背影"也比前几句要强。这些意味的强弱不同，不认真比较，的确是容易被忽略的。

再说句子的安排：

> 三月廿九日七十二烈士在广州殉难；
> 革命军于十月十日起义于武昌。（甲）

夏丏尊认为这样的句子，虽在文法上是毫不犯律令的，但两个句子却各自独立，并未串成一气。本来有关系的两件事，变成互相龃龉格格不入了。如果改一下，就没有问题了。譬如：

> 三月廿九日七十二烈士在广州殉难；
> 十月十日革命军在武昌起义。（乙）

---

① 杨斌：《什么是我们的母语：民国三大家论语文教育》，华东师范大学出版社 2014 年版，第 174 页。
② 同①，第 183 页。

七十二烈士于三月廿九日在广州殉难;

革命军于十月十日在武昌起义。(丙)[1]

读一读就可知道,乙、丙的句子读起来的确语气通顺、语脉流畅,符合汉语言内在结构一致和对称的规律。夏丏尊为什么如此重视语文的形式,这是有其内在理据的。按学者研究的专业术语,则是因为要捍卫语文的体性。"他敏锐地发现,语文学科几乎无所不包,但其间也不乏陈腐、落后的内容,故彰显语文的体性唯有形式。语文教育注重形式,即使是数理学科的文字,如章程、契约、报刊文章,也能濡染上语文之性。否则,语文科就可能丧失自我的体性,消失在其他学科之中。"[2]这大约至少部分说出了重视语文形式的原因。用叶圣陶先生常说的话说,就是要争语文学科的独立地位。失去了自我的"体性",语文自身地位难保,学科边界也模糊不清。这在当年语文学科诞生不久、教学规范不甚成熟之时,其意义尤为明显。即使在今天,也仍然有其鲜明的针对性。

在当代,申小龙则是又一位突出重视语文形式的学者。申小龙对语文形式的阐释着眼于汉语言的魅力。这里说的汉语言的魅力,不是依附于语言之上的内容魅力,譬如唐诗宋词,譬如文学艺术作品,那都是凭借汉语言作为载体创造出来的文化魅力(当然也有其艺术形式自身的魅力),而不是语言本身的魅力,语文教学要讨论的是汉语言本身的魅力。申小龙认为,现代汉语语法学的研究,最大的弊端是全部抄袭西方语法学理论,或者以西方语法学理论为基础来建立汉语的语法体系,这就忽视了汉语言的自身特性。在申小龙看来:

人类各民族的语言都不仅是一个符号体系或交际工具,而且是该民族认识、阐释世界的一个意义体系和价值体系。因而语言都具有人文性。

……

中国文化语言学认定语言是一个民族看待世界的样式,是对一个民族具有

---

① 杨斌:《什么是我们的母语:民国三大家论语文教育》,华东师范大学出版社2014年版,第191页。

② 汲安庆:《求用·求美·求在——夏丏尊语文教育思想论》,中国社会科学出版社2018年版,第152页。

根本意义的价值系统和意义系统，因而人文性是语言的本质属性。[1]

因此，申小龙特别重视对汉语句法规律的研究。他认为，"句法"在汉语文研究传统上是一个渊源有自的概念。句法这一范畴，涵盖四个方面：结构繁简之法，结构对应之法，结构气韵之法，结构句读之法。在结构繁简之法中，提出汉语句子结构的流水样态，反映出汉族人语言思维清晰顺畅的逻辑脉络。汉语句子都是"因在前，果在后"，是一种具有逻辑天籁的因果顺序。同时，句法对应，"造物赋形，支体必双；神理为用，事不孤立"又道出了汉语结构中"偶意"的独特特征。申小龙引用古人的话说："文以意为主，而辞欲能副其意，气欲能举其辞。譬之车然，意为之御，辞为之载，而气则所以行也。"[2]引用刘大櫆的话说："古人注重结构气韵，并非一种纯粹唯美的声气意识。'气'在文句中的充溢和流转，形成相应的语言节奏，或充畅，或舒徐，或沉郁，这一切都是受'神'的主宰的。'行文之道，神为主，气辅之。'文章最要气盛，然无神主之，则气无所附，荡乎不知其所归也。神者气之主，气者神之用。"[3]

这些汉语句法规律对我们语文教学的直接启发就是，首先要注重对语言本身的品味和体悟。选进教材的文章，都是文质兼美的名篇。它的语言，应该是典范的，经得起推敲和咀嚼的，值得学生去反复玩味的。面对这样的文字，我们没有理由大而化之，囫囵吞枣。我们有责任引导学生去感受民族语言的美好，增加对民族语言的热爱；同时，也应该通过对语言形式的品味和体悟，培养丰富语感，训练对语言的敏感。

其次，是文气问题。申小龙从汉语语法的学术角度对文气问题作了论述。他说："汉语的文学语言传统十分强调'文气'。所谓'文气'，通俗地说，就是念诵文句时的一口气。古人云：'气盛则言之长短与声之高下者皆宜。'反过来说，行文的声律有高有低、有长有短，才能充分传达'文气'。文句要气盛，布局就需力避单一、呆板。于是把一个意念的团块打散，用形断而神不断的一个

---

① 申小龙：《语文的阐释》，辽宁教育出版社 1991 年版，第 604–615 页。
② 同①，第 169 页。
③ 同①，第 172 页。

个短语连续铺排，造成一种动态的节奏感，一种连贯的气势。语法的脉络就在这种'气'的运行中体现。"①这段阐述从探究汉语言规律的角度，对语言形式和内容之间的关系进行了辨析。指出这种"文气"在语言形式上有何体现，和内容表达之间有何关系，这对我们分析句群句段、把握文章的行文脉络、指导学生说话写作，应该都有重要的指导作用。而且，从语文审美的角度看，对于我们把握语言的声气之美，指导学生朗读课文，也应该有所启发。

申小龙曾经把郑振铎和冯唐对泰戈尔《飞鸟集》的翻译进行了比较，比较的维度其实也涉及了汉语的形式问题，对我们讨论语文的形式之美不无启迪。其中的两个维度是：

其一，中文的克制。看例句可知，这里所谓的克制，即简洁。譬如：

郑译：你微微地笑着，不同我说什么话。

冯译：你对我微笑不语。

郑译：而我觉得，为了这个，我已等待很久了。

冯译：为这句我等了几个世纪。

郑译：当他的刀剑胜利的时候，他自己却失败了。

冯译：剑胜了，他输了。

其二，中文的整饬。譬如：

郑译：有一次，我们梦见大家都是不相识的。

　　　我们醒了，却知道我们原是相亲相爱的。

冯译：做梦时，我们距离非常遥远。

　　　醒来时，我们在彼此的视野里取暖。

整饬即整齐。申小龙认为，冯译通过两个"时"，加上对称的三音节，将两句呼应为一个整体；郑译放弃了音律的整饬，伤及了诗歌的根蒂——美感。其

---

① 申小龙：《语文的阐释》，辽宁教育出版社 1991 年版，第 459 页。

他还有中文的具象、中文的意境，就不一一举例了。① 总之，汉语言自有其独特的形式之美，忽略了这一特质，就很难捕捉住汉语言的神韵。

近年来，语文教学界兴起吟诵之风，就是重视汉语言"声气"之美的具体尝试。若能结合朗诵，恰当运用，精当分析，乃可以成为提高语文教学效果的有益助力。曾有老师在教学中这样分析《诗经·蒹葭》：

> 蒹葭苍苍，白露为霜。所谓伊人，在水一方。
>
> 溯洄从之，道阻且长。溯游从之，宛在水中央。
>
> 蒹葭萋萋，白露未晞。所谓伊人，在水之湄。
>
> 溯洄从之，道阻且跻。溯游从之，宛在水中坻。
>
> 蒹葭采采，白露未已。所谓伊人，在水之涘。
>
> 溯洄从之，道阻且右。溯游从之，宛在水中沚。

教者借助学者王力的研究成果，和学生一起分析这首诗的韵脚。第一章的韵是音域宽广、底气充沛的阳部韵，表达的是乐观执着、意气风发的情绪。第二章开始低迷，不是那么饱满昂扬，韵脚就落在音域较窄的脂微合韵上。第三章则彻底无望，情绪一落千丈，音域更加逼仄低沉，最后韵脚落在之部韵上。换韵的根底是情感在变化，由高亢到低迷再到低落。这种音韵的变化和诗歌内容是相一致的。复沓往复的旋律无疑加重了这种大起大落的情绪，有一唱三叹之美。② 这样的吟唱练习和内容分析水乳交融，相得益彰，其教学效果无疑比单纯讲解分析要好得多。

当然，一般老师可能不具有这样的音律知识，但可以借助专家学者的有关论述。譬如音律，平上去入四声，各有各的发声特点和相应的抒情特点，古人对此就已经有所总结。譬如平声大而浮，悠长轻缓，舒畅平直，适宜表现柔婉缠绵、天真欢快、怀念悲伤等感情；上声较短较重，抑塞转折，适宜表现气郁未疏、低抑幽婉等感情；去声短促而重，低抑刚劲，阻塞不舒，适宜表现急壮

---

① 申小龙：《用汉字打开泰戈尔的诗歌——郑振铎的姿势 vs 冯唐的姿势》，见"文化语言学新视野"公众号。

② 丁向红：《语文的形式》，陕西师范大学出版社 2021 年版，第 169–170 页。

豪迈、慷慨磊落等感情；入声短促急迫，沉闷阻咽，适宜表现沉郁悲壮、大痛大悲等感情。[①] 了解这些特点，指导朗读吟诵，就会更加得心应手、有理有据。

汉语文的形式，反映了汉语言思维的规则和特点，是汉语文化的重要载体。汉语文化的博大精深，也决定了汉语文形式的丰富和多样性。我们的语文教学中其实只能涉及其中有代表性的一小部分。我想强调的是，恰当发现和运用语文形式之美，并与汉语内容之美有机融合，相得益彰，这也是一种必要的、富有意义的努力；但对语文形式不可作片面理解和过度强调，不能把语文形式抽象成只有骨架没有血肉的语法定律。美学家克莱夫·贝尔（Cive Bell）有这样的论述，值得我们反复体味：

能激起我们审美情感的所有对象中所共有的性质是什么？只有一个可能的回答——有意味的形式。在每件作品中，激起我们审美情感的是一种独特的方式组合起来的线条和色彩，以及某些形式及其相互关系。这些线条和色彩之间的相互关系与组合，这些给人以审美感受的形式，我称之为"有意味的形式"。[②]

线条和色彩说的是绘画，但对我们讨论语文审美却具有重要启发。语文教学必须重视形式。不重视形式，就譬如欣赏绘画忽略了画面中点、线、比例、色彩的和谐、多样与统一，但更加重要的是形式背后的"意味"。语文之美要关注"言语形式之美"，更重要的是言语形式背后的"语文意味"。由"言语形式之美"走向更为丰富隽永的"语文意味之美"，才是语文教学的根本旨趣所在。

---

① 丁向红：《语文的形式》，陕西师范大学出版社 2021 年版，第 172 页。
② 蒋孔阳：《二十世纪西方美学名著选（下）》，复旦大学出版社 1988 年版，第 156 页。

课堂教学范式及其他

近年来，兴起一股课堂教学范式之风，可谓名目繁多。那么，发现语文之美是否也有自己独特的范式呢？很遗憾，多年来，我一直没有认真思考过这个问题。这基于我对语文教学的一些比较固执的认识——语文课堂是发现和创造之地，一成不变的固定模式不太适合语文教学，此其一。其二，既然是范式，就可以复制，而教学经验其实是一种默会知识①，这种经验的传承往往是手工艺人的传承方式，即手把手、点对点，在具体情境中心领神会，反复习得。这就不是一个简单的范式可以解决问题的。

但仔细想来，语文之美的发现和创造，似乎也有一些规律性的特征。先说阅读教学。在仔细体会和践行叶圣陶关于"揣摩""涵泳""吟诵""精读""略读"，夏丏尊关于"语文形式""语感训练"，朱自清关于"经典阅读"等思想方法之后，我觉得可以用"言语—意蕴"作为阅读教学的基本范式，这是符合母语特质和学习规律的。着力抓好一个中心：语言习得。在教学内容上，凸显语文本体之美，如文字之美、音韵之美、意蕴之美、逻辑之美、结构之美等；在教学方法上，凸显学生主体，重视习惯养成、素养积累，课堂上尽可能多给学生一

---

① 默会知识的概念是英籍犹太裔哲学家迈克尔·波兰尼（Michael Polanyi）在其《个人知识》一书中提出的。他首次将知识分为明晰知识和默会知识。明晰知识可以通过学习、模仿、记忆而获得；默会知识只能通过一定的实践、经验并从中领悟得来，虽然可以被传授、学习和积累，却需要通过独特的途径来实现。

些讨论和活动空间，让语文学习过程成为发现美和创造美的过程。着力"两点"，即"品味语言"和"辨文识体"。选择经过作者精心锤炼、含义隽永、富有意味的关键语句，让学生反复咀嚼，既是语言思维的训练，也是情感意味的品评，由"此岸"走向"彼岸"，由语言走进心灵。重视各类不同文体的独特教学价值，根据文体选择恰当的教学内容，确定不同的教学切口，充分发挥文体的不同教学功能等，突出强调习得语言和审美素养之间的关系，正是反映了语文教育的本质和规律。这在此前文章中都已阐发，此不赘述。这一阅读教学范式和语文核心素养具有高度的逻辑一致性，就是要遵循母语特点和规律，发现汉语言之美。这既是语文教学自身的内在要求，也是落实语文核心素养深刻的逻辑必然。

再说作文教学，我的体会是可以用"立诚—创造"作为基本教学范式。坚持"立诚"作文指导原则，注重生活发现，拓展阅读空间，关注生命状态，培养批判性思维，做到写作训练和做人有机结合。语言真实地记录了一个人的生命状态，写作典型地显现出一个人的生命烙印。作文命题要向生活积极延伸，作文指导要注重情境设计，作文批改要注重启发引领；培养良好阅读习惯，阅读向课外延伸；培养良好写作习惯，写作向平时延伸。通过课前演讲、周练随笔、文学社团、辩论演讲等方式，教师可以丰富学生的文学和生活体验，唤醒主体意识，激发创造欲望。

从语文课堂整体上说，语文课堂是提高语文素养的主阵地，课堂学习质量如何，直接关系和影响到课外学习的积极性、主动性和创造性。因此，语文课堂必须成为"语文味"非常浓郁的语文学习场，从而对学生课外学习起到积极的示范引领作用。"言语—意蕴""立诚—创造"不知是否可以用来概括我们理解和践行的语文课堂基本模式？这里先提出来，供读者朋友们参考。在此，想借机宕开一笔，说说我对整个课堂基本规律的理解，这就是我曾在多个地方讲到的"激发—唤醒"课堂教学机制。

"激发—唤醒"，作为一种教育思想和教育智慧，古今中外早已有之。《论语》有云："不愤不启，不悱不发，举一隅不以三隅反，则不复也。"古希腊教育家苏格拉底提出"产婆术"教学方法，即可视为中外古代哲人"激发—唤醒"教育思想之滥觞。现代教育学之父赫尔巴特让教育学从哲学和伦理学中分化出来，成为一门独立的学科，认为教学是教育的主要手段，提出"教学应该能够从充满希望的心灵中产生出教学内容的丰富性"[①]，包孕着深刻的"激发—唤醒"教育思想资源。和赫尔巴特同时也同国度的教育家第斯多惠则直接提出："教学的艺术不在于传授本领，而在于激励、唤醒、鼓舞。"[②]可以视为现代教育家"激发—唤醒"教育思想最早的经典性表述。此外，英国行为主义心理学家贝里尼在研究审美经验时曾提出"刺激—反应"或"环境—行为"的"唤醒理论"，揭示出艺术品唤起的诸种兴奋与审美经验之间的因果关系，给我们借用语文文本来"激发—唤醒"学生的学习热情带来很多启发。

其实，"激发—唤醒"与其说是一种范式，不如说是一种理念、一种思想；它内在地具有一定的规范、限制和引领课堂教学行为的功能，但更强调教师主体素质和教学理念的关键性、决定性作用。"激发—唤醒"倡导和而不同，要求教师遵循共同的课堂教学观念，践行共同的课堂教学价值观；不同个体、不同课型和不同文本，都可以有不同的教学策略。"激发—唤醒"课堂应该具有共同或相似的"神"，且可以有彼此相同、相似甚至不同的"形"。"激发—唤醒"给教师留下足够宽广的创造空间。

因此，我们可以说，发现语文之美有自己的教学范式，即上文阐述的"言语—意蕴"阅读教学范式、"立诚—创造"作文教学范式，而"激发—唤醒"可以作为支撑这一范式的内在逻辑和教学思想。同时，也期待甚至鼓励老师们根据教学内容和自身教学风格创造出更多"变式"，期待出现也应该出现更多"无法预约的精彩"。

---

① 杨斌：《什么是真正的教育——50位大师论教育》，福建教育出版社2010年版，第106页。
② 同①，第109页。

文言，还可以这样教

——听课手记之一

　　这是一节普通的高三语文复习课，教学内容是评析试卷中的文言文阅读。授课者陈周老师最近出版了《从字源学文言》，我于是相约，请他在课堂上展示其从字源学文言的教学实践。我期待着文言教学的另一种路径。

　　上课伊始，先请同学读两遍文言选文。之后，由同学挑出文段中的重点字词，并试作解释。解决了几个常见的问题之后，陈老师把重点放在三个词上，引导同学从字源上作了一番探究。

　　是，会意。《说文》："直也。从日、正。"

　　《说文解字注》认为"以日为正曰是"，原因是"天下之物莫正于日也"。以日为正，把太阳当作标准。

　　"天下之物莫正于日也"应该是"天下之物莫不正于日也"，天底下的事物没有不以太阳为准则的。这个解释似乎没有问题，但为什么"以日为正"就是"直"呢？首先要清楚"是"的写法。"是"强调的不是"正"，而是"止"：甲骨文字形🔠、🔠、🔠，小篆字形🔠、🔠、🔠。从这些字形中我们都可以清楚地看到，字的下部是"止"而不是"正"。不能忽略的是，字形中有"手"存在。从字形可以推测，人站立，手持工具（如圭臬）测量日影，以确定时日。日影如果符合（对得上）以往留下的刻痕，就可以确定是"正日""正时"。正，意思应该由此而来，本义为：正，直，不偏。并可引申出"对、正确""认为对、赞同""这、这个"等意思。以此，同学还联想到"实事求是""是非分明""是可忍孰不可忍""是己而非人"等词语，并且很快意会出正确的解释。

累，音 léi。《说文》："缀得理也。一曰：大索也。从纟，畾声。"（按照一定的条理连缀在一起。另一种解释是"大绳索"。）小篆写作![小篆]、![小篆]、![小篆]。作"连缀"解时，累，也写作"缧"。如"累绁"也可写作"缧绁"，指捆绑罪人的绳索，引申为牢狱。如："仆虽怯懦，欲苟活，亦颇识去就之分矣，何至自沉溺缧绁之辱哉！"——司马迁《报任安书》，引申为"捆绑"。

孟明稽首曰："君之惠，不以累臣衅鼓，使归就戮于秦，寡君之以为戮，死且不朽！"——左丘明《左传·僖公三十三年》。累臣，字面意思是被捆绑的臣下。此处是谦称，有"罪臣"之意。

同学们一看到"累"的字形，很容易地明白了词义。

穷、窮，形声。《说文》："极也。从穴，躳声。"从穴，徐锴《系传》："入于穴，是极也。"（到了洞穴，就到了终点。）躳，现写作"躬"，身体。身处洞中，前方就无路可走了。无路可走，意味着处境窘迫，遭遇艰难。小篆写作![小篆]、![小篆]。《小尔雅·广诂》释"穷"为"竟也"。本义：处境困厄。

为什么"竟"要释为"处境困厄"呢？同学中发出了这样的疑问。陈老师显然有备而来，于是，又进一步追根究源，展示"竟"字的最初形象。

竟，会意。《说文》："乐曲尽为竟。从音，从人。"小篆![小篆]和![小篆]中的"人"，都带有屈曲的样子，应该指"行走"。小篆也有写作![小篆]的。《玉篇》："竟，终也。"《广雅》："竟，穷也。""从音，从人"，带有"曲终人散"的意味。乐曲演奏结束，人该走了，所以，"竟"本义为奏乐完毕。于是，"穷"的意思也就是处境困厄，无路可走，常指人生窘迫，和"达"相对，而不是如现代汉语那样和"富"相反，和"富"意思相反的在文言中是"贫"，如"均贫富""穷则独善其身，达则兼济天下"等。

我注意到，陈老师在讲习时，同学们始终聚精会神，还时常作出呼应。显然，这不是一日之功，应该是老师长期培养训练的结果。课后交流时，陈老师告诉我，他坚持这样的训练已有两年，从高一时开始。显然，这样的训练是富有成效的。我们习以为常的文言教学是怎样的呢？读读议议之外，疑难处都是老师讲、学生记，靠重复来巩固记忆，似乎没有什么更好的方法。其结果是，不仅容易遗忘，更重要的是，我们的课堂没有了活力，学生对文言望而生畏，"一怕文言文，二怕周树人"。久而久之，文言阅读能力自然不高，我们古老而优美的汉语成了学生敬而远之的对象。这可真是有点辜负了我们的祖先。先民们创造汉字，那是一件多么伟大的事啊！"昔者苍颉作书，而天雨粟，鬼夜哭。"《淮南子·本经训》记载的这一传说，解释甚多，但说是标示出文字的神奇智慧，透露出文明的熹微晨光，应该是没有大错吧？既如此，我们的语文教学为什么不可以花点时间，从汉字的源头说起，让学生了解一点汉字的特点、规律从而感悟汉字之美呢？陈老师的这节课告诉我们，这不仅是应该而且是可行的。

众所周知，汉字构成的第一性特质，便是象形。因此有人说，象形品质乃是汉字的本质特点。象形品质决定了它的直观性，观其形便易于知其意，这就是追溯汉字之源的逻辑起点。一旦从源头上弄清其意，顺藤摸瓜，许许多多相关的字词意义便融会贯通；而且可以产生若干联想，达到一种视觉和心理上的审美满足。既在知识层面融会贯通，举一反三，又发现和领略了汉字之美，这样的语文教学，何乐而不为之？

由此我想到近年来一直萦系于心的学科魅力问题。人们常说，一个优秀的教师需要有两个魅力：一是人格魅力，二是学科魅力。诚哉斯言！两个魅力有联系也有区别，相辅相成也相对独立。我们的教师队伍建设，往往是强调教师的人格魅力多，而对学科魅力关注不够。

其实，知识之美，每个学科门类都有。知识之美，不是外缀的点饰，更不是节外生枝、穿靴戴帽，而是和知识本身水乳交融地结合在一起的。发现学科知识之美，很大程度上在于教师钻研教材具有一定的深度。真正钻研透了，发现了知识的内在逻辑结构，教学内容之美就油然而生。知识为什么会美？因为美和真是相通的。自然界本身的规律叫"真"，真与善、合规律性与合目的性的这种统一，就是美的本质和根源。教学内容反映的是各个科学门类的客观规律，这些规律凝结着人类的智慧和劳动成果的结晶，这里也同样有着"真与善、合规律性与合目的性的统一"，因此，教学内容也同样具备美的特点。

数学之美是一个较为明显的例子。许多数学家说过，美是数学研究所追求的目标之一，而且是高于其他一切的目标。数学家赫尔曼·外尔（Hermann Weyl）曾写道："我的工作总是尽力把真和美统一起来；但当我不得不取其一时，我通常选择美。"20世纪上半叶英格兰的著名数学家哈代（Hardy）是众多著有精美自传的数学家之一，他曾断言"丑陋的数学在世界上没有永久的地位"。伯特兰·罗素（Bertrand Russell）同阿尔弗雷德·诺斯·怀特海（Alfred North Whitehead）都曾尽极大的努力试图用数学逻辑的符号与演绎推理对所有的算术知识进行系统化处理，他强调："实际上数学不仅蕴涵着真理，同时也拥有至高的美感——像雕塑一样冷峻的美……快乐、兴奋以及超出人类所能体味的卓越非凡的感觉，这些在诗中能体会到的感受在数学中同样能找到。"

那么，我们语文呢？难道不应该更加丰富、更加鲜活吗？窃以为，文言文教学中，适当引入一点汉字的字源，有机地穿插一些诸如陈老师课堂中的例子，应该算作文言学习有效也有益的路径之一吧？语文之美不仅在汉字，还在文辞、音韵、文体、篇章……我们可以发掘出许许多多"美之元素"。向着这个方向去努力，我们完全应该也能够发现和创造出属于我们自己的学科魅力，用语文的诗意去给学生以美的震颤，用知识更用智慧的琼浆去浇溉那些嗷嗷待哺的心灵。那样的语文，多好！

"眼力"就是能力

——听课手记之二

市里组织名师共同体活动，这一次内容谓之曰"名师高徒"，于是，多位优秀青年教师执教《雷雨（节选）》，整整一个上午，大家都沉浸在"雷雨"之中。课堂"风雨"交加，风云涌动，听课者的心情也随课堂气氛跌宕抑扬。

我听了其中的三节，感想颇多。突出的一点是：要成为优秀的语文教师，能力要素很多，最重要的还是把握文本的能力。这里所谓把握文本，并不是仅仅理解教材大意主旨，而是指真正有能力潜进文本内部，辨清文章的内在机理，洞悉文字背后的深层意蕴，如同地质学家端详着曾经冰河流过的岩石，依稀辨认出那些冰碛表面色泽、纹理以及元素的特殊结构，可以窥见上亿年前冰川时代大自然的种种秘密。或许这才是诸多能力中最为紧要之能力，即发现事物本质之美的能力。对于文学作品，其本质之美就是作家披肝沥胆塑造出来的人物的复杂心灵。语文教学的"发现"，就是要穿越语言的表象，进入人物的内心世界，那里隐藏着文学作品的全部秘密！

还是先来看看课堂上的精彩镜头吧。

镜头之一：人物称谓——"老爷"还是"朴园"？

钱静老师课的着力之处，是和大家一起讨论：周朴园对鲁侍萍的怀念是"真"还是"假"？这是一个被很多课堂讨论过的经典问题，的确抓住了这篇课文文本的"牛鼻子"，一个问题带起了一串思考，也激发了同学们的讨论热情。

一番唇枪舌剑之后，钱老师作了小结，同时抛出了一个出人意料的问题：此情此景之中的鲁侍萍，对周朴园是怎样的态度？是否也有一点情不自禁回到当年的意味？钱老师循循引导：请看侍萍对周朴园的称谓有何变化？于是，眼尖的同学马上发现，全文中鲁侍萍对周朴园一直以"老爷"相称，但是有一处变了：

周朴园　（徐徐立起）哦，你，你，你是——

鲁侍萍　我是从前伺候过老爷的下人。

周朴园　哦，侍萍！（低声）怎么，是你？

鲁侍萍　你自然想不到，侍萍的相貌有一天也会老得连你都不认识了。

周朴园　你——侍萍？（不觉地望望柜上的相片，又望侍萍）

鲁侍萍　朴园，你找侍萍么？侍萍在这儿。

此时此地，鲁侍萍为什么不称"老爷"而称"朴园"？称谓的变换意味着什么？

经过讨论，大家明白，误入周府的鲁侍萍，面对周朴园精心布置的怀念"侍萍"的场景，恍惚之间也似乎回到了当年两人相爱的时光，于是，情不自禁，"朴园"二字脱口而出，这似乎能够说明，当年周朴园对侍萍还是有过真情实感的，而侍萍也曾对周家公子倾心。确证这段感情，不仅更能显示出当年周家（当然也包含周朴园）的无情无义，尤其是更进一步暴露出今日周朴园的冷酷、自私和虚伪嘴脸。紧接着，周朴园"你来干什么"的严厉质问，就显得合乎逻辑、顺理成章。小小的称谓变化，成为读者窥见人物内心深处情感波澜的窗口！

镜头之二：人物动作——为什么是"慢慢撕碎"？

周朴园　（由衣内取出皮夹的支票签好）很好，这是一张五千块钱的支票，你可以先拿去用。算是弥补我一点罪过。

鲁侍萍　（接过支票）谢谢你。（慢慢撕碎支票）

这个不起眼的细节，钱静老师没有放过，和大家讨论了两个问题：为什么要撕？为什么是"慢慢撕碎"，而不是愤怒、急切地撕碎？第一个问题容易达成一致，同学们也大致可以明白：周朴园的支票，是对鲁侍萍人格的侮辱。鲁侍萍撕碎支票，表现出对周朴园的不屑和鄙夷，体现出人格的尊严。第二个问题，把对人物的理解又推进了一步："慢慢"的动作，表现出此时此刻人物的理智、冷静、从容，表现出鲁侍萍对周朴园的认识又深入了一层，她已彻底看透了对方的自私、伪善，不再愤怒！因此，"慢慢"的动作中折射出人物强大的内心和傲岸的人格，也映衬出周朴园精神的卑劣和人格的渺小。

镜头之三：人物神态——鲁侍萍该怎么"笑"？

许友超老师显然对朗读情有独钟。整堂课抓住关键性的人物对话，分角色朗读，对白、独白、旁白，要求同学把经典的人物语言推荐给大家，通过朗读体会并传达人物的情感波澜。如单元标题所示：一滴眼泪中的人性世界。仅举一例：

鲁侍萍　你不要怕，你以为我会用这种关系来敲诈你吗？你放心，我不会的。大后天我就带着四凤回到我原来的地方。这是一场梦，这地方我绝对不会再住下去。

周朴园　好得很，那么一切路费、用费，都归我担负。

鲁侍萍　什么？

周朴园　这于我的心也安一点。

鲁侍萍　你？（笑）三十年我一个人都过了，现在我反而要你的钱？

许老师的"发现"就从"什么？"和"你？"字开始，引导大家讨论："什么？"是一种怎样的语气？鲁侍萍为什么要"笑"？这是一种怎样的"笑"？请你来模仿侍萍笑一笑？老实说，这是一个颇有难度的问题，也是理解鲁侍萍复杂感情的肯綮之处。一旦看穿了周朴园的所谓"怀念"不过是在表演虚伪透顶的一场戏，鲁侍萍决心已定，带着女儿，彻底离开这里。面对周朴园提出的"担负"费用，可说是受到莫大侮辱，那一句反诘式的责问"什么？"，应该是怒从心来，凛然呵斥。因而，当周朴园说出"这于我的心也安一点"时，鲁侍萍是那么不屑和不齿。这个"笑"该是怎样的呢？讨论的答案形形色色：苦笑，冷笑，讽刺挖苦的笑，蔑视的笑，鄙夷不屑的笑……从这笑声中透露出来的，则是人物的理智、清醒和尊严。

镜头之四：人物关系——谁是对话的主导者？

和前面两位老师相比，张扬老师的教学思路可谓匠心别具，深刻把握了文本的内在逻辑。张老师的主打问题是：周、鲁两人，谁是对话的主导者？谁在引导着谈话的方向？首先，张老师让大家找问号，看谁提问多。从表象上看，整个谈话是周朴园在主导，绝大多数是周朴园在发问，鲁侍萍在回答。主动者和被动者的角色定位很明显。果真如此吗？且慢！接下来，张老师继续引导："哦。——老爷没有事了？"这句话应该怎么读？一个走错了屋子的人，为什么提出这样的问题？显然，鲁侍萍这样的问话有微妙的弦外之音：老爷还有什么事要问我吗？这是希望和周朴园继续交谈下去的表示。当对话进行到"无锡"话题的时候，本可结束谈话的鲁侍萍又第二次主动发问："老爷是那个地方的人？"从而勾起周朴园对往事的回忆，把剧情往前推进了一步。对话的第三波，鲁侍萍要推进谈话的意图则已经显露无遗了。

> 周朴园　三十年前，在无锡有一件很出名的事情——
> 鲁侍萍　哦。
> 周朴园　你知道吗？
> 鲁侍萍　也许记得，不知道老爷说的是哪一件？
> 周朴园　哦，很远的，提起来大家都忘了。
> 鲁侍萍　说不定，也许记得的。
> 周朴园　我问过许多那个时候到过无锡的人，我想打听打听。可是那个时候在无锡的人，到现在不是老了就是死了，活着的多半是不知道的，或者忘了。
> 鲁侍萍　如若老爷想打听的话，无论什么事，无锡那边我还有认识的人，虽然许久不通音信，托他们打听点事情总还可以的。

这段对话中，与其说鲁侍萍是两人对话的推进者，不如说是鼓励、激发甚至是诱导周朴园将故事进行下去的"怂恿者"。张老师继续追问：鲁侍萍为什么要这样？讨论的过程就是揣测鲁侍萍心理的过程：周和鲁，一明一暗，一个不明就里，一个洞若观火。鲁也许是好奇，探究周对她的怀念究竟是真是假；也许是恋旧，情不自禁，不由自主，此时此地，此情此景，往事无法如烟；也许是要讨伐，戳穿周的自私伪善，指责周的薄情寡义；也许，只是一种策略，借此机会见见他的亲生骨肉周萍……答案丰富多彩，无不是在一步一步地走进人物心灵。文学，不就是要这种读者和人物心灵融为一体之效吗？

　　仔细回味着三位青年教师的课，这些精彩和成功靠的是什么？是教学技巧，是教学方法，是什么什么式，还是什么什么论？窃以为，无他，唯"眼力"也！悟透了文字，走进了人物，吃透了情感，摸准了文脉。由此想到教师专业发展，想到近年风行的教师培训活动。我想，对于语文教师，最有效果的培训，莫过于创造条件，让青年教师认真读点书，扎扎实实地累积些文学素养、语文素养、教育教学素养，做些帮助他们提升"眼力"的事。

清水芙蓉，返璞归真

——听课手记之三

"朴素而天下莫能与之争美。"这是哲人庄子的话。这话也适合语文教学。那天在市中语会年会上听陈丹老师的公开课《亡人逸事》（孙犁），我首先想到的就是这句话。近些年，在五花八门的公开课或者形形色色的讲座上，我们常常听到和看到的，或者是声光电色，技术压倒"语""文"；或者是叠床架屋，方法成为"炫技"；或者是故弄玄虚，"概念"挤压观念；或者是胶柱鼓瑟，艺术蜕为"程式"。其实，理想的课堂应该是朴素的而不是绚烂的，是本色的而不是奢华的，是真诚的而不是做作的，是融和的而不是喧嚣的。清水芙蓉，质朴清新；绚烂之极而归平淡，如玉之美。

先看陈丹老师课的开头：

师：上课！同学们好！

生：老师好！

师：今天我们一起来学习孙犁的《亡人逸事》。课前，请大家通读了全文，在读完文章后，你们有什么感受，有什么疑问呢？

生：语言非常质朴，没有华美文字，选取微小的事，感情很真挚，所以很感人。

生：刚开始的时候有点乱，后来就有一种意犹未尽的感觉。特别是最后，她"展现了一丝幸福的笑容"就结束了，给人一种意犹未尽的感觉。

师：好。两位同学都是就文本给我们说了整体的体会。现在我来就题目问一问：亡人逸事，亡人是谁？

生：（众）妻子，亡妻。

师：那为什么不说"亡妻"？

（静默。）

师：大家说不出没关系。在古代诗歌中，自晋代潘岳开始，有很多"悼亡"诗，"亡人"专指死去的妻子或妾，是一种约定俗成。孙犁先生文学素养很深，所以不说"亡妻"，而直说"亡人"，是一种很有文化的说法。这是共同生活了40年的亡妻，她去世的时间是1970年的4月15日（投影）。"逸事"呢？有同学查词典了吗？

生：是琐碎的小事。

师：意思对了。在词典上有一个专门的词条，逸事是不太为世人所知的、没有为文字记载的事情，多指小事情。在这篇文章里，我们就可以理解为琐碎的生活小事。

没有渲染和煽情，没有铺垫和悬念，也没有什么经典音乐来营造氛围，开门见山，直奔主题，简洁，洗练。

接下来，就是对亡妻生活琐事的描述，师生一起概括、一起品评其中蕴涵的夫妻深情。老师引导同学走进文本，走进文字，要走得进去，也要走得出来。再看一个师生品评文字的精彩片段：

生1：第二部分，作者去看戏，碰到他的妻子，作者用一连串动词刻画妻子腼腆害羞的形象。

师：好！有一系列的动词，让我们看到腼腆害羞的未婚妻的形象，你能不能给我们具体地品一品这里的动词呢？

生2：瞪了我一眼，从板凳上跳下来，走到照相馆外面，钻进了一辆轿车，"盯"和"跳"。

师：这下说对了，你先读时有一处不对，把"盯了我一眼"说成"瞪了我一眼"。

（众笑。）

师："盯"和"瞪"，你先重点给我们品一品这两个字吧，"盯"如何？

生：（众）深深地，深情地。

师：他们说的"盯"是"深深地，深情地"，你愿意接受建议吗？（点头）好，那"瞪"呢？

生2：生气，不快。

师：好！一个是含有深情，一个是不快生气，不一样。但他们是——

生：（众）不认识，第一次见。

师：对呀，那怎么就深情看呢！太不矜持啦！

（众笑。）

师：那这"盯"里有什么呢？

生2：好奇。

师：好，还有吗？她怎么知道就是这个人，就好奇呢？

（生静默。）

师：我们注意文中那些描述的话。

生：（众）姑姑叫。

师：对了，姑姑叫着我的名字，于是知道是他，好奇。只是好奇，那我留下来，以后就要嫁给他啦？那让我仔细瞅瞅。

生：（众笑）不是。

师：好，那我们继续，请女孩子说。

生3：腼腆。

师：对，腼腆。还有呢？大家自己讨论一下。

（生小声讨论。）

（师此时读，重读四个动词。）

生：我们四个动词一起讨论？

师：对，一起讨论。

（生热烈讨论。）

生4：我觉得可能是作者比较英俊吧？

师：你见过孙犁年轻时的照片？

生4：就刚才看到的。

师：哦，我试机的时候不小心被你们瞅见了？

生：（杂）没有，封面上。

师：哦，是我的封面上，那个时候已经垂垂老矣。

生：（杂）也很帅（笑）。

师：哦，也很英俊。所以要用力盯一下，哇，这么帅？

生：（笑）是啊！

师：呵呵，补充一个客观原因，作者比较帅。有没有这个原因呢？可能也有，不要回避。还有吗？

生5：还有观察、分析、仔细打量的意思，看看她的心上人长什么样。

师：注意，这里有心上人的说法？

生5：未婚夫。

师：好，这样更严谨。我还要考量一下，所以要用力"盯"一下，很好，请坐。就这样？

生：还有，我觉得作为一个女人来说，很看重婚姻，毕竟以后一辈子都跟着他了，所以还是要谨慎一点，

师：好，跟他们的方向一样，不过我觉得表述的方式还值得商榷，对吗？这个姑娘面对自己将要托付一生的人，还是想要知道到底怎么样，所以她去看了一下，除了好奇和女儿家的羞涩之外，我们还看出了农村姑娘的那种——

生：（众）质朴、保守、矜持。

师：是质朴的、率真的，我要看就看了，还是——

生：（众）矜持。

师：可不可以是兼而有之？我只看一下，但非要用力看清楚一下。综合大家的意见：好奇，羞涩，质朴，率真，矜持……

（生点头。）

师：为什么要加上率真？在父母之命、媒妁之言的时代，结婚之前——

生：（众）不能看。

师：对了，不能见面，万一见到了，赶紧要走，但走之前她先——

生：（杂）看／盯／瞟。

师：不能叫看，就是"盯"，"盯"一眼。追问一下，这里有没有"瞪"的成分？

生：（杂）有的／没有。

师：什么是瞪？睁大眼，刚才说生气不快。有没有呢？

生：（杂）有的。

师：对，有的，不用生气，换个词，嗔怪。刚还有人说瞟，能不能用呢？瞟了一眼是怎么样的？

（生笑。）

师：表现不太庄重，这个词也不用，就用"盯"，"盯"最为准确。

一个看似不起眼的"盯"字，竟然生发出如此丰富的教学内容！首先，拿"盯"和"看""瞪"比较，品味作家用字的精确、精练、精当，这是地道而扎实的语文基本功训练。其次，仔细揣摩"盯"字背后的情味和内蕴，体味人物好奇、羞涩、质朴、保守、矜持的性格和心理，跟随作者一同走进人物的心灵深处，体悟入微而又合情合理，表现出教师对人物性格的准确拿捏。再次，整个问题是在师生共同讨论中完成的，而不是教师嚼碎了"喂"给同学，充分体现了尊重学生主体的教学理念。最后，非常难得的是，这个"瞪"字还是随机出现的，是源自一个同学的误读，而不是教师精心"设计"出来的什么招式或者技巧。教师及时发现其教学价值，展开了一场别开生面的对话，表现出教师敏锐的教学机智和教学智慧。很多时候，课堂精彩是不能预约甚至也无须预约的，教师的学科素养、教学素养、教育素养往往是影响课堂效果的关键因素，而能否尊重课堂、敬畏课堂、"课堂立其诚"则是课堂成败的前提。

朴素是一种风格、一种境界，也是一种教学追求。朴素不是单薄，不是贫乏，不是寒碜，而是蕴藉，是成熟，是优雅！请看下面一个片段：

师：有这样两句诗，我不知道是不是能够为他们的感情作一个注脚——"也许藏有一个重洋，但流出来，只是两颗泪珠。""倘或一无消息，犹如沉船后静静的海面，其实也是静静地记得！"

（生静默沉思。）

师：不是所有的感伤都一定会痛哭流涕，不是所有时代加于平凡人身上的苦难都要一一抒发呻吟。孙犁老人对亡妻敬重、愧疚，就将零散的生活片段连缀为粒粒珍珠，晶莹饱满。40年的相濡以沫，12年的天人永隔，这是生命中深长的烙印。多少苦难欲语又止，多少忆念只能无言，这清婉的岁月悲歌拨动的，正是心底最深处的弦。

这是一篇散文，写人的散文。散文它没有小说那些曲折的情节，没有戏剧的矛盾冲突，但是以情纬文。那些经岁月历练而沉淀出的精美片段就会被时光打磨得熠熠生辉，我们也可能因此而潸然泪下。下课！

读了陈丹老师这一番朴中见色、简中见丰的课堂总结，不知读者朋友对我的那一段议论是否会心有戚戚？

从声调里读出生命

——听课手记之四

这是一节叫圣陶教育思想研修班学员的教学展示课。

这个研修班自 2012 年起，已历四届，学员总数逾 300 人。每届研修班都会有一些展示课，由学员自己申报，但申报开课时要确定自己的教学特色或研究方向。这于学员虽然有点勉为其难，但逼着他们作一些思考也是提高的有效路径之一。

丁向红老师的这节《马说》是运用吟诵法。课就在一片"哦哦啊啊"的诵读声中开始了。

首先是节奏切分，划音步，这样做有利于意义的准确表达，当然也是读书时换气的生理需要。停顿有长短之别，句内的顿最短，句间顿稍长，句再长些，段落之间更长。老师带着同学一起标分节奏。

世有 / 伯乐，然后 / 有 / 千里马。千里马 / 常有，而 / 伯乐 / 不常有。故 / 虽 / 有名马，祇 / 辱于 / 奴隶人之手，骈死于 / 槽枥之间，不以 / 千里称也。

……

这个不难，很多老师也会作这样的指导。有没有这样的音步或节奏切分，朗读起来效果是不一样的。划分音步后再读，果然有很强的节奏感，比没有切分之前的朗读水平有明显提高。教室里的氛围也一下子变得活跃起来。

接下来，丁老师说要带领大家"因声求气"。声，指字音的腔调，当然也包括刚刚指导过的语言节奏；气，即说话的语气、说话人的神气和文章的气势或气韵。因声求气，就是根据声音寻求文气，亦即用字句声音的声韵调展现文章的思想情感、意韵神情。这可就难了，虽说语文老师大多是中文系出身，但文字音韵功夫参差不齐，不是每一位老师都能做到的。在简单介绍入声字的基本知识之后，丁老师出示事先准备好的课件，告诉大家，哪些字是入声字，如何读入声字：入声字读得短促而有力，一发即收。

世有伯乐，然后有千里马。千里马常有，而伯乐不常有。故虽有名马，祗辱于奴隶人之手，骈死于槽枥之间，不以千里称也。

马之千里者，一食或尽粟一石。食马者不知其能千里而食也。是马也，虽有千里之能，食不饱，力不足，才美不外见，且欲与常马等不可得，安求其能千里也？

策之不以其道，食之不能尽其材，鸣之而不能通其意，执策而临之，曰："天下无马！"呜呼，其真无马邪？其真不知马也。

经过老师范读、教读、师生同读这么几轮反复之后，丁老师开始分析入声字，看它在表达声情上有何特别之处。一番讨论之后，丁老师总结：由此可见，入声使用恰当，有助于强化信息。因此，我们读起来要有力短促，读出铿锵的气势。

师：第四组句子"曰：'天下无马！'"中，曰是"说"的意思，声音短而重，说的是毫不犹豫啊，向天下宣告：天下无马。大家看，就这一个入声，就把人物的那个神气给表现出来啦。那是什么样的神气啊？

生：狂妄，浅薄，傲慢……

师：对。这个人物形象的塑造，用"曰"这样一个入声字，就很好！或者换成"云"，行吗？"云"不是入声，就没有这样的表达效果。用入声字强调信息，发声短促有力。（板书：强调。）

从这一个"曰"字的读音，分析出人物的性格，好！至少在这个地方如此读、如此分析是可以的。语文教学就应该这样，结合具体语境，在语词当然也包括声音的丛林中穿梭出入，进而体现文字背后作者的情意。这是"活"的语文，我在心里暗暗地说。这节课最为精彩的是对"不"字的吟诵和分析。丁老师和学生一起找出了课文中的 11 个"不"字，然后发问：这么多的"不"字，意味着什么呢？

生：重要。

师：对。"不"，否定副词。他一直在否定，否定谁啊？

生：食马者。

师：对，食马者。否定的是什么呢？他不知马。其实在这里，他已经把这篇文章的立意角度给表现出来了，反反复复说：不不不，是是是，不是在肯定，而是在批判。批判食马者不知马，批判食马者无知、无能、傲慢。正是他们使有千里之能的马抑或人才埋没。一个人才如果没有让他施展才能的舞台，最终将被埋没。实和名相差是那么大呀，事实上，它们确实不是千里马哦，它们只有千里之潜能而没有千里之实能和实绩，这是不是很悲哀啊？

"不"这个入声字不仅强调了文眼，也表明了写作技法。他从批判的角度立意，批判食马者不知马的现象。

至此，课堂气氛达到高潮，学生思维很活跃，一副跃跃欲试的样子；有模有样地学习老师吟诵的样子，很明显，这比单纯听老师讲解的效果要好得多。丁老师的吟诵水平如何，我不敢妄加评价，但在她的示范引领下，再结合内容作精彩点拨，不仅着眼于如何诵读，更是点透其内在意蕴，让学生知其"如何读"，更知其为什么要如此读。语文的形式和内容，就在这其乐融融的氛围中得以水乳交融，应该说有机达成了教学目标，课上得很成功。

朱自清在《再论中学生的国文程度》一文中说："文言文和旧诗词等，一部分的生命便在声调里；不吟诵不能完全领略它们的味儿。"那么，吟诵是什么呢？吟诵就是因声求气。因声求气，是读书法，更是古代诗文创作法。因此，这是解读古代文学的钥匙，也是教学法。在点评时，我对这节课作了比较高的评价，并且鼓励教者，从这一节课的教学中生发开去，提炼总结出若干有价值的教学体会。果然，短短的一年时间，丁老师发表了三篇与《马说》吟诵教学有关的论文。我曾经在多个场合以此为例，说明教学和教研之间的辩证统一关系。

腹有诗书气自华

——听课手记之五

和常熟中学彭尚炯语文名师工作室举行联谊活动，双方各出一节观摩课以备讨论，主题是文言文教学。于是，发现了张卫老师课堂的精彩。

课题是苏轼的《念奴娇·赤壁怀古》，开场张老师却没有直说，而是出示了杜牧的那首《赤壁》，PPT 上这样显示：

书生襟抱向谁开——

赤 壁

杜 牧

折戟沉沙铁未销，自将磨洗认前朝。

东风不与周郎便，铜雀春深锁二乔。

上课伊始，师生就从对"襟抱"的讨论中开始，然后进入文本。

师："二乔"指谁？

生：东吴美女大乔和小乔。

师：分别嫁给了谁？

生：孙策和周瑜。

师："铜雀台"有何用处呢？

生：应该是关押美人的地方。

生：曹操特地为大小乔造的，"金屋藏娇"吧。

师：何以见得啊？

生：《三国演义》里有这样的情节……

师：我帮你完善一下，孔明假托曹植《铜雀台赋》中的句子"连二桥于东西兮，若长空之蝃蝀"，改为"揽二乔于东南兮，乐朝夕之与共"，激起周瑜抗曹之心。我们暂且不论铜雀台历史上到底有何用处，显然杜牧和罗贯中是这样表达的，是吧！

这个讨论让我心下一惊：这个老师功底不凡啊！这样的比较人人都会，可说出"二乔"的出处，可见备课也是下了功夫的。随即，老师话锋一转，用PPT出示一段诗话：

许颛《彦周诗话》说："杜牧之作《赤壁》诗……意谓赤壁不能纵火，为曹公夺二乔置之铜雀台上也。孙氏霸业，系此一战。社稷存亡，生灵涂炭都不问，只恐被捉了二乔，可见措大不识好恶。"

师生一起你说我说，联系杜牧一生抱负，得出了这个杜牧对周瑜的"有点不以为然"。这个"杜郎"也是精通兵法，也想在晚唐乱世中建功立业，可是他没有周郎那么好的机会。他不满意周郎，实际上是对自己人生失意的悲伤。这一转，课的婉曲就出来了。文似看山不喜平，其实，课也是这样，太直白就显得味道不足。

由此，进入文本，展开对周瑜到底是"何许人也"的讨论和研读。

生："羽扇纶巾"体现出周郎文雅的一面，像儒士一样潇洒。

生："雄姿英发"可以想见周郎的风姿才情、英气勃发。

生："小乔初嫁了"体现出周郎的年轻有为。

生："谈笑间"可以看出周郎的从容不迫。

生："樯橹灰飞烟灭"侧面显示出周郎的军事才能。

师：从你们的归纳看，一言以蔽之，周郎就是一位"高富帅"，对吧？

一番讨论之后，老师出示《三国志》对周瑜的介绍："公瑾雄烈，胆略兼人；衔命出征，身当矢石；尽节用命，视死如归；性度恢廓，率为得人。"对此前讨论作了总结：周瑜应该是个英雄，成功并非偶然。杜牧是借诗歌来"浇心中块垒"，根据自己的需要来重塑周瑜的形象，表达出抑郁不平和自负其能。他的胸襟抱负不一般呐！

再进入文本，讨论苏轼的"襟抱"。教师从称呼开始：

师：能称东坡为"苏郎"吗？

生：可以的吧。

生：不可以，因为从"多情应笑我，早生华发"看，他不年轻了，称"郎"不合适。

师：你读文章很仔细，对，东坡此时将近50岁，这样称他确实不妥。那可称他什么呢？

生：可以称"苏子"，《赤壁赋》中他就这样称自己的。

师：很好，能联系已学文章，而且此两部作品是同时期的。我们就以"苏子"（板书）称他。刚才我称杜牧为"杜郎"，合适吗？

（生沉默。）

生：合适，《扬州慢》中似乎有这样的称呼。

师："杜郎俊赏，算而今，重到须惊"，对吧！这位同学厉害。

然后，从最后一句"人生如梦，一尊还酹江月"说起，讨论苏子为什么要"祭月"？古人要感恩大自然，故祭月祭天，以达到"不断融入自然，与自然和谐相处"的目的。这样说来，说最后一句完全是"消极"似乎不妥，而是苏子看淡了功名后的淡然心态。苏子是祭奠古人，宽慰自己，以旷达心态看待历史人物，求得思想的解脱。可见苏子是"愁苦中见旷达，苍凉中见洒脱"，写景写人实际上是写自己。苏子的胸襟抱负也不一般！

课似乎可以结束了。然而，没有。老师又出示第三张PPT，辛弃疾的《惜分飞·春思》。

> 翡翠楼前芳草路。宝马坠鞭暂驻。最是周郎顾，尊前几度歌声误。
>
> 望断碧云空日暮。流水桃源何处。闻道春归去，更无人管飘红雨。

老师启发讨论：这个"周郎"是个什么样的人物形象呢？和上文杜郎、苏子笔下的形象接近吗？辛弃疾晚年隐居江西，在政治失意后便借周郎形象来抒发怨愤之情。语毕，老师突发一问：

师：如果说我们称杜牧为"杜郎"，苏轼为"苏子"，那么称辛弃疾为什么呢？

生：辛郎。（众笑，否决。）

生：辛士。一则他晚年隐居山林，是居上；二则他有满腔以身报国的豪情，是国士。

师：好，就以"辛士"（板书）称他吧。三首诗词，同一个赤壁，同一个周郎，文人书生们翻出了那么多新意。杜郎咏史是为了表现不平雄情；苏子赋壮是为了表现忧愤豪情；辛士寄婉是为了表现抑郁幽情。内容、景物、意象等，都无不指向诗人自己的襟怀抱负！

课，戛然而止，而我的心却久久未能平静。近些年，语文课应该怎么上，众说纷纭；教学改革如何改，诸家蜂起。但是，最为重要的，其实是语文教师自身的专业素养。"腹有诗书气自华"，有了丰厚的积累，怎么上都可以，我即语文。还是鲁迅说得好："从喷泉里出来的都是水，从血管里出来的都是血！"

也说内容为"王"
——听课手记之六

　　曾有学者指出，我们语文教学的问题和困难，主要出在教学内容上，而不仅仅出在教学方法上。这话有一定道理，但理解上却各不相同。譬如，言语知识、篇章结构、语感训练等这些言语形式因素，孰轻孰重？显然，此处不宜也无法展开讨论。我这里所说的"内容"和通常说的"内容"不同，通常说的"内容"一般指的是文章主题主旨，即"思想内容"。这些"内容"也很重要，但是应在潜移默化之中"润物细无声"地进行，无须过多刻意强调。我所说的"内容"是指如何凭借"言语形式"，找到恰当路径来理解、把握和吃透课文主旨，即如何切中肯綮的问题。在我看来，这是更加重要的"内容"。

　　拟结合曾经听过的三节课，谈一些想法。

　　第一节是郑振铎的名篇《猫》。执教者李老师刚走上讲台不久，教育教学素养相当不错，举手投足颇为老道，尤其是紧贴文本抓语言，体现出良好的语文专业"眼光"。全课紧紧围绕一个主问题：为什么"自此，我家永不养猫"？先把三只猫的性格作对比，第一只"活泼"，第二只"有趣"，而第三只大家都"不大喜欢"。老师引导学生抓住"拾""蜷伏""忧郁""若有若无""懒惰"等词语，写出了第三只猫在全家人心中的地位，正是这可有可无的"弱者"地位为后来的悲剧性命运埋下伏笔。这就让文本分析有了一定深度，为理解文章深刻主旨奠定了基础。同样，作者是如何"妄下断语"的呢？师生共同讨论了以下两个句子：

1. 那只花白猫对于这一对黄鸟，似乎也特别注意，常常跳在桌上，对鸟笼凝望着。

2. 它躺在露台板上晒太阳，态度很安详，嘴里好像还在吃着什么。

"似乎""好像"准确表达出我的主观武断，"凝望"在这里或许是观察，或许是欣赏，或许是好奇，而在我这里，无疑被"读"成了"觊觎"。这是我为后来的"怒气冲天""愤愤""暴怒"埋下的伏笔。

它躺在露台板上晒太阳，态度很安详，嘴里好像还在吃着什么。我想，它一定是在吃着这可怜的鸟的腿了，一时怒气冲天，拿起楼门旁倚着的一根木棒，追过去打了一下。它很悲楚地叫了一声"咪呜"，便逃到屋瓦上了。

这一段话，李老师指导学生重点朗读，然后指导学生品味"安详""悲楚"的含义，再设想"楼门旁倚着的一根木棒"的轻重分量，由猫"悲楚"的叫声中可见下手之狠，由此为后文我的悔恨、愧疚埋下伏笔。这样一路讨论下来，结尾"自此，我家永不养猫"的原因不言自明，文章主旨也落到了实处。这样的"内容"分析，始终和"言语形式"融为一体，而不是游离在外。语文课的"内容"最怕的就是脱离文本，天马行空地分析。

有些课文的线索不像《猫》这样清晰，而是"乱花迷眼"，这就得准确抓住"文眼"。"文眼"就是行文紧扣着的中心，是"内容"之核。想起了陈老师执教的汪曾祺《昆明的雨》。这篇文章的"形"不是一般的"散"。开头写的是"画"，接下来浓墨重彩写的是昆明的"菌子""果子""缅桂花""木香花"，从何着手？那么，这些和"昆明的雨"联系何在？开篇写画，其实与昆明的雨有关，虽是写画，实则写昆明的雨，这一点不难看出。难点在后面，文章主体叙写的线索是什么？是写"雨"吗？当然。和"雨"关系何在？也比较明显。但是，是怎样写的？为什么这样写？其内在逻辑和线索是什么？这就涉及一个关键的句子，对全文起提纲挈领作用的句子："昆明的雨季是明亮的、丰满的，使人动情的。""明亮""丰满""使人动情"三个词正是统领全文内容的关键词，此之谓"文眼"。"雨季"怎么会"明亮"？为何谓之"丰满"？如何"使人动情"？明白了这些，全文"内容"问题可谓迎刃而解，后文的"景""物""人""事"均围绕这三个词展开。若是抓不住这"文眼"，后面的"内容"分析就会显得支离破碎，凌乱不堪，东一榔头西一棒槌，也就不知在何处着力了。课堂教学时间十分金贵，有经验的老师不会浪费一分钟，也不会随便多问一个问题，一定是句句说在"点"上，擂在"鼓心"。

还有的课文看似简单，"内容"似乎一览无余，但隐含的内在逻辑却十分紧要，必须揭示清楚，否则，课文"内容"还不能算落到实处。曾听过一节《杨氏之子》。课文不长，照录如下。

梁国杨氏子九岁，甚聪惠。孔君平诣其父，父不在，乃呼儿出。为设果，果有杨梅。孔指以示儿曰："此是君家果。"儿应声答曰："未闻孔雀是夫子家禽。"

执教的葛老师是一位经验丰富的优秀老师，对文言文教学也颇为老道。整节课朗读、断句、理解重点词语含义，重点突出，启发有方，学生回答井井有条，书声琅琅，课堂气氛和谐融洽。然而，教者忽略了一个问题，在我看来是一个重要的疏漏：杨氏子的聪明、智慧究竟体现在何处？那句对来客的反诘，究竟包含着怎样的逻辑"玄机"？这个问题本应重点讨论，却被其他枝枝节节的师生活动挤掉了。而其中奥秘，对于小学五年级学生来说，未必能准确理解。其实，老师只要提出两问即可："来客为什么说这是君家果？""杨氏子为什么以孔雀对之？"这两个问题并不难，一点即破，点破之后，杨氏子之"聪惠""礼貌得体"一目了然。有时，教学中就是少了一点"点破"那层窗户纸的功夫，就使"内容"始终在模模糊糊、朦朦胧胧之中。

帕克·帕尔默（Parker Palmer）在《教学勇气——漫步教师心灵》中所

说的"伟大事物的魅力",究竟何指？我想，洞悉教材文本中那些"肯綮"之处，那些提纲挈领的"奥妙"之处，那些内在逻辑的"玄机"之处，应该也是构成语文"内容"的独具魅力之处；这些和言语形式融合在一起的"内容"，应该也是"伟大事物的魅力"的一部分，一个重要部分。

辑二

主张：让思想冲破牢笼

由字以通其辞

李泽厚认为："汉字（书面语言）重大的特点在于它并不是口头声音（语言）的记录或复写，而是来源于和继承了结绳和记事符号的传统。在这里，完全用不上索绪尔所说的'语言和文字是两种不同的系统，后者唯一的存在理由在于表现前者'。"[①] 这一哲学判断的重要意义在此无法阐述，姑且不论，但是关于汉字和其他语言质的区别，却给我们的母语教学带来重要启发，这就是语文教学必须重视文字，应该重估汉字的教学价值和文化价值。这是因为，汉字是我们的母语文字，是中华五千年文明的活化石，是我们民族文化的基因。没有汉字，我们找不到回家的路，无法进入我们母语的精神内核，也无法唤起我们的文化乡愁。不重视汉字教学的语文，是无根的语文；无根的语文，就是一叶随风漂流的浮萍。

在现实教学中，不重视汉字的现象比比皆是。譬如，在儿童入学初始阶段，我们曾经有过跳过文字以拼音直接阅读的启蒙教学；在很多教师那里，汉字教学仅是机械乏味地数笔画训练；进入高年级，不少教师会简单粗暴地忽略字形字义，词语学习以记忆背诵取而代之；中学阶段，分析理解课文的任务相对加重，字词教学更加容易被有意无意地熟视无睹，文本分析常常凌驾于语词之上；

---

① 李泽厚：《历史本体论·己卯五说（增订本）》，生活·读书·新知三联书店 2008 年版，第 360–366 页。

即使是在文言文教学中——这本是极为重要的汉字学习良机——字义词义的学习也往往代之以强解硬记……如此这般，直接后果便是削弱了语文的魅力，本该诗意盎然的母语学习，变得寡淡乏味。其原因可能是多方面的，但其中重要一点，可能与对汉字在语文学习中的重要意义认识不足有关。

其实，前辈学者对此早有精辟阐述，最有代表性的当数清代学者戴震。戴震认为，学问有义理之学、文章之学、考据之学，他的治学思路是"由字以通其辞，由辞以通其道"。这里的"辞"包括句子和篇章，"道"即义理，指文章的思想、灵魂。明白文章的义理，当以通晓辞章为前提，而欲明白辞章，字是基础。"经之至者道也，所以明道者其辞也，所以成辞者字也。由字以通其辞，由辞以通其道，必有渐。"戴震的这一治学理路，今天是无法照搬了，但文字还是那个文字，母语还是那个母语，其中意涵对我们的语文教学仍有值得借鉴之处。

在语文学习过程中，重视字词句章，由字词句章进而明白文章根本意蕴，是一个符合汉语言规律的阅读基本程式，而在字词句章中，字乃重要基础。当代文字学者也告诉我们，汉字符码中包含的意蕴极为丰富，有"自然场景、生活方式乃至事物逻辑，传递了古代文明的基本资讯，俨然是日常生活的生动镜像"。例如，"閒"字表达休息时开门赏月的诗化意境，"愁"字则暗示农民在秋季为即将过冬而愁苦的心情。人们至今仍能从数千年前造字者的逻辑里，发现当下生活的相似面貌，由此产生跨越时空的愉悦。[①] 试想，在语文阅读教学中，如果对一些重点字词有机地融入汉字符码的解读，我们的阅读课是不是要饶有趣味一些？

近年来，骆冬青教授的汉字美学研究也颇为引人注目。他的研究进路和戴震所言似乎相同，走的也是由字及辞、由辞及章的路数。譬如对"郁勃"一词的剖析，就颇令人耳目一新。骆冬青指出，"郁勃"之"郁"，则由"有"与"邑"构成，"有"乃手拿着肉，或意会邑中肉香；馥郁以喻馨香，以通文章著明（"郁郁乎文哉"）。"郁"和"鬱"，本是两个来源不同的字，20世纪简化汉字，"郁"成为"鬱"的简化字。甲骨文中已有"鬱"字。按于省吾先生解说，

---

① 朱大可：《文化复苏当从汉字起步》，《中国新闻周刊》2008 年 1 月。

字中部件，从林，当是象野外林中。下象一人坐在另一人的脊背上，被蹂躏者肢体的折磨、心情的抑郁，是不言而喻的。古代典籍训郁为塞、为怨、为困郁、为郁结、为郁郁不乐，习见迭出，都是郁字的引申义。由是可解读很多古诗词中的"郁"字。《诗经》中，"鴥彼晨风，郁彼北林"，郁郁葱葱之象，指示此字意在客观描绘。到了《楚辞》，则此"郁"字，被一种抒情的冲动强烈主观化、内在化了："忳郁邑余侘傺兮""曾歔欷余郁邑兮""心郁结而纡轸""惨郁郁而不通兮""心郁郁之忧思兮"……司马迁所谓"此人皆意有所郁结，不得通其道也"，"屈平之作《离骚》，盖自怨生也"。刘勰所谓"奇文郁起"，均揭示了"郁"在《楚辞》中的核心作用。那是一种深沉的情感基调，有如看似平静的河流下面还隐藏着回旋而呜咽的激流。① 你看，屈原在《离骚》中抒发的所有抑郁不平之气，通过"郁"字的字形解读，就已经扑面而来了。我们中小学语文教学中，当然用不着如此精深广博地举一反三，但适当地剖析一点字义，引申一两句相关诗句，对于加深理解句意文意，无疑会起到情境拓展的作用，课堂的"语文味""审美意味"自然会浓郁起来。当然，更加重要的是，学生对母语的亲近感、归属感以及由此产生的景仰敬重之感也都会油然而生。

事实上，这个问题已经引起有识之士的重视。几年前，《教师博览》曾组织过一个名曰"把根留住——聚焦汉字教学"的专题，刊发了一线教师对汉字教学的实践探索和思考。刘发建老师主张，汉字教学要寻找汉字之母，他在文章中运用汉字知识举了两个鲜活的例子：

对于"益"字来说，"水"和"皿"，就是构成"益"的两个字母。"水""皿"与"益"之间，不是简单的部分与整体的关系，也不是简单的部首与部首的关系，它们是独一无二、无可替代的，具有血缘关系的一个生命整体。"水"与"皿"的结合产生"益"字，文字所表现的意义与客观世界的意义是一致的。

……

再譬如"看"字，上面是一只"手"，下面是眼睛"目"，"手""目"结合

① 骆冬青：《说"鬱勃"》，《文史知识》2021 年第 1 期。

就产生"看"字，一个"看"字就形象地再现了生活中抬手举目张望的情景。汉字的起源，本身就是对自然万物的再现。"手"和"目"就是"看"的字母。这种母与子生命一体的关系，是一种具有强大生命力的血缘关系。

也有老师进一步提出，作为薪火相传的师者，我们需要打铁还得自身硬，要对汉字有着足够的了解，至少在我们教学每一课的生字前，要对每一个字的前世今生有所了解，唯有如此才能更好地引领孩子们去寻根，去溯源，去感受汉字的魅力。我想，对每一个字的前世今生有所了解，不是一件很容易的事，毕竟汉字源头离我们年代久远，今天要真正认识它们，需要花大量的文献查找功夫，但是，只要我们有这个意识，可以突出重点，有所选择，同时也日积月累，久久为功，持之以恒地给学生以汉字之美的熏陶。这样的努力，对于改进语文教学，帮助学生亲近母语，应该是一个值得努力去尝试的方向。

追寻语文的诗意

××老师：

你好！

看到你的电子邮件，第一感觉是网络时代真好。你我同处一座城市，时不时地碰头在一起，可真的面对面，家长里短的话说不完，难得也懒得去探讨语文诗意这一大而玄的话题。感谢你提供这一机会，让我也来对这个话题重新思考审视一番。看得出，对语文诗意的许多话，你是久萦于心，不吐不快。读来的感觉是文如其人，快人快语，很多观点颇有见地。

关于语文诗意，这一说法近年的确颇为流行，但究其源起何处和确切内涵，恕我孤陋寡闻，还没有见到过。德国诗人荷尔德林的汉译诗中，有"人诗意地栖居"的名句，但那说的是人生，和语文毕竟不是一回事。老兄今天依据诗歌的理论与特征，归纳出语文诗意的几个特点，的确令我耳目一新。关于"真情美"的分析，简要却不失精辟，也让我受益匪浅。但对于仁兄把语文的"诗意"和"功利"对立起来的观点，我却不敢苟同，说出来和你商榷，就正于你。

首先，讲语文的"诗意"是否就排斥语文的"功利性"？我的看法是未必。且不说诗歌和诗人是不是就"食人间烟火而不讲功利"，单就语文而言，功利是显然的。如你所说，没有了语文的功利，学科存在的独立地位和价值的基础都要动摇。问题是，何以讲语文的诗意就不能讲功利？依我之见，语文诗意的倡导者，无非借了一个比喻，希望语文教学能够像诗歌那样给人以一些美的享受，给人以一些情感的慰藉，给人以一些人生的关怀，而少一些"填鸭式"的灌输，少一些机械的纯技术操练，少一些 A 卷、B 卷、C 卷的题海战术，仅此而已。哪里能因为提倡诗意而丢掉了语文的基础知识、基本能力的训练和培养呢？如果这样的理解不错的话，那么语文的诗意何错之有？岂但无错，而且简直就是必需。

其次，讲"功利"是不是就不讲"诗意"？我的看法也是未必。所谓"功利"，无非就是注重学生的语文能力，或者如你所说，是考试的分数。应该承认，这两者是有矛盾的，尤其是到毕业年级，我们常常不得不别无选择地和学生一起，成天在练习题上做文章。但是，我觉得，毕业年级毕竟还是一个特殊的阶段，就语文教学的整体而言，还不宜用毕业年级这一"特例"来代替"常态"。此其一。其二，就是用什么样的方法去得到这些功利。我觉得，对于现在的语文高考，如果不是在长期的多读多写上下功夫，仅仅靠急功近利式的追求，仍然无法真正得到大家都想得到的功利。譬如，一个中学生，如果只是在练习册中摸爬滚打了六年，而对文学作品敬而远之（或者只是做文学作品的练习册），那高考中的功利性收获也是可想而知的。而倡导多读多写，就已经包含着让学生多从语文学习中得到美的享受、情感的慰藉和人生的关怀，即我所理解的诗意。可不可以这样说，语文的功利应该也可以在诗意的学习过程中获得；单纯的功利式教学反而不大容易获得功利。短期的功利或许有一些，最终的功利还是不行。有些不喜欢阅读、不喜欢写作的同学，尽管平时题目没有少做，功利意识很强，但高考成绩还是常常不尽如人意。这样的例子难道还少吗？

"身无彩凤双飞翼，心有灵犀一点通。"其实，我明白你的忧虑和担心。问题可能不在诗意，而在于诗意的泛化和圣化。对目前存在的一些用诗意的旗号、人文的幌子来贬低甚至否定语文能力培养的现象，你是看在眼里，急在心里。君之忧在此矣！对此，我也颇有同感。凡事皆有度。真理向前多走一步就是谬误。提倡语文的诗意并不等于忽视语文的基本能力培养。我非常赞同你"语文并不等于文学"的观点，也很欣赏你"诗意应该多样化"的精彩论述。我还有一点补充，就是即使对文学作品的教学，恐怕也不能沿用大学中文系文学课的教法，着重点似不应在文学特征、文学风格、文学流派，也不能笼而统之地一读了之，大而化之地分析似也于事无补，而应从字词句这些基本的语言元素入手，由表及里，由浅入深，品味咀嚼，走进人物的内心或者诗歌的意境，去体会那些属于文学的意味，或者说那些语文的诗意。我还有一点看法，就是非文学作品的教学问题。这类作品相对而言，要抽象些、枯燥些。是否也有诗意的追求呢？如果不把"诗意"过窄地理解为激情洋溢，回肠荡气，热血沸腾，而把诗意更多地看作语文教学过程中师生之间的互动以及由此产生的对语言意味的种种发现和创造，那么，这种诗意也是应该有的。譬如，即便是准确体味一个词语甚至一个标点的精妙之处，是不是也能在学生的心中激荡起感情的涟漪？记得多年前，曾听过钱梦龙先生的《死海不死》，那别具匠心的发问，那四两拨千斤式的点拨，作为听课者，我是感到了融融的诗意。一旦抓住语言这个因素去追求语文的诗意，我想，其功利的目标也就差不了。相反，脱离语言这个因素去寻找诗意，不仅语文能力自然落空，就是语文的诗意也成了悬在半空中的无根飘蓬，岌岌乎危哉！这种现象的确存在，君之忧绝非杞人忧天！近几年，语文教学的口号太多，旗号变得也太快。翻来覆去，常常是一个极端走到另一个极端。"乱花渐欲迷人眼"，斑斓未必皆春色。能有机会和你说说自己的一些看法、想法，仿佛也有一吐为快之感，只是说了半天，也不知说清楚了没有？

我们曾在一起说过，教学应该是一门艺术（可惜提起这话的人也少了），教学过程应该充满师生的创造和发现。当然，教学也是一种艰苦的劳动。诗意作为一种追求的境界，并不大可能时时获得。一方面，取决于主观的努力程度；另一方面，过分讲究功利的环境也会让这种创造的欲望和空间受到挤压。因此，更多情况下，还是平平淡淡的日子居多。但不该否认，这片领地里是可以且应该创造出或者正在创造着诗意的，哪怕不是葱绿，只是点点。

眼下正值高考之际，烽火连天硝烟弥漫，我俩在这大侃语文的诗意和功利，是正逢其时、有的放矢，还是带了三分奢侈、二分浪漫、一分讽刺？

谨祝，

教祺！

杨　斌

2003 年 6 月 10 日

站在历史的枝头

——答一青年教师问

××老师：

你好！

很高兴能和你探讨这个比较敏感的话题。你说的这些问题，近两年来其实我也一直萦绕于心，把你的问题概括起来，就是语文教学的继承和创新问题。2003年，《河南教育》约稿，我便结合自己教学中的一些实例，写了一篇文章《在传统与现代之间——对语文教学几个热点问题的思考》(《河南教育》2003年第7期)，从内容和形式、宏观和微观、技术和观念、语文教学和美四个方面，表达了我的一些看法和思考。我在文中说："语文教学传统是一条源源不断的河。我们应该加以拓宽使它的流量更大，加以疏浚使它的水质更清，可以也应该注入新质的水使它更具活力。但我们不应该也不可能让它淤塞，让它改道，让它脱胎换骨。在传统和现代之间寻找、探求，完成传统到现代的创造性转换，这将是一项长期而艰难的任务。"对传统和现代、继承和创新这个颇为复杂的问题，似还觉得意犹未尽，今天借这个机会，也想和你再作一点深入探讨。

按理说，任何一门学术的发展，总离不开"薪火相传，继承创新"的规律，语文教学当不例外。但不知怎么回事，语文上的"继承创新"好像特别复杂。一些本可以也应当心平气和讨论的问题，往往一开场就会走向"极端"。是因为我们语文的问题积弊丛生，非用"解构""颠覆"(恕我也时髦一把，过一回瘾)

的革命性语言就不足以解决问题，还是我们的一些语文教学同道意气太盛，缺少了一点在学理范围内的严谨、平和以及雍容？举个近些的例子。就说如何看待这20多年来语文教学的问题，只要公允一点，或者对20多年前和近20年中学语文教学的发展路径稍有了解，就不难得出接近客观实际的结论，其进步也是有目共睹的。当然，现实中需要改进的问题肯定还有很多，而且，严格地说，语文教学现代化应当和社会现代化同步，它永远处于一个动态的变革和发展之中。但是不是这些年的语文教学就一无是处？过去的经验积存就需要全盘推倒？我觉得不应该这样。语文教学的确问题很多，但有不少问题可能不仅是语文教学本身的问题，还涉及其他层面的问题。譬如高考制度，譬如评价制度，譬如课程建设，譬如社会思潮等，这些因素是不是也在影响语文教学？社会文化急功近利的心态是不是也在制约着语文教学？不能把教育环境、社会环境带给语文教学的问题和语文教学乃至语文教师本身的问题混为一谈。那样，于事无补，也不符合实际情况。实事求是地分清责任，是语文教学本身的问题就对语文教学革故鼎新，是其他层面的问题则要从其他层面对症下药。否则，热热闹闹一番之后，还是依然故我。

与此问题相关，还有如何看待这些年走在语文教改前列的优秀代表人物的问题。他们曾经"独领风骚"，引领过整整一代（或许还不止一代）语文教师。我们这个年龄的语文教师都从他们身上得益不少。以我个人为例。正是1987年暑期上海青语会的一次活动，让我有幸观摩了钱梦龙先生非常精彩的两节示范课，聆听了于漪、陈钟梁、徐振维、范守纲等名家们充满改革和前瞻意识的学术报告，才一步一步地踏进了语文教学的大门。相信有类似感受的人应该很多。现在，他们的经验或许会有不合时宜需要"与时俱进"的东西，但其中也一定积淀着丰富的教育思想的精华，成为语文教学优秀传统的一个组成部分。后来者是站在他们的肩上继续探索，还是像踢开绊脚石一样把他们全盘否定？显然，应该是前者而不是后者。我觉得，对于他们的评价至少应注意三点：第一，应该向他们学习和继承些什么。这是最为重要的，因为这样对语文教学事业的发展有利。第二，才是考量需要革除些什么，超越些什么。在需要革除的内容中，还应分清哪些是时代的局限（语文学科的性质决定了语文教学受时代的影响，这是无论什么人都无法避免的！），哪些是他们自身的局限。第三，也应该分清哪些是他们本身的特质，包括属于他们自己的教育思想、教育艺术、教学方法，哪些是别人（包括心悦诚服的崇拜者）加给他们的神化和误读。这样，实事求是地总结（或叫批判，本来意义上的批判）他们的成败得失，对他们个人来说是给一个历史的公正，对语文教育发展史来说是确立一个清晰的界碑（说"里程碑"也绝不为过），对语文教学的后来者也可以提供成功的借鉴。相信年轻老师只要真正地走进他们，就会从他们身上汲取营养，获益良多。不仅获得教育思想、教育观念、教育艺术，还有对事业的忠诚、对学术的虔诚，以及做人的本色和坦诚。其实，不仅是对 20 多年来优秀语文教师的经验，我们需要认真学习继承，对叶圣陶、朱自清、夏丏尊等 20 世纪上半叶那更老的一代人的语文教育经验，我们也仍然有进一步研究和学习的必要。譬如叶圣陶先生的"揣摩说""训练说"（现在的题海战术是应试教育的产物，和"训练说"无关），朱自清先生的"分析咀嚼说""文言经典说"，对今天新课改背景下的语文教育仍然有诸多启发。我们应汲取其精华，借鉴其精髓，在新的时代环境和教育语境中发扬光大甚至超越，而不能轻率地动辄全盘否定或者彻底批判。

再如眼下正讨论得如火如荼的语文课改问题，也有类似情况。语文新课标（2001 年版）的确有很多地方切中时弊，给语文教学带来许多新鲜有益的观念，譬如"学生主体"，譬如"对话理论"，譬如"人文素养"等，切实做起来对语文教学的意义和作用不可低估。但是怎么去做？过去教学经验中有哪些优秀的东西仍需要继承？该摒弃的又是哪些？这都需要踏踏实实地总结和研究，简单地把过去的东西一概否定，痛快倒是十分痛快，可对语文教学会产生怎样的效果呢？在新课标的学习和讨论中，我总觉得理论多、实践少，宏观的多、微观的少，批判的多、继承的少。虽然有"不想做将军的士兵不是好士兵"的至理名言，但在建筑工地上，如果人人都在做设计师的事，或者都在说设计师的话，而没有人想着去和泥、去砌砖，这工程怕是有点不妙的。我很敬佩一位著名哲学家，在他的治学经验中，多次提到学术研究要"多些微观，少些宏观"。不是说宏观不重要，而是不能大家都去推崇"宏观"而忽略了"微观"。我们是不是应该多做些如何总结、继承已有经验，再按照新课改精神去努力创新的工作？

观念层面的探讨固然重要，只是我认为在观念层面之外，实践操作层面的问题可能更加重要（套用一句电影老台词：大炮不能上刺刀，解决战斗还得靠我们步兵！）。而一到实践操作层面，是在继承中创新，还是高举批判的大旗横扫一番？这是一个无法回避的很现实的问题。那种认为搞新课改就是另起炉灶，就是把过去的一切推倒重来，恐怕不仅与新课改精神不符，在实际工作中也难以开展。譬如"学生主体"地位如何凸显，就有一个教学设计问题，不是说让学生成为主体就能成为主体的。又如"对话理论"，和谁对话？怎么对话？离开"文本"海阔天空地说上一通算不算对话？王荣生先生在《语文科课程论基础》中指出："一方面，教学要尊重学生阅读的个性化行为，要珍视学生独特的感受、体验和理解；另一方面，阅读是对文本的阐释和反映，关键的问题是，它所引出的各种经验应该是与文本有联系的。……只顾'尊重''珍惜'这教学的一端，而忘记了与文本联系的那阅读的另一端，因而丧失了'阅读对话'的品格。"联系文本"对话"应该联系什么？对语言的揣摩、体悟、玩味、咀嚼就应该是少不了的内容。再譬如"人文素养"的提高问题。仅着眼于知识技能而忽视情感精神层面，肯定不行，语文教育要提高学生的人文素养已是大家的共识。问题是用什么来提高？不从语文入手，脱离文本去谈人文素养、人格锻炼，那样的课还是"语文"课吗？如申小龙先生"文化语言学"中所揭示的那样，汉语文中语言和人文的关系十分紧密，把握其中的内在规律，寻找到"语言"和"文化"的联结点进行"对话"，既是对语言的亲近和操练，也是对人文的濡养和滋润。学生的人文素养得在语文学习中提高，此其一。其二，怎么提高？把一篇内蕴深厚的精美文章拿到学生面前，说你们体会吧、对话吧，其效果可想而知。那么，少不了教师的引导、点拨。而这些又都离不开教师的"眼光"和教学操作的"本领"。谈到"操作""本领"，那些老一代优秀教师的经验又会给我们带来许多启发和教益。近段时间，在教育科研领域，有一个说法颇为流行，想必你早已注意。那就是被称为"教育教学叙事"的研究模式，强调贴近实践，再现现场，总结反思。我很欣赏，非常赞成。新课改背景之下的语文教学到底该是怎样的？我们应该多关注原汁原味的语文课堂，哪怕是其中的一个环节、一个细节、一个短镜头，也比我们空对空的观念讨论有用得多、切实得多。观念更新是非常必要的，但仅有观念的更新又是远远不够的，学习和继承语文教学前辈的优秀经验是一个不可或缺的过程，同时还得当心在更新观念旗帜下的"偏激"和"误区"。

记得前些年关于中国传统文化发展走向的讨论中有一个使用频率很高的词：创造性转换。文化语境中的是是非非我们且不去深究，我们的语文教育是不是也应该借用一下这个说法？要言之，对传统在批判中继承，在继承中创新。任何改革，任何创新，都不太可能是在一张白纸上重新作画，我们总是别无选择地走在传统和现代之间！

此致，

教祺！

杨　斌

2004 年 10 月 6 日

在传统与现代之间

——对语文教学几个热点问题的思考

20多年来的语文教学改革，波澜起伏，有色有声。伴随着这一改革进程的，也有不绝于耳的议论和争论。或者说，语文教学改革就是在议论和争论声中不断前进的。梳理这些前进路途中的风风雨雨，蓦然回首，觉得许多问题如果从深一点的层次思考，竟然都绕不开传统和现代。也许，这和我们生活的时代有关。我们正生活在由传统向现代转型的时期，和社会生活关系密切的语文教育不可能不折射出时代的影像。

传统和现代，这是一组对立的概念，但是，它们之间又有着千丝万缕的联系。生活在前进，抱住传统的灵丹妙药不放，不可能适应时代的需要；但同时，现代又是从传统中诞生的，想把传统像剪脐带一样一刀两断也是不可能的。重要的是寻找到恰当的角度，把握好两者之间的分寸。真理向前多走一步就是谬误，千万不能"倒洗澡水的时候连同孩子一起倒掉"。当然，这很艰难。或许，在传统和现代之间寻找、探求，完成传统到现代的创造性转换，将是语文教学一项长期而艰难的任务，它应该和中国社会的现代化同步。

什么是语文教育的现代化？是现代化的技术还是现代化的观念？也许，这个问题本身就是问题，把技术和观念对立起来就有形而上学之嫌。但是，一个不可否认的事实是，现实中确实存在着种种认识上的盲点和误区。

首先，将现代化的技术搬进课堂就是教育的现代化吗？不一定。如果使用的是现代化的教学手段，支配教学的却仍然是陈旧的教学观念，那就谈不上教学的现代化。譬如，教师仍然是"满堂灌"，由过去的捧着书本讲改为对着"图像"讲，由过去的"人灌"改为"人灌＋机灌"，学生的主体地位仍然被湮没。或者在教学内容的选择和价值观念的评判上，仍然充斥着落后乃至陈腐的气息，跟飞速发展的时代与学生的心灵世界格格不入，那么，也显然无现代化可言。

但这只是问题的一个方面。另一方面，现代化教学手段进入课堂，的确也会对教师的观念更新起到促进作用。譬如，大量的信息学生能够直接获得，这就必然削弱教师的话语垄断地位，平等对话、平等交流的教学机制有了形成的可能。阅读视野的扩大，思维方式的变化，也必然会为语文教学增加新的"活水"。这有点像我们的改革开放。当初，我们的目标定位只是先进的科学技术，然而，先进技术的大量涌入，必然引起观念文化的更新。这就是物质的力量，是一种不以人的意志为转移的强大的物质力量。然而，这又注定是一把"双刃剑"。在我们利用先进的技术条件获取大量信息的同时，传统语文课堂那种对语言的亲近和陶醉氛围势必淡化，语文的语言魅力势必弱化，这又是必须引起人们警惕的。毕竟，只有"机声"而没有朗朗书声的语文课堂不仅是可怕的，而且是危险的。学生的课外阅读为网络"侵占"，如果课堂里的书声再为机声所"剥夺"，那么，学生到哪里去体味我们优美的民族语言呢？

有没有可能在这"两难"之间寻找到一种平衡，像摩天大厦和绿色森林那样和谐相处的生态平衡？我想，多媒体进课堂，这是大势所趋，是不以哪一个或者哪几个人的个人意志为转移的。但是，有两点必须明确。一是是否必需。也就是说，这里的"技术"是不是有效地配合和支持了教学。二是是否还是"语文"。是语文就不能离开对文本的亲近，是语文就不能离开对语言的感悟，是语文就不能忽视对人的感情和心灵的关注。譬如《滕王阁序》的学习，当我们要领略滕王阁作为一座精美建筑的艺术之美时，现代技术可以给我们带来不小的方便，但是它的丰富的文化内涵，尤其是作者发自肺腑的人生感喟，离开了文本，离开了对语言文字的咀嚼和品味，又怎么可能感受得了呢？再现代的技术，永远无法代替汉语言文字的巨大魅力，也不可能带我们走进人物的心灵！

　　语文教学传统是一条源源不断的河。我们应该加以拓宽使它的流量更大，加以疏浚使它的水质更清，可以也应该注入新质的水使它更具活力。但我们不应该也不可能让它淤塞，让它改道，让它脱胎换骨。在传统和现代之间寻找、探索，完成传统到现代的创造性转换，这将是一项长期而艰难的任务。

整体把握和微观分析

　　人们对新课改批评最多的，大约是"语文味"问题。人们发现，有些据说是体现新课改精神的课丢失了属于语文课的基本特性，变味了。什么是语文味？简言之，就是对语言的揣摩、欣赏、把玩和咀嚼。而这一点，又恰是最受新锐人士追捧之处。在他们看来，没有了这些，才是真正地道的新课程革命。那么，语文味究竟和新课程改革有何关联？语文味究竟丧失在何处？又该到哪里去寻找？

　　导致语文课语文味的丧失，原因可能比较多。从课堂操作层面看，依赖整体、忽略微观也是一个重要原因。从汉语的思维规律看，汉语言思维注重整体性、模糊性，不像西方语言那样重视精确分析。从这个意义上讲，把汉语言进行支离破碎的"肢解"和"分析"，是不大符合汉语言特点的。因此，20 世纪90 年代的语文教学大纲提出了"整体把握"（高中）和"整体感知"（初中）的概念。《全日制义务教育课程标准（实验稿）》虽然回避了这些概念，但实事求是地说，在当时实践"新课标"的各种公开课上，"整体阅读"是非常受欢迎的。也许是我孤陋寡闻，就我的阅读视野而言，没看到有人作过什么解说和诠释，大家就这样不约而同地"整体"起来了。我私下揣测，也许是人们都感觉到，唯有这样的"整体"和"宏观"，才能体现出"新课改"的特点。否则，不是又落入过去"肢解课文""分析过细"的窠臼了吗？另外，既然可以脱离文本、海阔天空地讨论拓展，好像也不需要再作精细的"微观"分析了。

应当看到，如果从改变"肢解"课文、防止琐碎分析这一点说，整体阅读是有其积极意义的。但是，语文教学中还需要微观和局部的探究吗？对此，我一直认为不仅需要，而且简直就是必需。没有微观分析的语文课是可怕的；一味地"整体阅读""宏观把握"，语文味的丧失势在必然，无法避免。

"句读"是文章的基本单位，而且是有完整意义的基本单位。没有一个个词义句意的深入研讨，文章全篇的意义也就无从说起；撇开对字词句的"微观"探索，全篇文意的"整体把握"就是空中楼阁。因此，语文课堂上，必须是微观和宏观并重，局部和整体兼顾。这里的微观和局部，很大程度上就是选择恰当的角度，寻找合适的语言，去推敲、揣摩、品味、体悟、感悟语言的魅力，也去体验思想感情这些人文的滋味。

王荣生对整体把握问题有两点非常重要的意见：第一，不是全部的课文都适宜整体感知（把握）。第二，整体感知（把握）不等于感知整篇课文，它与段、句、字、词的关注不但没有冲突，相反主要在对段、句、字、词的关注，除非那些字词等是"非关紧要"的。这两条结论文字（尤其是第二条）可以说是切中肯綮，一字千钧！王荣生在多方比对、条分缕析的基础上指出：

现在有一种舆论，不加分析地高唱"书读百遍""熟读唐诗三百首"的赞歌，这不仅是理论的退化，而且几乎是对语文教学乃至现代教育的作弄。教师代替学生读，这肯定不对，要坚决改；但光让学生自己读，比如阅读课让学生坐进阅览室自己翻书，比如古诗文让学生自己背记，就对了吗？教师的教学应该服务于学生，这是真理；但教师的服务不等于端上一桌饭菜，"噢，学生您吃吧！"[①]

当然，从细微处入手，说到底还只是一种"局部感知"和"微观体验"。在进行"局部感知"的同时，也需要对文章全段乃至全篇进行整体把握；在进行"微观体验"的同时，也需要对文章整体进行宏观观照。这种俯瞰的姿势大致体现在以下三方面。

---

① 王荣生：《语文科课程论基础》，上海教育出版社 2003 年版，第 209 页。

一是文体。不同的文体需要选择不同的"切入点"。二是风格。不同风格的作品，不同作家的文章，选择"切入点"的方法也有不同。三是主题和立意。一篇文章的分析，取什么，舍什么，何处一带而过，何处讨论发挥，要受文章主题的限制。"切入点"的选择，当然应当选择最能帮助学生理解领悟主题和立意之处。从哪些地方去俯瞰？以个人的体会，可以是凸显人物性格的生动细节，可以是个性化的语言、神态、动作，可以是精彩的句子，可以是精当的词语，甚至可以是虽不起眼但有丰富内涵的标点……总之，是包含浓厚语文味的经得起推敲、揣摩、咀嚼之处。如果做到了这些，我们还会慨叹语文味丧失了吗？这些在前文中都已有过阐述。

宏观的俯瞰之势，是否包括单元意识？窃以为不能一概而论。有的单元学科目标比较明确，能力指向比较鲜明，那么，在课文细微处可以找到相应的着力点，此时当然需要单元宏观意识予以指引和支持。如果单元只有人文主题而没有语文能力指向，那么篇章就是最为宏观之处，是一个独立、完整和自足的审美对象。传统语文教育讲究字、词、句、篇，汉语文中篇章就是最高单位，诚如章熊所言："'起承转合''熊腰豹尾''伏笔铺垫'……一系列的概念术语形象地表述了文章布局的技巧和法则，并且使'文章赏析'成为我国语文教学的传统，'揣摩谋篇'成为教学过程的核心，一直影响至今。研究、解剖作者的思路，揣摩、体味作者的语言运用，培养语感，这种'揣摩谋篇'的教学能够有机地把语言训练和思维训练结合起来，成为我国语文教学的特色，独步于世界教坛。"[1] 老祖宗这几千年积累下来的文章经验，还是值得我们汲取和借鉴的。

---

① 王荣生：《语文科课程论基础》，上海教育出版社 2003 年版，第 193 页。

文体使语文成为语文

《新华日报》载，某省举行高中生作文大赛，从 30 多万名高中生中遴选出 248 人参赛，规定写一篇 2,000 字左右的议论文。结果多数中学生不会写议论文，很多学生的作文连基本的议论文模样都没有。一个选手说："看到这个题目，我脑海里是一片空白，十几年以来没有这样郁闷过。"阅卷的评委更是感慨万千："从卷中可以发现中学议论文教学水平大幅下降，学生已经不会写议论文。""只要真正写成议论文，90% 都进了一等奖；不是一等奖，90% 都没有写成议论文。"

无独有偶。几乎是同时，《语文学习》的编后语也给我们带来了同样的警醒和提示。编者在评点有些教师阅读教学忽略文体的现象时指出："文本解读要有文体意识。阅读一篇文章，首先要分辨文章的文体特征。文体意识清楚，教学便水到渠成，重点突出；反之，很可能会产生对文本的误读乃至错误，面对丰富的文本世界就像在茫茫大海，辨不清方向所在；走进文本犹如走入宝山而不察。"原来，不单单是写作，在阅读教学的文本解读中，文体意识淡薄甚至模糊的现象就已经存在了，淡忘文体的不仅有学生，还有一部分教师。

那么，问题到底出在哪里呢？

我认为，无论是高中生不会写议论文，还是有些教师的阅读教学缺乏文体意识，都与现行教材人文话题的组元方式有直接关系。平心而论，教材组元方式的改变，相较于过去几十年一贯的文体单元模式，一时确实新人耳目，赢得了不少人的喝彩。实际教学中也的确有可能做一些人文内容上的前瞻后联，有利于加深学生对单元精神内涵的理解体会。但是，必须指出，语文课人文价值的体现更多的是凭借作品本身，凭借作品本身的语言以及和语言血脉相连的内容，凭借由语言构筑起来的圆熟丰满、匠心独运，并且和内容相得益彰的同时，也有其独立审美价值的艺术形式，而主要不是依靠课文之间、单元之间的联系。这种课文之间、单元之间的联系在实际教学中给予学生的影响，甚至可以说细微到忽略不计。负面的影响则是显然的，那就是给教师和学生以淡化文体的强烈暗示，尤其是对专业经验甚少的青年教师，很容易产生文体本就是可有可无、可以淡化的错觉。这种错觉延伸到阅读教学，就是解读文本时不重视作品的文体特征，延伸到写作教学，就是写作训练时缺少明确的文体意识。久而久之，学生作文的文体特征也就势必随之淡化。

文体可以淡化吗？

文体为什么不能淡化？

简言之，是文体使语文成为语文！曾有人把文体比作"语言小筑"，这应该是一个不错的比喻。文体是作品的形式，是作品艺术个性的外化，是作品艺术魅力的重要载体。文体是形式。但是，如果把作品看作一件完美的艺术品，得承认，文体形式也是作品艺术魅力的重要构成。从这个意义上说，形式也是内容，文体是语文不可忽略的内容！学者赵宪章说："研究文学而忽略文体形式是不可思议的；忽略文体形式的文学研究肯定是对文学的非文学研究，是对文学'载道'功能的片面和狭隘的理解。文学之道在哪里？它就浸润在文学形式中。"如果说文体使文学成为文学，那么，我们是不是也可以说，文体使语文成为语文。离开文体的语文，语文的人文精神无从依傍，犹如离开语言的语文无从支撑人文精神一样。不仅人文精神失去依傍，语文自身的价值也大打折扣。明人胡应麟说："文章自有体裁。凡为某体，务须寻其本色，庶几当行。"不同的文体蕴涵着、昭示着不同的审美精神，这种审美精神同文章的思想内容水乳交融。不重视文体，被忽略的就是语文本身。对于我们汉民族语文而言，尤其如此。文体，是读者进入内容的重要路径！

或曰：按人文内容组建单元，仍然可以在单篇教学中凸显文体特征呀！是的，对于专业经验丰富、教学思想成熟的优秀语文教师来说，这可能不成问题。但是，此论者忽略了教材对教者尤其是学生强烈的导向作用，也忘记了我们语文师资队伍中有着大批尚缺乏教学自觉的青年教师。课本课本，上课之本！课本的编排方式所具有的炫示和渲染力量是强大的。一个从未见过以文体组建单元的青年教师，无法不受教材编排方式的影响；一个从初一到高三从未见过以文体组建单元的课本的学生，也不可能生长出多少鲜活浓郁的文体意识。如此，在课堂上出现不遵循文体特点去解读课文，在考场（赛场）上写出缺乏文体特征的文章，这还有什么值得奇怪的吗？

窃以为，教材的单元编排方式应该多样化。可以在不同学段、不同年级采用不同的组元方式，或以话题（譬如青春、自然），或以人物（如苏轼、李白），或以专题（如《史记》、文艺复兴），或以文体（如小说、散文），用多样性代替清一色，相互补充，相映生辉。其中，不可或缺并且需要反复强化的，就是文体，因为在诸种组元方式中，最能体现语文本体特性因而也最贴近语文学习规律的，就是文体。

文体，使语文成为语文！

附言：

本文写于十多年前，在一本语文核心期刊发表后，曾长期挂在该刊门户网站上，可见文章当时鲜明的现实针对性。如今，教材组元方式已呈"双线"，文体问题已经引起一定程度的关注，但窃以为本文并未过时，教学实践中对文章"体性"重视不够仍是一个较为普遍的现象。"体性"说源自汲安庆对夏丏尊语文教育思想的阐释[①]，指语文教育要重视形式特征，包括文章体制、文句格式、写作技术、鉴赏方法等。文章"体性"的种种特征，恰与文体直接相关，不同文体决定了文章不同的言语风格、艺术特征、篇章结构。按汲安庆的说法，"对学科体性的捍卫、形式秘妙的揭示等方面，一直没有被真正地重视起来。语文

---

① 汲安庆：《求用·求美·求在——夏丏尊语文教育思想研究》，中国社会科学出版社 2018 年版，第 151 页。

看似包容更广，也更现代了，但是自我的面目依然模糊"①。此说可谓切中肯綮，直击沉疴。忽视文章"体性"，语文之美就无法充分释放，无法被师生"发现"；忽略了语文"体性"之美，就不符合甚至背离了汉语文自身特性及其学习规律。

联想到当下议论纷纷的"大单元"教学，愈加觉得语文"体性"问题之重要。无论是"大单元"的字面意思，还是按有人解说的是被误译了的"大观念"本义，一个不可回避的现象便是，课堂教学实际中的"大单元"，都在严重消解着传统语文教育"字词句章"中"章"的意涵。在质疑语文"大单元"的声音中，孙绍振的批评影响较大，但孙的批评视角主要是从西方文论着笔，而忽略了汉语言特殊规律这一问题。汉语文几千年形成的传统是，从字词句章入手习得语言规律，"篇章"是文章的最高单位，具有独特的教学和审美价值，组成单元是不得已而为之（可以有多种组元方式，即可反证其缺乏逻辑必然性），篇章之间可以比较，但谁和谁比较？从何比较？随意性极大。比较得好是教学艺术，比较不当即为败笔；偶一为之是教学创造，作为课程标准所代表着的普遍要求，势必困难重重，捉襟见肘，单元组合已属勉强，再用"大单元"（或"大观念"）统之，谈何容易？

---

① 汲安庆：《求用·求美·求在——夏丏尊语文教育思想研究》，中国社会科学出版社 2018 年版，第 153 页。

人文和语言血脉相连

语文教学的"工具性"和"人文性",争论多年。现行语文课程标准表述为"工具性和人文性的统一",应该说是平衡了各方观点的一个稳妥表述,也符合汉语文教育的基本规律。问题看似得到解决,但其实不然。落实到具体的课堂教学操作及其评价上,分歧还是非常尖锐地存在着。

一个无法绕过去的问题便是:人文,到底在哪里?

是撇开语言(语言还是言语,本文无意纠缠也无力说清,这里只是从众沿袭旧说)另辟蹊径,抓住文本的一鳞半爪任意发挥,天马行空,十八般兵器齐上阵,你说我说大家说如此这般热闹一番就是人文;还是老老实实地走进文本,走进语言,走进作者凭借语言营造出来的具有鲜明文体审美、语言审美、结构审美特征的一个个艺术境界,循着语言的路径去感受作品的艺术魅力以及充盈于文本语言之中的情感、情怀、情趣才是人文?

不同范畴、不同语境中的人文内涵应该是不同的。语文教育意义上的人文,无论如何,也不应该脱离文本,脱离语言。按语言学者申小龙在《语文的阐释》中的解释,人类各民族的语言都不仅是一个符号体系或交际工具,而且是该民族认识、阐释世界的一个意义体系和价值体系。因而,语言都具有人文性。而在中西语言的比较中,汉语人文性的表现尤为突出。不难看出:汉语言突出地具有人文性,而且这种人文性应该和语言紧密地结合在一起。人文就在语言中。紧紧地抓住"语言"这个抓手,深入体会语言的精神内涵,就是抓住了汉语言的人文性特征。语文学习，怎么能忽略语言？忽略了语言，到哪里去找语言之外的"人文"？皮之不存，毛将焉附？空谈人文，忽略语言，语文课丧失了语文特性，语文的人文性岂不成了无皮之毛？

我们说人文就在语言中，并不等于说语言就是人文。这里似有三个不可忽视的要素。其一，怎样的语言？其二，为什么去教学这些语言？其三，怎样去教学这些语言？先说怎样的语言。在文学类作品中，应该把那些具有丰富情感意味、思想内涵的语言作为教学重点；在非文学作品中，应该重点考虑那些彰显文体特性、能达成文体教学目标的语言，而不是肢解文本，不顾文体，支离破碎地提取一些理性的语言知识进行教学。再说为什么去教学这些语言。目的只有一个，通过体会、品味、感悟语言，去感受语言深处蕴涵的人文情怀和精神，以及日积月累积淀起来的语文素养。为人文素养和语文素养而教，而不是为应付考试而教（插一句题外话，一心想着考试，最终也不会考出好结果；注重素养的提升，考试成绩反而会水到渠成）。最后，怎样去教？简言之，咀嚼，品味，涵泳。灌输、嚼碎了喂无法满足语文和人文两个素养的提升。总之，从语言入手，却又不仅仅停留在语言，再向前走一步，就会触摸到更为具体、更为鲜活、更为深刻、更为丰富的人文。

向前走这一步很重要！在人文性和工具性问题上，经常有人左右摇摆，游移不定：或者，走不出这一步，让语言学习仅仅停留在"习得语言规律"的层面，最终陷入单纯工具性的窠臼；或者，一步跨出语言（文本）的疆域，让人文摆脱语言载体而成为脱缰之马，弄得语文不称其为语文。其实，人文就在语言中！二者原不对立，二者何须对立，二者怎么可能对立？二者是你中有我，我中有你，水乳交融，血脉相连。关键看你怎样去理解，怎样去操练。说到底，还是一个对学科本质如何理解、对学科规律是否尊重的问题。

任何一门学科都有其自身规律，而规律是不能轻易否定的。语言和人文问题，在叶圣陶、朱自清、夏丏尊等20世纪上半叶那一代语文巨匠的教育经验中，应该是早已有了答案的。譬如叶圣陶先生的"涵泳说""揣摩说"，朱自清先生的"分析咀嚼说""文言经典说"，对今天新课改背景下的语文教育仍然有诸多启发。掂量一下就会发现：这些例子可以说是对语言学习和人文陶冶的经典融合，何其精彩的语言，又是多么耐人寻味的人文？这样的语文教学既不是故弄玄虚的冒牌人文，也不是工具主义的应试泥淖，恰恰是符合汉语言规律的语文教育活动。再如"对话问题"，和谁对话？怎么对话？离开文本，海阔天空地说上一通算不算对话？联系文本"对话"应该联系什么？无疑，对语言的揣摩、体悟、玩味、咀嚼是少不了的内容。在这里，传统经验和现代意识找到了很好的对接点。

叶圣陶、夏丏尊、朱自清那一代人语文教育思想的形成，既有深厚的国学根基和对传统语文教育的体悟反思，也洋溢着五四新文化运动的时代精神，是植根于民族语文教育土壤中的宝贵智慧。新课改许多充溢着现代意识的教育理念，都可以从中汲取有益的营养和借鉴前行的路径。语言和人文问题当作如是观。当作如是观的，又不只是语言和人文问题！

比理念更重要的是什么

20 多年的新课程改革，提出或者凸显了很多先进的教育教学理念。譬如课程意识、学生主体、师生对话等，为语文课堂吹进了一股新鲜的风。教学的确需要先进理念的引领，但在教师专业发展的任务中，似乎还应该有比教学理念更加重要的内容。形形色色的教师培训传达出的信号只有一个：理念。以致有的老师发出感慨，脑袋都被这些"理念"装满了，而书却越来越不知道怎么教了。

先进的教学理念诚然重要，但比教学理念更重要的，还是教师把握学科，或者说领悟和传达学科魅力的能力。对于语文教学而言，最重要的是挖掘、感受、传达语文的诗性。理念不能帮助你发掘语文的诗性，缺失了语文诗性的理念，哪怕是先进理念，哪怕是建构、解构、后现代、后阅读……也于语文教学无补。语文诗性的参悟能力，只能来自语文实践。老老实实地阅读，特别是读一些有益于提升学科能力的经典著作，丰富自己的文学文化素养，勤勤恳恳地练笔，体味文章写作的个中三昧，操练多了，对语文诗性的敏感自然会不断提高。那种对阅读的喜好乃至痴迷，对文字的敏感乃至热爱，对文章的趣味乃至眷恋，对语文教师来说，是比任何一种教学理念、教学技巧都更为重要的根本性素养。面对一篇文章，语文教师应该会油然而生一种冲动，一种兴致，或者说一种激情。譬如游泳运动员面对一池碧波，足球健将面对绿茵球场，那是一种欣赏的冲动，一种玩味的兴致，一种欲罢不能的激情。他会跃跃欲试，渴望着和学生一起浸入那由语言文字营造出来的浓郁的诗性之中。语文是诗。语文的诗性和所有好的课文形影相随。它不是空泛的人文，不是廉价的浪漫，不是扭捏作态，也不是滥施激情。语文的诗性，在文本，不在别处；在文字的背后，不在文字之外。"背后"和"之外"，两字之差，表现在课堂上，却往往是大相径庭。"背后"的指向是要师生一起去感悟，去品味，去琢磨，去探究；"之外"的指向则往往与语文课的本质背离。失之毫厘，谬以千里，此之谓也。

语文的诗性，最为重要的就是作者凭借文字营造出来的氛围意境、思想情感。概言之，是作者流淌在文字中的生命，是源自作者心灵的歌哭，或者说，就是作者的心灵！刘鹗在《老残游记》自序中说："《离骚》为屈大夫之哭泣，《庄子》为蒙叟之哭泣，《史记》为太史公之哭泣，《草堂诗集》为杜工部之哭泣；李后主以词哭，八大山人以画哭；王实甫寄哭泣于《西厢》，曹雪芹寄哭泣于《红楼梦》。"语文课的重要任务就是帅生一起走进文本，感受作者歌哭，或者说和作者一起歌哭。诗歌自不待言。中国文学传统中诗歌的高度发达，使诗歌成为文学的根基，以致中国文学的各个门类，无不渗透着诗歌的灵魂。小说也是如此。优秀小说中诗意的精神、诗性的叙事、深挚的生命情怀，以及比比皆是的诗一般的意境，使得优秀的小说就是一首无韵之诗。有学者说，无论作品的风格如何，小说家情感的表现都是作品诗意境界的源泉。诚哉斯言！那么，非文学作品呢？同样也有作者的"心灵"在，只是歌哭的方式、姿态、声调有所不同而已。议论文中蕴涵的这些道理、哲理，包含着作者对生活、对社会、对世界的认识和发现，反映的是逻辑之美、智慧之美。说明文表现的是科学之美、规律之美，那种由语言表现出来的自然或生活现象，本就蕴涵着秩序、对称、均衡等诗性的质素。科学之美乃大美。

语文的诗性，还包括作者凭借文字呈现出来的母语的魅力，或者说是语文形式的魅力。不同的文体有不同的魅力。小说、戏剧中人物洞彻心灵和意味无穷的对话，以一当十甚至四两拨千斤的细节，恢弘如史诗或精巧如盆景的结构；诗歌、散文中深邃旷远和美不胜收的意境，字字珠玑、蕴藉隽永的语言，平中见奇、拙中藏巧的艺术匠心；议论、说明文中呈现出来的清晰、条理、严谨、畅达等诗一般的简约之美。不同的风格有不同的魅力，不同的表达方式有不同的魅力。甚至，不同的教学个性、教学语境都会碰撞、生发、创造出不同的语文诗性。

语文的诗性是就语文本身的特质而言，是语文内生的、客观的、与生俱来的。不能敏感地捕捉语文的诗性，语文就会变得枯燥、干瘪，或者夸饰、矫情，成了沙滩上的楼阁。如果用美人作比，参透了诗性的语文，素面朝天也动人，诗性，原本就是因朴素而动人。而且，不怕考试。因为语文的诗性，本就是来自对语文本质的把握，对语文规律的融汇，对语文"进乎技矣"的提升。在这里，语文的"真"和"美"和谐统一。忽略了对语文诗性的把握，再怎么好的理念，也只不过是涂脂抹粉而已，更不用说有些名词概念本就是唬人。如有的老师所感慨的：书，越来越不知道怎么教了！

一滴水，在普通人眼中只是一滴水，而在一个物理学家的眼里，那就是一个力量集结在一起，而那力量突然释放时可以引起闪电；一块划了些平行线痕迹的圆岩石，对一个无知的人和一个知道一百万年前冰河曾在这岩石上滑过的地质学家，能激起同样多的诗意吗？这是赫伯特·斯宾塞说的。语文教学是不是也可以作如是观？谋篇命意，斟酌词语，琢磨细节乃至品味标点，都可以让语文人兴味盎然，情趣饱满。除此之外，还有什么更重要的吗？

语文教育的"技"和"道"

那天上午，正在阅览室看书，春日的阳光从窗外照进来，暖意融融。忽然收到南京C兄的短信："近期有两篇文章刊出，不可不读……"接下来他发来两篇大作的篇名以及刊物名称。虽然话语半是调侃半是幽默，但我知道，C兄是一个坦诚且严肃的人，这两篇文章一定是他的得意之作。于是，我对那两本杂志充满了期待。

几天以后，我读到了那两篇"不可不读"的大作。果然，洋洋洒洒，酣畅淋漓。一篇是谈语文教师的哲学素养，一篇是谈中西古今的文化借鉴，清晰明快之中见出厚重学养，侃侃而谈之余透出真知灼见。C兄的两篇文章之所以好，就好在超出了一般的教学"技艺"层面，而进入了语文教师专业修炼的"道"的范畴。

中国自古就有文史哲不分家的传统，通本语文教材可以说几乎就是文史哲的"大杂烩"。要想成为一名优秀的语文教师，没有一定的哲学素养和文化意识，那是很难想象的。说实话，在中学教学专业刊物上，这样的文章很少读到，不啻凤毛麟角。平时我们见得太多的，是一些从头到尾通篇正确却往往空洞乏味的议论，是一些看似拿起就能用却知其然未必知其所以然的案例，是一些板着面孔、端着架子传布的所谓技巧和招数，可就是很少见到作者的思想、情感、学识，很少见到作者解读作品时演绎出来的活生生的人的灵魂和情怀，很少见到作者和作品对话时抑制不住的悲喜或者感动……一句话，我们的文章太像八股味十足的论文了，太有居高临下的架势了，太重细枝末节的实用技巧了，而在不知不觉中失去了自我，失去了个性，也失去了语文教育论文本不该少也绝不可少的"教育味"。

说起"教育味"，这是我生造的词。无非是说，从你的文章中，能够更多地感受到你的教育情怀、教育感悟、教育艺术，或者往高的方面说，能够看到你的教育"思想"（别把"思想"看得太神圣，哪怕是有那么一点思想的火花或萌芽也好）。教育，说到底，是一门关于"人"的学问；语文，更是和人性、人情息息相关。既是关于"人"的学问，在总结教育规律、教育经验的文章中，怎么能看不到"人"的影子而只有"技术"层面的东西呢？换言之，对于教育而言，"道"远比"技"重要得多！这样说，绝非要贬低"技"，相反，在教学的实践层面，"技"是需要的，不仅需要，而且不可或缺。但是，这里的"技"只应该是通向教育之"道"的路径，而不应该成为教育的全部或者终极。止于"技"而不走向"道"，永远到达不了理想的教育境界。既然如此，作为提炼、传布教育经验为旨归的论文写作，是不是应该更多地着眼于"道"的总结，而不是仅仅作些"技术"层面的概括呢？

也许有人会说，对于教学经验尚缺的青年教师而言，你能否认技术操作层面指导的必要吗？是的，对于青年教师而言，的确需要教学技艺的提高和操练，但是在我看来，也恰恰是青年教师，尤其需要给予正确的专业发展路径的指导。一味地强调教学技巧的重要，很容易在他们初上征程时就患上"短视"的毛病，说得极端一点，无异于被引上专业发展的歧途。青年教师教学技艺的提高，更多地依赖实践中的摸爬滚打，那种被课堂实践打磨得血肉模糊的过程，其实是任何人都无法超越的必经阶段。试图概括出几条放之四海而皆准的"几步几式"教学法或者教学公式以一劳永逸，是很难经得起实践检验的，这样的捷径其实也是没有的。青年教师专业修炼的根本路径还是在于，扎扎实实地读几本书，把学科的、教育素养方面的基础打得牢固些，再经过一段教学实践的认真砥砺和艰苦打磨，真正把学生看作人，以人的眼光和情怀走进教育生活，把教育过程看作以生命发现生命、以心灵撞击心灵的过程，他们的专业成长之路才会越走越宽。

说到此，忽然想到和另一位同行朋友的对话。一次学术活动中，我问这位写过不少东西的同行朋友："最近有什么大作？"谁知这位业已身居"特级"的仁兄却说："好久不写那些所谓的教学论文了，现在看看过去的文章，味同嚼蜡，惨不忍睹。"对此，我们可以理解为他的谦虚，也可以看作其水平提升之后对自己的苛求，但是或许他说的却也是实话或者至少部分地道出了些实情。再回过来看C兄的那两篇文章，越发觉出他的可贵，内容上确实是其教学思想和教育方法的精练总结，充满了辩证的理趣和逻辑的魅力，反复涵泳，启迪多多；形式上也别具一格，文风活泼，十分好读。我真的想由衷地说一句：嘻，进乎技矣！

当然，不是所有的文章都要或者说都能写得情理兼备、隽永活泼，也不是说规范刻板的论文腔调就一无是处。文章的质量，关键还在内容。本文无非想建议大家同时也警戒自己，还是静下心来，老老实实地做点能有益于语文学科建设和发展的工作，多给青年教师一些思想方法和教育素养方面的引导，不作或少作那些"不读白不读，读了也白读"之类的"教八股"文章。文风，其实关乎的是学风！

创造型教师有哪些特征

多年前，为一篇有关教师创造性的研究论文搜集资料，我四处奔波，翻箱倒柜，试图能找到一些可资参考的文献。可是，我失望了。除了一本日本学者恩田彰编撰的《创造性心理学——创造的理论和方法》，此外一无所获。我的经验和直觉告诉我：不是所有人刻苦训练都能成为郎平，不是所有人通过努力就能成为吴雁泽。行行出状元，行行也都有自己的职业标准和职业禀赋。那么，教师呢？除了教师职业道德要求的那些思想品质，教师职业还应该有自己特殊的要求、条件和特质吗？可惜，我们的教育学没有给出令人信服的回答。

教育学的这一缺失绝非小事。譬如，怎样的人适合从事教师职业？当然，并非绝对，但至少有一部分人可以因为这个标准不致入错行、走错门。同时，已经加入教师行列的人，可以因为有了这个标准而主动调整、积极修炼，向着一个优秀教师的方向努力进取，从而大大缩短成长和成熟的时间。更为重要的是，一大批已经成长和相对成熟的教师，如果因为有了一个可资参考借鉴的创造性教师评价量表（当然，教学工作的特殊性决定了它没有绝对标准），或许可以在专业发展道路上百尺竿头更进一步，领略到更为美好的教育风景和境界。近些年，教师培训受到空前重视，专业发展也被提上议事日程，形形色色的教师成长读本（大多是个案）也日益丰富，这是一种进步。但是，教学的创造问题似乎仍然付诸阙如。

其实，成功的教学背后，一定潜藏着教师的创造意识和创造能力。我们常常听到对不成功课堂的一种批评和责难：照搬教学参考书。是的，照搬教学参考书肯定不会成为成功的教学，可惜我们往往将之视作工作态度和责任心问题，而很少去分析深层根源。这个深层根源往往是创造意识的淡薄或者缺失。换言之，只要教师有了创造意识，学会对教学内容做一些加工处理的方法技巧，创造性地把学习内容转换成一个个问题，再调动学生解决问题或者自己去主动发现问题，课堂教学就会提升一个层次。这里没有什么千篇一律的课堂教学的成功公式或者秘诀，因为学生是个性纷呈的，课堂机遇是千变万化的，但是应该有一些共通的原则和方法可资借鉴。这就是教育教学规律。

关于教师的教学创造意识和创造能力，创造学者恩田彰认为："有创造性的教师，能够发现普通人不注意的、容易忽略的问题。同时能够进行创造性教学，即在课堂教学中下了新功夫，即使是同样的教材，也能采用不同的新教法，把各种教材重新组合来进行教学。"恩田彰还曾在书中引用一份美国创造性教师自我评价的十二条标准。概括地说，这些标准包括如下几点内容。

1. 思维应具有灵活性、开放性，能够制订灵活有余地的方案，能够进行开放的思考。

2. 尊重学生的独创性，培养学生独立自主的能力，注意培养学生的自发性、主动性。

3. 重视学生创造的过程，把有创造性的学生看作有希望的学生。

除以上三个方面之外，我想还可以补充一些。第一，和谐的教学氛围。和谐课堂氛围的营造关键靠教师，学生的被激发和唤醒也主要靠教师。因此，教师的教育素养就显得格外重要。要有爱心。教师必须有真诚无私的爱，才能全身心投入教育创造中去。我甚至认为，教师之爱首先就是表现在课堂上。要民主。民主是创造性教学的重要标志。教师只有以平等的人格进行教育教学，才会循循善诱，入情入理；才会不仅教授知识，而且关注人的感情、思想，注意心灵的沟通、情感的共鸣。那种大家长式的粗暴、官僚式的冷漠、师爷式的专横都与成功的教学创造无缘，也势必扼杀和窒息教育艺术美的生命！教师必须把学生当作一个个活生生的、成长中的人，而不是知识容器或者机械产品，才能张扬创造的风帆，以心灵唤醒心灵，以智慧启迪智慧，以人格滋养人格。要充分尊重学生，确立学生的主体地位，否则，势必死水一潭。第二，节奏感。在充分调动学生主体地位的基础上，教师要注意把握课堂的教学节奏，以节奏原则安排课堂教学结构。譬如，用简洁、精彩的开场白，以激发兴趣。通过讲解讨论等手段，使学生保持较高程度的心理紧张，以集中的注意力和兴奋活跃的思维，接受理解高负荷、高密度的教学内容，以取得规定时间内的最佳效益。第三，流畅。教学设计必须是一个有机的整体，是一个优化的结构。整个课堂流程应该是流畅的。这个流畅是指整个课堂环节的流程结构，而不是指问题的讨论和解决。解决问题当然可以有反复、有停滞甚至失败，但总体设计在逻辑上不能颠三倒四，不能轻重失序，不能随意中断学生的思维过程。常常见到有老师武断地打断学生的思路，硬插进自己一厢情愿的所谓"设计"，这样的结果往往令课堂支离破碎、思维阻断、气氛压抑，因而失去创造的最佳氛围和机遇。

教师的劳动成为创造的过程，一般地说，要受制于两个因素：一是高度的责任心，二是具有创造的意识、禀赋和才能。具有高度的责任感和事业心，才会呕心沥血、殚精竭虑地投入创造。像一位优秀教师所说："这一节课我准备了一生，而且一般地说，对每堂课，我都用了一生的时间来准备。"这"台上十分钟，台下一生功"，可以说是所有优秀教师的共同特点。但问题还不止于此，那就是优秀的教师还必须具有创造的意识、禀赋和才能。

应该承认，长期以来，我们对教师的主体素质研究得是不够的。忽视教师的主体素质研究，必然导致主体素质的匮乏，而主体素质的匮乏必然弱化教师的创造能力，创造能力的萎缩也必然影响教师劳动的成功体验。教师若长期缺乏成功体验，必然降低劳动热情，增加受挫感受，这无论是对教师自己还是对教育事业，都是十分不利的。

伟大事物的魅力

第一次看见"伟大事物的魅力"这一说法，是在帕克·帕尔默的著作《教学勇气——漫步教师心灵》中，但没留下太深刻的印象。2005 年书一出来，大夏书系就给我寄了一本。说实话，该书初出时，没有产生太大的反响。我仔细阅读之后，印象比较深的内容，是有关教师如何注意来自内心声音的话题，教师不能单纯靠外在的行政权威震慑学生，教学权威和威信来自教师的内在生命，要通过倾听自己的内心，将心灵融入教学来增加教学威信。记得在编选《什么是真正的教育——50 位大师论教育》时，我还选了该书"教师的心灵"中的一段文字，收入"教师职业幸福的秘密"一辑中。

再次引起我注意的是在中华教育改进会 2019 年北京年会上，我遇到了《教学勇气——漫步教师心灵》的翻译者、北京师范大学的吴国珍教授。吴教授热心地向我介绍了她们的"教学勇气读书会"，我才知道，原来帕克·帕尔默在这里有如此众多的"粉丝"。会后不久，我在网上读到了吴老师与帕克·帕尔默的访谈录，其中有一段对话引起了我的注意。

吴：大家就对于您的"伟大事物的魅力""教室的主体是第三事物"这个话题特别有兴趣。大家对于"第三事物"到底是什么会有很多不同的观点。老师们就按照他们自己的经验来理解，是不是课堂里的一个挑战性的问题，是不是一个学生学习的思维框架，是不是一个比较神秘的东西。大家就各种不同的角度在讨论。

帕：是的，我能理解。所以这个问题关乎的其实是我对于"伟大事物的魅力"的定义，以及什么是伟大事物，教师又该怎样去理解。我认为我能给出的最简单、最直白的答案就是，在我看来，伟大事物就是学科本身，就是我们正在学习的学科本身。所以，如果是文学，那么它的伟大之处就是人类的想象力，以及还在原始时代就能将其转化为故事的能力；如果是天文学，那么它的伟大之处就是宇宙是如何构建的，又是如何运行的，还有所有与之相关的神秘之处。我用"伟大事物"这一概念，是想要表达每一种学习共同体中，或者每一间教室中，都有一个需要阐明的中心。

在接下来的访谈中，帕尔默还非常明确地指出，学科本身也是一种存在，也拥有自己的声音。我们应该去尊重这个存在、这个声音，就像我们尊重他人一样。只有通过这种尊重才能理解我们学习的学科，才能在它应该被发掘的深度上有所领悟。我们应该把学科想象成空间里的第三者，学生，教师，学科，三位一体。试着去关注学科的价值，它值得被尊重的价值，那么你就有了去理解"伟大事物""伟大事物的魅力"这些概念的基础。读到这里，我真的非常兴奋，有高山流水如遇知音之感，精神顿时为之一振。

多年来，在教育美学的研究过程中，我一直把"学科（知识）的魅力"作为构建教育美学框架的重要维度之一。在我编选的教育美学读本《什么是真正的教育——50位大师论教育》（2010年）中，"知识的魅力"就已经是非常醒目的一个专辑；在之后出版的专著《教育美学十讲》（2015年）中，我同样也把"知识之美"作为专门一讲。这里的"知识之美"，我都是作为"学科魅力"的同义语在使用。之所以用"知识"而不用"学科"，是我以为完美的学科魅力应该包括知识和教学艺术两个层面，知识的魅力和教学艺术的魅力需要分别用两个章节来表达；同时，也是为了着意强调"知识"的特殊价值。在我看来，当下教师专业发展的一个误区，就是对学科知识重要性的严重忽视。我之所以产生这样的认识，一方面源于自己多年的教学感悟，另一方面也是直接受到了蔡元培学科美育思想和斯宾塞教育思想的双重启迪。但是，启迪毕竟只是启迪，那只是我的个人感悟，无论是斯宾塞还是蔡元培，都没有明确对"学科魅力"或者"知识魅力"有过充分鲜明的言说。由此可见，当我读到帕尔默的这段直接宣示"学科魅力"的话语，是多么高兴和兴奋！

于是，我赶紧打开尘封中的帕尔默，寻找有关"伟大事物的魅力"的章节读了起来。主要有两处，一处是第一章第五节"铸造我们的学科"，一处是第四章第四节"伟大事物的魅力"。

在"铸造我们的学科"中，帕尔默说，不仅我们教师找到了学科，学科也铸造了我们教师。教师在遇到所教学科之前，自我意识只是处于潜伏状态，教师需要通过学科来唤醒自我意识，找回教学心灵。显然，在这里，作者是把铸造学科放在如何寻找教学心灵的话题之下。作者的这个观点很新鲜，很可惜，我感觉接下来的阐述不够充分。它的意思可能是说，作者要用自己的整个心灵去和学科知识相遇、对话、契合，同时也要在学科教学过程中，不断丰富、充实、拓展自己的心灵或者说生命感悟，从而让学科教学滋养、丰富自己的生命。

在阅读"伟大事物的魅力"一节时，我遇到了一个不小的麻烦。帕尔默是这样定义伟大事物的：

> 我所指的伟大事物，是求知者永远聚集其周围的主体——不是研究这些主体的学科，也不是关于它们的课本或解释它们的理论，而是这些视为主体的事物本身。

> 我所指的是生物学的基因和生态系统、哲学和神学的隐喻和参照系、文学素材中背叛与宽恕以及爱与失的原型。我所指的是人类学的人为现象和族裔，工程学的原料的限制和潜能，管理学的系统逻辑，音乐和艺术的形状和颜色，历史学的奇特和模式，以及法学领域里难以捉摸的正义观等。[①]

作者说得很明白，"伟大事物"不是学科本身，也不是课本或解释它们的理论，而在前述和吴教授的访谈对话中，帕尔默也说得十分明确，伟大事物就

[①] 帕克·帕尔默：《教学勇气——漫步教师心灵》，吴国珍、余巍等译，华东师范大学出版社 2005 年版，第 107 页。

是学科本身，就是我们正在学习的学科本身。那么，到底哪个才是作者的本意呢？我专门打电话向吴国珍教授求教，吴老师说访谈时的话语，因为是即兴发言，所以可能不够严谨，应该以著作中的表述为准。这个说法有道理，但似乎还不能完全说服我，因为这是一个关键问题，关乎对作者观点如何理解，回答者应该会十分慎重，不大会信口随便一说。我怀疑是著作翻译有误。恰在这时，《教学勇气——漫步教师心灵》的新译本 20 周年纪念版问世，翻译者是方彤教授。关于伟大事物，新的译本是这样说的：这里所说的"伟大事物"，是求知者永远聚集其周围的主体——不是研究这些主体的学科，不是评述这些主体的文本，也不是解说这些主体的理论，而是被视为主体的事物本身。

这个译文中，第二个"不是"句用"文本"代替"课本"，且加"评述"二字，是让我满意的地方，但第一个"不是"句的"学科"仍然令我迷惑，它仍然与作者接受访谈时的话语有矛盾。到底是此处翻译有误，还是作者在访谈对话时表达不够严谨？只能存疑了。

但有一点我是搞清楚了。在帕尔默的语境中，学科魅力，即使不是所谓"伟大事物"的全部，但也是"伟大事物"中最基本、最核心、最本质的那一部分。它不是我们通常理解的具体知识点，而是构成学科独特价值和灵魂的那一部分，是学科这一"伟大事物"的独具魅力之处。而在我们很多人那里，对学科的伟大魅力又是何等地轻视和疏忽啊！

热爱你的学科吧！让你的心灵融入学科，同时也让学科丰盈你的生命。职业幸福感的水平，与你对学科理解的深度、广度、厚度密切相关。

学科之美在哪儿迷失

教师在课堂教学中的责任，就是要通过讲述、讨论和师生活动，带领学生一起欣赏和领略学科之美；一旦师生一起走进了学科内部的知识迷宫，沉醉于绚丽斑斓的知识魅力之中，如前所述，教学效果自然水到渠成。但是，走进我们的课堂，有的课会让你流连忘返，也有的课却常常令人兴味索然，如同嚼蜡。根源何在？学科之美到底在哪儿迷失？

歧路之一：急功近利的庸俗教学观

我们很多教师之所以忽略了学科之美，不是缺少发现的眼光和能力，而是被急功近利的庸俗教学观遮住了双眼。如果教师教学中不是着力于发现和揭示学科魅力，而是仅仅把眼光停留在与考试相关的所谓"知识点"或"考点"上（请注意这里的两个关键词"仅仅""所谓"），势必会割裂知识的内在联系，破坏知识的内在逻辑，导致知识支离破碎，那样的教学往往会做出煞风景之事。教学中的功利必不可少。既然要考试，那么教学就当然要抓"知识点""考点"，这一点应当理直气壮、理所当然。但是，急功近利则不好，知识点之间的内在联系，知识内部的网络和逻辑关系，知识点的来龙去脉，"知识点""考点"之外更为广阔的知识空间，还有那些附着在"知识"本身之上的情绪、情感、情怀，即人们常说的知识的体温，等等，教师都必须弄清楚，必须心中有数，心里有底。有数了，有底了，你讲起那些知识点来，才会得心应手，才能追本溯源，才容易有神来之笔，才会发掘和发散出知识本就含有的内在魅力。我们应该确立怎样正确的教学观呢？如雅斯贝尔斯说的那样：

手工课以劳作方式发展学生的灵巧性。体育课则以学生身体素质的锻炼，以及身体的健美来表现自我生命。哲理课发展思想和精神的敏锐和透明，培养说话的清晰和简明、表达的严格与简洁，把握事物的形式、特征，了解思想争论双方的焦点所在，以及如何运"思"而使问题得以澄清。接触伟大作品而对人类本真精神内涵进行把握（伟大作品包括：《荷马史诗》、《圣经》、希腊悲剧作家的作品、莎士比亚和歌德的作品）。而历史课的教学则是发展学生对古代文化的虔敬爱戴之心，启发他们为了人类更高的目标而奋斗，并形成对现实批判的清醒历史观。自然科学课的开设，则是掌握自然科学认识的基本方法论（包括形态学、数学观和实验）。[①]

雅斯贝尔斯在这里强调的，正是属于学科教学的本质内容，其实也正好揭示了学科魅力的大致要旨。在此宏阔的教学视野之下，再去审视我们教学的着力点，确立一个一个的知识点及其内在联系，我们的教学会呈现一个崭新局面。

歧路之二：专业素养不够扎实深厚

发现需要"眼力"。"眼力"从何而来？当然，首先是深厚、扎实的专业素养。没有深厚、扎实的专业素养，一切都无从谈起。我想到了苏霍姆林斯基的一段话：

教育素养是由什么构成的呢？这首先是指教师对自己所教的学科要有深刻的知识。我们认为很重要的一点是，教师在学校里教的是科学基础学科，他应当能够分辨清楚这门科学上的最复杂的问题，能够分辨清楚那些处于科学思想的前沿的问题。如果你教的是物理，那么你就应当对基本粒子有所了解，懂得

---

① 杨斌：《什么是真正的教育——50位大师论教育》，福建教育出版社2010年版，第30页。

一点场论，能够哪怕是粗略地设想出将来的能源发展的前景。教生物的教师则需要懂得遗传学发展的历史和现状，熟悉生命起源的各种理论，知识细胞内部发生的系列化过程。教育素养就是由此开始并在此建立起来的。可能会有人反驳说：为什么教师要懂得那些课堂上并不学习的东西以及那些跟中学所学的教材没有直接联系的东西呢？这是因为：关于学校教学大纲的知识对于教师来说，应当只是他的知识视野中的起码常识。只有当教师的知识视野比学校教学大纲宽广得无可比拟的时候，教师才能成为教育过程的真正的能手、艺术家和诗人。[1]

由此想到教师专业发展的路径和方向，想到近年来国家高度重视、社会上十分风行的教师培训活动。我想，最有效果的培训，莫过于创造条件，让青年教师认真读点书，扎扎实实地做些为自己的专业夯实根基的事。这些扎实的专业根基，是帮助他们提升"眼力"最为重要、最为迫切的事。学科专业书籍之外，还要拓宽阅读渠道，扩大视野。譬如文科教师，早就有人倡导要做"杂家"，文史哲三家都得有所涉猎，触类旁通；譬如理科教师，不妨了解点科学美的有关知识，诸如数学的内在生命、宇宙的自然秩序、生命的曲线等。

"且夫水之积也不厚，则其负大舟也无力。覆杯水于坳堂之上，则芥为之舟；置杯焉则胶，水浅而舟大也。风之积也不厚，则其负大翼也无力，故九万里，则风斯在下矣，而后乃今培风。"庄子《逍遥游》说的是人生之道，其实也可视作教师专业发展之路径。

歧路之三：少了一点创造的意识和激情

当然，首先是"发现"。如前所说，庸俗的教学观会遮蔽教师发现美的眼睛，学养不够深厚会制约教师发现美的能力，但是知识之美不仅在于发现，还要创造。创造合宜的教学情境，创造和谐的教学氛围，创造让孩子眼睛一亮、豁然顿悟的教学契机……没有教学创造的课堂，必然缺乏生机，知识之美也会黯然失色。苏联著名教育家、曾担任全苏教师创造协会理事长的阿莫纳什维利

---

[1]　B.A. 苏霍姆林斯基：《给教师的建议》，杜殿坤译，教育科学出版社 1984 年版，第 412 页。

就常将教育与音乐相比，探讨使教育拥有像音乐一样丰富、细腻、动人心魄的表现形式。他认为当儿童真正的爱与完美的教育形式相结合之后，教育创造出来的就是自身的美！

阿莫纳什维利是合作教育学派的主要代表人物之一，是一位富于革新精神的学者，他提出了建立实事求是的师生关系的原则，认为在知识探索中，教师有时应当扮演与学生一样的求知者的角色，有时"健忘"，有时"犯错误"，提出与学生答案相反的论证，激起学生与教师辩论的愿望。在阿莫纳什维利的教学中，教师以这种方式为学生创造条件，让学生在与教师的交往中感到自己是与教师平等的伙伴，并从这种积极参与中获得认识的快乐、交往的快乐。阿莫纳什维利的创造意识和创造精神，是我们中小学教师的榜样。

我国当代教育学者中，北京师范大学的陈建翔教授是一位比较重视教育创造的学者。陈建翔在论述课堂教学节奏时，就有一段甚为精辟的分析：

以节奏原则掌握和驾驭学生身心状态及变化规律。掌握学生体力、情绪、智力方面的变化规律。以节奏原则安排课堂教学结构。一是要简洁、精彩的开场白，以激发兴趣。二是以讲解为手段显示教学内容的"第一手段"，使学生保持较高程度的心理紧张，以集中的注意和兴奋活跃的思维，接受理解高负荷、高密度的教学内容。三是以各种方法进一步展开第一主题的分析和阐发。以节奏原则实施课堂教学操作、语音语调提问等。以节奏原则启发潜在能力。[①]

首先是激发。教师通过各种问题的呈现形成新鲜刺激，使学生产生兴趣，增强兴奋，达到一定的心理紧张状态。其次是启发。在学生的思维处于活跃而无序状态的时候，教师要精心选择一两个重要的关键点作切中肯綮的点拨，启发学生的思维走向正确的方向。最后总结规律。力求总结出知识问题最简明的规律，让学生的心理紧张情绪转为有序、和谐、舒缓、平衡。可以说，优秀教师都是这样的教学创造高手。在许多优秀教师的教学实践中，我们都能找到这样的教学案例，这里就不作展开了。

---

① 陈建翔：《有一种美，叫教育——教育美学思想录》，四川教育出版社 2006 年版，第 236–237 页。

激发与唤醒

——作文教学之思

写作的过程应该是心灵震荡与思想跋涉的过程，一次写作就是一次精神探险：他总是在人迹罕至的戈壁中寻找风景，在无边无垠的大漠中寻找绿洲，是"心坎里唱出的歌"。

中小学语文教育的目标不是培养作家。但是，我们是否可以因此而降低中小学写作的意义和品位呢？是否就可以不顾学生的思想发展和精神活动，而美其名曰为技巧、方法、序列、体系或者什么也不是只是为写作而写作呢？答案是不言而喻的。多少年来，我们见到了太多的写作理论、写作技巧、写作体系，我们在中小学作文上下的功夫不可谓不多，但是结果如何呢？撇开个别的写作天才不谈，整体情况还是不能令人满意的。我们平时教学中着力训练的写作基本功，结果并没有明显奏效。高考作文中相当多的考生仍是字数不足，文体不合，篇章混乱，至于精神贫血，思想缺席，更是普遍存在的问题。有的几乎没有思想，纯粹是书写的排列与累加，读之如同嚼蜡；有的似乎有点儿思想，但细一琢磨，也只是充满一些大话、空话、官家话，没有自己独到的思考和体验。

问题的症结在哪儿呢？我以为，根源在于我们对作文的认识出了偏差。毛病出在学生身上，根子还在我们的作文教学，是对多年来我们的作文教学不重视精神和思想的惩罚。忽视作文的精神活动性质，必然培养不出思想丰富、精神健全的写作者。

事实上，只要是写作，就应该追求思想的含量与精神活动的品质。法国哲学家帕斯卡（Pascal）说："人是一根脆弱的会思想的芦苇，人的全部尊严就在于思想。"作为人的精神活动的象牙之塔——写作，全部的意义就在于思想。当然，我们这里所说的思想，不是要学生去"代圣人立言"，而是要表达自己的思想。对生活，对人生，对社会，对世界，中学生是有自己的"思想"需要表达的，只是因为缺少机会，才使他们的思想缺位。

曾经写作中的形式主义泛滥，这样的"条条"，那样的"框框"，这里是"高压"，那里是"禁区"，严重地束缚了学生个性的张扬、思想的自由、精神的发展。学生写作不能说自己的话、抒自己的情，更不能有自己的思想与精神；我们也曾从一个极端跳到另一个极端，打着重视基础、培养能力的幌子，让中小学的写作成为技法与技巧、体例与体式的操练场。作文与学生的思想发展、精神成长无关，只是一块敲开"升学之门"的分量不菲的砖而已。在这样的教育背景之下，还能奢望什么有思想的文章呢？出现大批的"八股"腔调、应试程式文章，不是很正常的吗？

追本溯源，一个必须正视的问题是：中学生写作的本质到底是什么？作文课到底应该如何培养和提高写作能力？

写作能力是一种潜能，等待着唤醒和激发。学生的内心应该有一种迫切的需要，那就是把积淀在他们心中对生活的观察、认识和感悟表达出来，这是儿童的一种天性。有时，学生无话可说，或者表达磕磕绊绊，那多是因为他们的心灵还在沉睡，激情还没有被唤醒。

常见到这样的现象：命题作文写得结结巴巴、乱七八糟的同学，在练笔、日记中却可以倾诉得委婉细腻、诚挚动人。这就提出了一个问题：我们的作文命题是不是远离了学生的生活和情感？我们的作文教学是不是没有唤醒学生沉睡的心灵，没有激发学生潜在的情感？如果我们硬要十几岁的花季少年板起面孔大写那些空洞的或者陌生的东西，那么，怎么能指望他们敞开心灵之门呢？叶圣陶先生早在20世纪30年代就说过："希望教师能够了解学生的生活，能够设身处地地想象学生内部的意思和情感，然后选写学生能够作的愿意作的题目给学生作。如果这样，教师出题目就等于唤起学生作文的动机……"应该承认，我们平时或考试，脱离学生的意思和情感，硬叫学生代圣人立言的作文题目实在太多了。久而久之，学生作文已经丧失了自己独立的话语，形成了僵化、单一的思维模式，一开口，一提笔，就是早就训练好的属于媒体、属于圣贤、属于社会而唯独不属于自己的千篇一律、千人一面的腔调。因此，唤醒学生的作文潜能首先应从改革命题开始，让学生说自己想说、愿说、会说的话，用贴近学生情感的作文命题去唤醒他们沉睡的心灵。

唤醒之外，还须激发。激发即是激发学生的写作动机，帮助学生寻找激情的"喷口"。应试教育下成长起来的学生，交往的圈子太窄，课外阅读太少，生活体验贫乏。心中无物，笔下怎能生花？因此，激发首先需要引进时代的"源头活水"，给学生增添写作素材。考察、访问、听报告、看展览都可以拓展学生的生活视野，教材、影视也是重要的写作资源。学习了《记念刘和珍君》，我指导学生写《我想为刘和珍塑像》，同学们创造出了一个个各具风采、血肉丰满的刘和珍形象，每一名同学都写得洋洋洒洒，激情洋溢。从阅读中寻找写作动机，也是一种激发。叶圣陶先生谓之"触发"："读书贵有新得，作文贵有新味，最重要的是触发的功夫。"教学诸子散文单元，我让学生选择诸子中的一位，精读他的若干篇文章，以"走近_____"为题，和这些大思想家对话；学习古代诗歌单元，我用同样的方法，让学生选择自己喜欢的一位诗人，以"我最崇拜的一位诗人"为题，跨越时空，走进这些著名诗人的内心世界。虽然学生的习作还难免稚嫩，但毕竟开启了他们的心灵之门，让他们学会从精神层面去思考和表达。

激发还可以通过充满激情、富于启迪的作前导语，创设情境，营造氛围，为贫乏的心灵注入感情的"酵母"。仅仅是冷冰冰的技术指导，不是激发。学习了《鸿门宴》，我让学生写"我看项羽……"，题目前有这样一段提示：有人说，阅读的最高境界是走进人物的内心，与书中的人物进行心灵的对话、情感的交流。千百年来，项羽的人生就一直是一个人们说不尽的话题。今天，请你走进项羽的世界，或景仰，或同情，或讥诮，或惋惜……多元的标准在提示中就已告诉同学，习作自然是各抒己见，异彩纷呈。

唤醒是春风，激发是清泉。即使心灵是一片荒漠，也会有绿草如茵。唤醒心灵、激发情感的作文教学，不仅仅是写作动机的激活、长期熏陶培养的结果，更增长了学生对美的感受力、发现力和创造力！

辑三

课例：追寻文字背后的意蕴

给《守财奴》当编导

优秀的小说总是在人物刻画上下了极大的功夫。人物的一举手、一投足、一个眼神、一句对话都烙上了鲜明的性格印记，折射出人物丰富而复杂的内心世界。语文教学的任务就是要引导学生去体味、去揣摩，从中获得一种发现和创造的愉快。在教学《守财奴》时，我就让学生着实过了一把瘾。

课堂上，我首先要求同学把课文中的人物对话当作剧本的台词，为人物对话加注提示人物心理的舞台说明。同时告诉大家，这些舞台说明加得是否恰当要展开讨论，经同学们讨论认可后，才能分角色朗读。这其实是让学生既当导演，又做演员。尤其是舞台说明，那其实是对人物内心世界切实的揣摩。用语分量不够，就会因火候不足而不到位；用语过了头，又会言过其实，也不准确。恰当的用语找到了，人物的心理也就揣摩得恰到好处了。经过我这一番"鼓励"，同学们热情高涨，摩拳擦掌，跃跃欲试。

片段一

一看见丈夫瞪着金子的眼光，葛朗台太太便叫起来：

（惊恐地）"上帝呀，救救我们！"

（疑惑地）"什么东西？"他拿着宝匣往窗前走去。

（吃惊地）"噢，是真金！金子！"

（贪婪地）"这么多的金子！有两斤重。啊！（恍然大悟、欣赏地）啊！查理把这个跟你换了美丽的金洋，是不是？为什么不早告诉我？这交易划得来，小乖乖！你真是我的女儿，我明白了。"

这段对话的讨论比较顺利，大家对人物的认识很快达成了一致。但对两个"啊"应如何读，产生了分歧。多数同学是大而化之地一律用"吃惊"或"贪婪"，也有同学提出，这段话包含两层意思，以两个"啊"字中间为界，前一个"啊"字表现出人物的贪婪，是乍一发现这么多金子的惊叹，后一个"啊"字则是对女儿的误解，以为是女儿跟查理达成的交易，用自己的储蓄换来了这么多的金子，所以说"你真是我的女儿"。这个"我"字是要带重音的。经过这么一番激烈的争论、比较，意见达成一致，从第二个"啊"字开始，语气应该是"恍然大悟、欣赏地"。

片段二

欧也妮四肢发抖。老头儿接着说：

（困惑地）"不是吗，这是查理的东西？"

（紧张地）"是的，父亲，不是我的。这匣子是神圣不可侵犯的，是寄存的东西。"

（理直气壮地）"咄，咄，咄，咄！他拿了你的家私，正应该补偿你。"

（不满地）"父亲……"

（老家伙想掏出刀子撬，欧也妮和他抢夺。欧也妮跪下，爬到父亲身旁，高举着两手，嚷道——）

（恳求地）"父亲，父亲，看在圣母面上，看在十字架上的基督面上，看在所有的圣灵面上，看在你灵魂得救面上，看在我的性命面上，你不要动它！这口梳妆匣不是你的，也不是我的，是一个受难的亲属的，他托我保管，我得原封不动的还他。"

（蛮不讲理地）"为什么拿来看呢，要是寄存的话？看比动手更要不得。"

（苦苦哀求地）"父亲，不能动呀，你教我见不得人啦！父亲，听见了没有？"

（绝望地）"父亲！"

这一段对话的难点，在于对欧也妮感情层次的把握。有的同学一开始就给欧也妮定了个"悲痛地""苦苦哀求地"的基调，这样一步到位，到了后面就无词可用了，而且显不出感情发展的层次，在朗读表演时就容易"过火"。于是，大家就在这感情发展的层次上讨论了起来。经过一番比较，大家认识到欧也妮的感情是在葛朗台步步紧逼之下逐步升温，由紧张、不满到恳求、苦苦哀求，直到"绝望地"拿起了刀子。在准确地理解了人物感情之后，学生朗读起来，就收到了非常好的效果。"演员"对葛朗台的贪婪、蛮横，欧也妮的善良、正直、忠于爱情的性格特征表演得非常到位，赢得了同学们热烈的掌声。

片段三

（冷漠地）"怎么样？"葛朗台冷笑着，静静地说。

（绝望、坚决地）"父亲，你的刀把金子碰掉一点，我就用这刀结果我的性命。你已经把母亲害到只剩一口气，你还要杀死你的女儿。好吧，大家拼掉算了！"

（葛朗台把刀子对着梳妆匣，望着女儿，迟疑不决。）

（试探地）"你敢吗，欧也妮？"他说。

面对手里抓着刀子的欧也妮，葛朗台会有何表现？该怎样说出"怎么样"这三个字？课文告诉我们是冷笑着，静静地说。这是一种怎样的心态？应该作怎样的揭示？有的同学说用"疑惑"，意思是你真的会自杀吗？但马上有同学发现，这是下文的内容；有的同学提出用"冷酷"，但又有人不同意：葛朗台最终并没有让女儿去死啊，似乎也不会真的让女儿去死，用"冷酷"有点"过头"了。一番唇枪舌剑之后，有同学小心翼翼地提出"冷漠"。我没有立即肯定，而是让大家讨论，结果是都说"冷漠"好。冷漠，不带一点人情味。它的潜台词是："你想干什么？"当欧也妮明白无误地告诉对方，她的生命将和梳妆匣同在时，葛朗台问："你敢吗，欧也妮？"这句话应该怎么问呢？课堂上又是一番七嘴八舌。一个同学选中了"试探"，并且解释说，老葛朗台是在权衡得失，是在拿女儿的生命和金子作最后的比较。"试探"准确地道出了葛朗台此时的微妙心态。

一节课就这样在轻松愉快的讨论中结束了，师生都沉浸在一种成功的氛围中。那一个个词语的斟酌、比较，其实就是对人物心理的一次次揣摩，是与人物心理的一次次沟通。正如朱光潜所说："在表面上像只是斟酌文字的分量，在实际上就是调整思想和情感。"这里有两方面的快乐：一是与作品中人物沟通的快乐，即走进人物心灵的快乐。阅读文学作品，如果与人物的思想感情始终处在"隔"的状态，那就谈不上阅读的愉快。没有会心，哪来的愉快呢？二是学习取得成功的快乐。那一个个词语的寻找，也是一次次艰苦的学习过程。一旦找到更为确切的词语，找到了人物准确的心理状态，那种发现的喜悦是其他人难以体味的。

"闲话不闲"的夫妻夜话

名家之所以是名家，就因为名家的作品经得起推敲，耐得住咀嚼，在许多看似平淡、不经意的地方，仔细琢磨，也会发现自有其不同凡响之处。放过这些地方，是对教材资源的一种浪费。毕竟，那是教材编写者从浩如烟海的作品中"千淘万漉"筛选出来的；毕竟，那字字句句都凝聚着作家的心血。

孙犁先生的《荷花淀》是传统名篇。每次教学，教师都是把重点放在几个被人们交口赞誉的经典之处："把一个手指放在嘴里吮了一下"的典型细节，四个青年女人各具情态的精彩对话，"哗，哗，哗。"和"哗哗，哗哗，哗哗哗！"别有深意的前后对比，荷花淀景色描写的丰富内涵……这一次，我还是照例重点准备了这些内容走进教室。一阵书声琅琅之后，开始讨论问题。没想到，一开始就出现了分歧，问题出在对那段夫妻对话的理解上。

女人抬头笑着问："今天怎么回来得这么晚？"站起来要去端饭。

水生坐在台阶上说："吃过饭了，你不要去拿。"

女人就又坐在席子上。她望着丈夫的脸，她看出他的脸有些红涨，说话也有些气喘。她问："他们几个哩？"

水生说："还在区上。爹哩？"

"睡了。"

"小华哩？"

"和他爷爷去收了半天虾篓，早就睡了。他们几个为什么还不回来？"

水生笑了一下。女人看出他笑得不像平常。"怎么了，你？"

有同学提出，这是一段"闲话"，和下文关系不大，可有可无。但有同学不同意，认为这是对下文必要的铺垫。说实话，我以前上课，对这段话也没有引起重视，分析往往是从下面"吮手指"的精彩动作开始的。现在同学中出现了分歧意见，不能不重视一下。我没有简单的表态，或许这里蕴藏着创造的契机。再说，文学作品的教学可以轻松些、随意些。譬如登山看风景，不必一鼓作气直上山顶。哪里有好看的风景，就在哪里多停一会儿。

我让大家先认真地读一读，看能否"读"出点什么味道来，没有。再让大家分角色读，还是没有。于是，我启发道："大家看水生嫂是怎么问的？为什么这么问？"我的话题一抛出，大家就七嘴八舌地议论开了。有同学说，水生嫂最关心的问题是水生回来别人为什么没有回来，她开始提出的问题是："他们几个哩？"说了半天，在没有得到水生的明确答复之后，还要穷追不舍地问："他们几个为什么还不回来？"水生嫂是绕了一圈又绕了回来，逼着水生一定要回答这个问题。说得真好，我及时地予以表扬："水生嫂真是一个高明的谈判专家。不管水生怎么绕，水生嫂就是不依不饶，最终还是绕到了起点。"并且随手在黑板上画了一个大大的圆。教室响起了一片笑声。我接着问："水生又是怎么答的？为什么这么答？"有同学说，水生对水生嫂的回答，躲躲闪闪，像是有难言之隐，有意在转移话题。说得也很好。我鼓励大家再进一步讨论："水生为什么躲躲闪闪，转移话题？水生嫂又为什么反复追问他们的去向呢？"大家又围绕这个问题展开讨论。有的说水生不敢说。有的说水生想瞒着妻子。有的说他心里有顾虑，家中有老有小，自己走了，叫妻子一个人怎么办呢？有的说他或许还有担心，担心妻子会不会拖后腿？可以说，水生的答非所问中包含着丈夫对家庭的责任和关心。水生嫂又为什么刨根究底地问呢？或许是水生嫂对形势吃紧的风声有所耳闻，想从丈夫口中得到证实，或许是水生嫂担心丈夫因为顾念家庭而成为落后分子。总之，水生嫂人在小院，心早已想到了抗日的大事。从她不依不饶地追问中我们正可看出人物宽广、丰富的内心世界。这就为下文水生嫂识大体、顾大局、支持丈夫参军乃至在冬天配合子弟兵作战的一系列举动作了有力的铺垫。"由此可见，闲话不闲。看似闲话一段，实则泄露出人物心灵的无限'春光'。"我适时地为这段讨论作了小结。

一个小插曲过去了，我们继续赶路。有了这段意料之外的讨论，课堂气氛活跃了许多，下面的讨论也来得非常顺畅。课后我曾经想，对文学作品的欣赏，是不是也可以化用一下罗丹的那句名言，"美无处不在，不是缺少美，而是缺少发现美的眼睛"。在语文课堂上，牵强附会式的分析当然不好，粗枝大叶、走马观花式的阅读也未必妥当，尤其是对名家作品。因为舍弃了这些，提高学生的语言鉴赏能力从哪儿着手呢？始终不敢忘记的是一位著名作家的话："我不是蘸着墨水写作，而是蘸着自己的血肉在写作。"

《边城》余韵

　　两节课的《边城》已近尾声，只剩小结《边城》题目的几重意义就可结束了。备课时，我就琢磨过怎样来讲"边城"的含义更好。按照预先想好的思路，我不动声色地抛出了让大家都有些意外的问题：请同学们为沈从文的《边城》重新命名。课堂上顿时活跃起来，前后左右，七嘴八舌。几分钟以后，请每个讨论小组汇报一个最好的题目。于是，一个个"边城"新版本诞生了。我在黑板上迅速地写着——

　　《翠翠》《期望》《心渡》《桃源》《船歌》《情殇》《虎耳草》《镜中城》《涩之情》《湘西情》《夜半歌声》《那山那水》《倾城之恋》《成长的烦恼》《山那边的歌》《翠翠的爱情故事》《歌声中的虎耳草》《一个女人和两个男人的故事》……

　　发言开始了。每个小组派代表说理由，并且请大家参与评论。"小翠传奇"，调皮鬼的发言引来了一阵哄堂大笑。"有传奇吗？"我反问他，"这名字有点像武侠小说"。又是一阵阵善意的笑声。之后，又出现了类似的名字。有了我前面的评论，同学们很快作出评判："'涩之情'范围太窄，没有体现出沈从文的创作意图。再说，这情也未必就'涩'呀！""'夜半歌声'太恐怖，像谋杀案题材的名字。"又是一阵笑声。"'一个女人和两个男人的故事'有点地摊文学的味道，趣味不高。"一个同学报出了"情殇"的名字，我不失时机地问了一句："这'殇'是什么意思啊？"那位命题者一时语塞。有同学解释道："未成年而夭折叫殇。""解释得很好。可是，小翠没有为情而死呀？"我继续质疑。有读过《边城》全书的同学说："老大天保死了呀！"但立即就有人反驳道："他是偶然落水而死，不是殉情而死。"说得真好。我立即表扬这位看书很细的同学。课堂上"批判"的氛围越来越浓了，而且，有的"批判"还挺有水平。

一阵很浓的火药味之后，我换了一个讨论的角度："请大家评出几个好题目，可以吗？"于是，我提出了好题目的几个标准：贴题，能概括最重要的情节，涵盖故事主要内容；新颖，有吸引力；含蓄，有比较深刻的内涵，能从一个角度揭示主题。经过一番酝酿，新一轮讨论又开始了。首先，有同学推荐了"成长的烦恼"。理由很简单，小说写的就是翠翠成长的故事。说完之后，很多同学不赞成。理由是虽然写了"烦恼"，但不属于成长的烦恼，小说没有以"成长"为主线来结构故事。"说得有理"，我及时给予表扬。又一位同学提出"湘西情"，理由是点明了故事发生的地点，很醒目。他还引经据典，用鲁迅的《故乡》来证明。反对者则嫌其太"实"了。有一位推选了"镜中城"，理由是小说写的是作者理想中的地方，在现实生活中找不到这样人情淳朴、真诚、善良的地方。好家伙，把我在前节课讲的内容给"活学活用"了。不少同学附和赞成。又一位同学提出"那山那水"。理由是"那"字有意味，表明作者对那一片美好山水尤其是美好人情的崇敬、向往和仰慕，意味深长。"那山那水"也获得了很多同学的喝彩。还有很多同学看好"虎耳草""歌声中的虎耳草"这两个名字。为什么呢？又经过一番讨论，大家认为，在翠翠和傩送的爱情故事中，"虎耳草"有着重要的地位和作用，是美好爱情的象征。每当翠翠的心中涌起对幸福的憧憬，就会提到"虎耳草"，这有"以虚代实"的作用。而且，很多文学作品会用具体的事物来隐喻，可以让读者产生联想，还举了《雷雨》来佐证。呵！说得真不错，大家用掌声给予鼓励。最后，大家进行票决。好题目依次为"虎耳草""歌声中的虎耳草""那山那水""桃源""山那边的歌"。

接下来，我才"言归正传"，道出这一番讨论的真正意图：体会小说命名为"边城"的丰富内涵。我问大家：我们评出来的题目和作者的题目相比，哪一个更好？为什么？这是一个不大好回答的问题，同学们陷入了沉思。我进一步启发道："'边城'之'边'作什么解释？"有同学回答"边远"。"对！'边城'

是有空间意义上的'边远'之意，这里是湘桂边境，地处大山深处。除了空间意义上的'边远'之外，还有什么其他含义吗？"于是，一番七嘴八舌之后，学生概括出了时间意义上的"边远"——离现在的生活很远，这是作者记忆中美好的湘西；文化意义上的"边远"——远离现代文明的中心，还保留着传统农业社会人际关系的淳朴、单纯、美好。至此，大家不得不承认，自己拟出来的题目都还显得有点"嫩"，没有作者的题目含蓄深刻、意味深长。"姜还是老的辣啊！不过大家已经很了不起了，命题水平快接近沈从文了。"我用鼓励结束了这场重新命名活动。又是一阵笑声，那几位"优秀题目"的作者满脸带着骄傲和自豪！

《黄鹂》教学实录

师：同学们读过《黄鹂》了吗？

生：读过了。

师：这是一篇文字优美、内涵深邃，值得我们反复品味的文章。我们再认真地研读一遍好吗？再读时，请大家边读边思考几个问题：

1. 文章写了几只黄鹂？分别出现在何时、何地？

2. 作者笔下的黄鹂分别是什么样的？

3. 回答时要尽可能用课文中的语句回答。做到这一点，同学们要养成边读书边在书上圈圈点点的良好习惯。譬如与这些问题相关的内容，可以用笔圈一圈。读不懂的地方也要圈一圈，以便提出讨论。

（学生读书，有的默读，有的朗读。教师巡回答疑。）

师：读完了，我们开始讨论。文章写了几只黄鹂？分别出现在何时、何地？

生：四只。分别出现在"抗战时的阜平山村""前几年的青岛""有一天的鸟市""第二年的江南"。

师：好。回答得不错。黄鹂作为自然界的一种鸟，客观上说，在不同时间、不同地点，应该说没有什么明显的不同。但是，作者笔下的黄鹂，其精神状态、动作心理却都各具特点，神采各异。我们来看看这些不同时期的黄鹂分别是什么样的。

生：抗日战争时期的黄鹂是一只非常美丽、生机勃勃的鸟。

师：怎么美呢？

生：声音美。声音尖利，富有召唤性和启发性。

师：概括得很好，有观点，有论据。我们就这样概括，好吗？

生：姿态美。迅若流星，身轻体健。

生：色彩美。金黄的羽毛。

师：作者对这只黄鹂表达了怎样的感情？

生：非常喜欢。"有时简直近于一种狂热。""不知对我的身心情感，起着什么性质的影响。"

生：对青岛海滨的这只黄鹂我说不大准确，作者好像没有花多少笔墨写黄鹂。

师：写了什么呢？

生：主要写了"我"看黄鹂的感慨和猜测。"它们好像喜爱这里的林木深密幽静，也好像是要在这里产卵孵雏。"

生：还写了我的担心——"担心它们一旦要离此他去"。

生：还写了鸟的窝筑得很隐蔽。"但总找不到它们的窠巢所在，它们是怎样安排自己的住室和产房的呢？"

师：黄鹂为什么要把它们的窠巢筑得很隐蔽呢？有什么"紧急情况"吗？

生：黄鹂的担心并不是多余的。林子里就有人打鸟，下面还写了一件中年人打海鸥的事。最终，黄鹂还是飞走了。

师：那么，这是一只怎样的黄鹂呢？

生：一只担惊受怕的黄鹂。

生：一只有危险的黄鹂。

生：一只紧张、彷徨的黄鹂。

生：一只精神犹疑的黄鹂。

师：好！大家说得都不错。我们就说"一只精神犹疑的黄鹂"。这只犹疑的黄鹂不是直接写的，而是通过"我"的感受来写黄鹂的"犹疑"，作者对这只飞走的黄鹂非常惋惜。不过，这种感情在表达上和上段直接写对黄鹂的喜爱不同。这种写法叫什么？

生：侧面描写。

师：好。我们接着来看第三只黄鹂。

生：（七嘴八舌地）这是一只凄惨的黄鹂。

生：先写动作，"系""吊""拉"，突出其不自由。

生：再写了羽毛，"焦黄的羽毛"。

生：还写了神态，"它的满眼和爪子，都带有一种凄惨的神气"。

师：真是惨不忍睹。不用说，作者对黄鹂是产生了深深的同情。第四只黄鹂是怎样的呢？我来说说吧。作者不是具体描写黄鹂，而是直接发表议论："使我看到了黄鹂的全部美丽，这是一种极致。"美的极致，这可是一句极高的评价。是什么原因使黄鹂达到了这种极致呢？

生：是环境。

生：是江南的环境。

师：是江南怎样的环境？

生：是江南如诗如画的环境！

师：江南的环境是怎样的如诗如画呢？用自己的话说一说，好吗？

生：江南水多，太湖碧波万顷。树多，柳绿花红。鸟多，"杂花生树，群莺乱飞"。

生：江南春好。"日出江花红胜火，春来江水绿如蓝。"

师：大家都说得很好。我们看看课文是如何说的？请大家一起读一读描写江南环境的句子。

（学生放声朗读："杂花生树，群莺乱飞。""这里的湖光山色，密柳长堤；这里的暮林修竹，桑田苇泊；这里的乍雨乍晴的天气，使我看到了黄鹂的全部美丽，这是一种极致。""是的，它们的啼叫，是要伴着春雨、宿露，它们的飞翔，是要伴着朝霞和彩虹的。""虎啸深山，鱼游潭底，驼走大漠，雁排长空。"）

师：这些描写江南环境的语句，你最喜欢哪几句？能背下这几句话吗？（学生背书）

师：黄鹂在江南如诗如画的环境里，展现出美的极致。这是环境的作用。那么，前面写到的几只黄鹂是生活在怎样的环境中呢？我们能否也给它作个概括。

生：山区黄鹂的生活环境自由宽松。

生：海边黄鹂的生活环境不安全。

生：鸟市上黄鹂的生活环境是险恶的。

师：为什么要这样写呢？为什么要塑造这些不同的环境氛围呢？应该说，作者是有其良苦用心的。请看课文的两句话："因为职业的关系，对于美的事物的追求，真是有些奇怪，有时简直近于一种狂热。""这正是在艺术上不容易遇到的一种境界。"作者借写黄鹂，其实呼唤的是艺术创作需要一个宽松自由的环境。有了这个环境，作家、艺术家才能创作出臻于极致的"美"来。创作环境的自由水平，与特定的时代背景有关。这里，我们就不展开分析了。本文写于1962 年，一方面是当时的创作环境相对宽松些，另一方面，也可以说是作家对自由创作环境的一种期盼。因此，本文是一篇托物言志、借物说理的散文。不过，优秀作品的内涵总是言近旨远、隽永深邃的。环境的重要，其实并不限于文艺。我们生活中类似的现象很多，同学们能说一说吗？

生：人才成长需要好环境，环境不好会埋没甚至扼杀人才。

生：工作顺利需要好环境。好的工作环境帮助人成功，环境不好则让人沮丧、颓废。

生：学习优秀也需要好环境。好的环境可以激发人的学习热情，不好的环境则让人没有信心。

师：好，大家说得真好。我们能不能换个角度来说。譬如说，发挥我们人的主观能动性。

生：我们也可以选择环境，选择更适合我们的环境。让那海边的黄鹂飞到江南来。（同学们大笑）

生：我们还可以改造环境，创造环境，跟不合理的环境作斗争。譬如那个用枪射杀海鸥的中年人，就要跟他作斗争，把他的枪缴掉。（同学们大笑）

师：好！同学们的思维很活跃，思想也很解放。相信同学们将来一定会有

很理想的工作环境，在理想的环境里，创造出我们人生美的极致！我祝福同学们！（下课）

附板书提纲：

黄　鹂

抗战时期　山村　美丽

前几年　青岛　犹疑　鸟？

有一天　鸟市　凄惨　人？

第二年　江南　美到极致

《胡同文化》教学实录

师：今天，我们一起来讨论汪曾祺先生的著名散文《胡同文化》。先检查同学们的预习情况，请大家仿照"胡同文化"的句式结构，说一个短语。

生：饮食文化、建筑文化、课桌文化、电视文化……

师：能和文化挂钩的东西真多啊！

（生笑。）

师：大家再想一想，这些文化和"胡同文化"中的文化真的相同吗？

（学生有的说相同，有的说不同。）

师：我们把这个难题暂时放一放，讨论了"胡同文化"之后，就会明白它的确切内涵，也就自然明白大家列举的文化和"胡同文化"中的文化是否相同。胡同是北京人的一种居住方式，它们是怎么跟"文化"连在了一起的呢？这种文化是一种怎样的文化？作者又是怎样看待这些文化的呢？请大家带着这些问题，再去读课文。读到与问题有关的内容，用笔画一画，不明白的地方，可以和同桌议一议。

（学生读书，自由交流。）

师：谁能说一说"胡同"是如何同"文化"连在一起的？

生：因为北京城四方四正，这种方正不但影响了北京人的生活，而且影响了北京人的思想。所以，这里的文化就是指北京人的生活习惯，北京人的思想方式。

师；说得很好。这些生活习惯和思想方式有哪些具体表现呢？

生：封闭。

生：易于满足。

生：不爱管闲事。

生：忍。

师：大家都概括得很好。能说一说作者对胡同文化是一种怎样的态度吗？看作者对胡同文化的态度，最为可靠的依据是文本，即我们读的课文。因此，要求大家再读课文，从课文中找依据，一句话，一个短语，一个词语，甚至一种语气，都可以成为我们分析的依据。

（生读课文，自由交流。）

生："安土重迁"是什么意思？

师：就是不大愿意搬家，把搬家看得比什么都重要。"破家值万贯"，这叫什么？叫封闭。还有封闭的例子吗？

生：有。"各人自扫门前雪，休管他人瓦上霜"也是。作者的态度是否定的，无论从举的例子还是从"封闭"这个词语看，都是否定的。

生：易于满足主要表现在生活态度上。"有窝头，就知足了。大腌萝卜，就不错。小酱萝卜，那还有什么说的。臭豆腐滴几滴香油，可以待姑奶奶。虾米皮熬白菜，嘿！"

师：这个同学说得很好，但是好像没有把北京人容易满足的性格传达出来。谁能把这种性格用恰当的语气表达出来。

生：我来试试。

（一同学读这段话，学生笑。）

师：好！大家的笑声是对你表演的最好评价。从这些话中，你们能看出作者的态度吗？

（学生有的肯定，有的否定，七嘴八舌，莫衷一是。）

师：看来从这段话本身还难以看出作者的感情色彩。有一点是可以看出来的，那就是不反对。我们评论作者的思想感情，除了认真研究文本之外，还要做到知人论世，即结合作者的生活背景、创作思想看。我们如果读一读汪曾祺先生写的《自报家门》(课前已发给同学),就会发现,汪先生本人就是这样一位在生活上恬适自安、知足达观的人,这种性格也决定了汪先生对这种易于满足的生活态度是有认同感的,是抱欣赏态度的。好,我们接着讨论作者对胡同文化的态度。

生:我觉得作者对不爱管闲事的态度是否定的,从作者的用语看,"总是""冷眼旁观"都表明了作者的态度。

生:我觉得作者对"忍"的态度是否定的,依据是作者引用的北京人的语言,如"您多余操这份儿心。粮店还卖不卖棒子面?""卖!""还是的。有棒子面就行。""叫他认错?门儿也没有!忍着吧!——'穷忍着,富耐着,睡不着眯着!'……北京人,真有你的!"

师:你说得很好。能把这种语气学一学吗?

(学生用北京话读这几句话,同学大笑。)

师:大家再体会下这几句话的语气,能找一个或几个词语概括作者的态度吗?

生:批评。

生:讽刺。

生:否定。

师:是很激烈的批评或批判吗?不是。是一种温和的批评,一种委婉的讽刺,我们就叫它"调侃"吧!为什么对这种很落后的东西,作者却采取这种温和委婉的讽刺呢?这与作者的性情与创作风格有关。作者一直倡导"文化散文",提倡一种能让人们从中得到"文化休息"的散文。既然如此,作者怎么可能疾言厉色呢?当然,是耶非耶?大家还可以在自己的练笔中去品头论足。好,我们讨论了作者对胡同文化的态度,由此可以看出,作者的感情色彩是比较复杂的,这种复杂性在下一段中体现得尤为明显。请大家一起读课文最后三段。

(学生自由读最后三段。)

师:能看出来作者对胡同的态度吗?读一读,画一画有关句子。

(学生读"衰败,没落""西风残照,衰草离披,满目荒凉,毫无生气""无可奈何""怅望低徊""再见吧,胡同"。)

生：作者的感情是留恋的。

生：作者的感情是怀旧的。

生：作者的感情是伤感的。

师：大家说得很好，作者的感伤色彩是很浓的。那么，这种感伤情调和前文的批判色彩不是矛盾的吗？应该怎么看待这种矛盾呢？

（学生自由讨论，无人发言。）

师：大家看文章的出处，这篇文章是作者为摄影艺术集《胡同之没》写的序。"没"即消失。对着照片上已经成为或即将成为历史的北京胡同，作为一位在这些胡同中生活了大半辈子的老人，他生出些伤感惆怅之情应是在情理之中的；作为一位在传统文化中"泡"大的文化老人，他对传统文化的消失没落生出些怀旧留恋之意也应是在情理之中的。难能可贵的是，作者并没有沉浸甚至是陶醉在传统之中，而是保持着一份难得的清醒和理智，对胡同文化作出了具有现代意识的议论和评判，指出这是在商品经济大潮冲击下的必然。"再见吧，胡同"，是挥之不去的浓浓感伤，也是无可奈何的坚决告别。大家再把这三段细细地读一读、品一品。

师：俗话说，"一方水土养一方人"。"妹妹你大胆地向前走啊"的粗犷只能属于北方人，而"好一朵茉莉花"的甜润又只能出在江南。北京胡同养育了内涵丰厚的"胡同文化"。那么，我们苏州呢？是不是也有属于我们这一方水土的文化呢？苏州文化又是一种什么样的文化呢？她具有怎样的内涵？又有哪些优缺点呢？

生：苏州的文化具有精致的特点。譬如苏州的建筑，都很小，但又都很别致。苏州人的饮食也很讲究，嘴很"刁"。

生：我觉得苏州的文化还具有优雅的特点。譬如苏州的园林，都小巧玲珑，也很雅致。

生：苏州文化还具有"幽"的特点。譬如苏州的小巷，深远，幽静，一眼望不到头，不知道哪扇大门后面，就曾是三代状元之家，或者是什么画派的传人。总之是深不可测。

……

师：好！同学们说得真好。大家有机会可以读一读"苏州文化丛书"中的《苏州小巷》，还可以到小巷深处实地走一走、看一看，相信大家会对我们苏州文化有更多更深入的理解。的确，苏州文化具有好多优秀的品质和丰厚的积淀，但是她也毕竟太古老了。我十分欣赏苏州工业园区的那座题为"圆融"的标志性雕塑：古老的帆上面有一个方形的窗。那古老的帆，我们似乎可以把它看作古老的苏州文化的象征；那窗无疑是改革开放的象征。异质文化的风吹了进来，古老的东方文明和西方现代文明得到了融合。我们相信，这种融合一定会创造出更加灿烂、更加辉煌的文化！

《想北平》教学设计

教学目标及策略：

1.注重文本解读，通过文本解读尤其是语言品味理解作者情感。

2.挖掘文化内涵，充分理解"乡愁"这一文化母题的丰富意韵。

3.创造对话氛围，努力体现学生作为学习主体的积极性、创造性。

教学时间：一课时。

一、教学准备及导入

1.准备：搜集表现"乡愁"主题的诗歌。阅读课文，在课本"对话栏"中提出想和作者或者老师讨论的问题。

2.导入：请同学以"我最喜欢的一首乡愁诗"为题作简要介绍。

3.提出问题：人，为什么会有乡愁？仅仅是因为离乡吗？人在怎样的情况下会有深刻的乡愁？你认为乡愁是一种怎样的情感？这些问题希望在结束本文学习之后，同学们能有一些新的认识。

二、同学讨论"对话栏"中提出的问题，梳理课文主要内容

1.第 1 段：这里的"我的北平"是什么意思？开头这样写有什么效果？

要点："我的北平"只是我了解的那一点，仅仅是北平许许多多好处中的一点。这里是先抑后扬：仅仅是我了解的这一点点，就已经让我思念不已、肝肠欲断了。

2.第2段：你是如何理解"我所爱的北平……是整个儿与我的心灵相粘合的一段历史"？

要点："与我的心灵相粘合"凸显了北平在我心中的重量。她是和我的生命、我的心灵联结在一起，是你中有我、我中有你，无法分开，也无法割舍的一种情感记忆。

3.第3段：为什么说"我不是诗人"，是"辜负了北平，也对不住我自己"？

要点：是北平养育了我，所以说道不出对北平的爱是辜负了北平。我的性格、我的脾气是北平塑造的，北平隐藏着我的生命密码。道不出对北平的爱，岂不是也迷失了自我？

4.第4—7段：为什么要拿北平和欧洲四大都城相比？通过将北平和巴黎相比较，突出了北平怎样的特点和城市风貌？这样"想"是为了表达怎样的情感？

要点：北平"复杂而又有个边际""动中有静""人为之中显出自然""花多菜多果子多"。表达对北平的"喜爱"，是"想"的具体内容。

三、品味语言，了解作者的语言风格，进一步理解作者对北平的深刻情感

1.简介老舍的语言特点。

注重简洁，喜欢省略；讲究话语气氛，却又不喜欢摆架势；喜爱并且擅长使用短句，句型以散为主。有板有眼，顺顺畅畅，如小溪流水，又恰似春风拂面。平实中有深情，亲切感人。

2.讨论：找出你欣赏的句子或词语，简要说说理由。

（1）"想北平"的"想"，你能换一个词吗？表达意味有什么不同吗？

要点："想"，想念，怀想。普普通通的一个字，却表达了对故乡真挚、热

爱的感情。"望""别""爱""怀念""向往"等词语都没有"想"来得诚挚简洁和朴实亲切。

（2）"独自微笑"或"欲落泪"的情景你有过吗？那是一种怎样的感情状态？

要点：作者把北平比作自己的母亲，用言语无法表达出极度热爱之情。只有在讨她老人家喜欢的时候"独自微笑"，在想她老人家而不放心的时候"欲落泪"。这是一种只有想念自己最亲爱的人才会有的情景。语言有时很无力，无法言说时正是胸中翻江倒海时。此时无声胜有声之谓也。

（3）"真愿成为诗人，把一切好听好看的字都浸在自己的心血里，像杜鹃似的啼出北平的俊伟。"为什么要用"杜鹃"作比，试体味"浸"和"啼"字的深厚内涵。

要点："千载伤情惟杜宇，年年啼血树头红。"用杜鹃啼血的典故表现其感情的诚挚和悲切。"浸"字说明感情之真诚；"啼"字言想念之情之悲切。结合写作背景可知，故都北平即将沦陷，一个"啼"字表达了作者忧心如焚的民族忧患之情。

（4）品析句式："是的，北平是个都城，而能有好多自己产生的花、菜、水果，这就使人更接近了自然。从它里面说，没有像伦敦的那些成天冒烟的工厂；从外面说，它紧连着园林、菜圃与农村。采菊东篱下，在这里，确是可以悠然见南山的。"

要点：平实，亲切，具体参见老舍的语言特点。

四、探究"乡愁"的意义

1.什么是乡愁？

要点：乡愁是离开故土、远离亲人的游子对故乡的思念之情，是对关山阻隔故乡的人、事的回忆，是游子对记忆中故乡自然景物、风物变迁的深切思念，是一种对亲情的诉求与幻想的祈求！

集体朗读：

长相思

纳兰性德

山一程，水一程，身向榆关那畔行。夜深千帐灯。

风一更，雪一更，聒碎乡心梦不成。故园无此声。

2. 乡愁仅仅是因为离开了故乡？还有哪些文化的因素加深了乡愁？

要点：乡愁主要是个人性的、地方性的，因距离而产生；但乡愁又不仅仅因为离开故乡，其间更多地加进了社会、历史、文化的因素。乡愁可以覆盖个人、亲人、故乡、家园而至于国家，它是对故乡的怀念，是乡恋，是亲情与故园情，同时也可以是家国情、民族情，还可演化为忧国忧民的忧患意识的一个方面。本文作者老舍对北平的强烈想念，也是和当时华北岌岌可危的形势密切相关的。这既是想念故乡的乡愁，也是家国忧患的乡愁。在中国文化长河里，这样的乡愁是一个著名的文学母题。譬如屈原的《涉江》，譬如杜甫的《月夜》，譬如李煜的《虞美人·春花秋月何时了》，譬如余光中的《乡愁》……其中积淀着丰富的文化意味。

集体朗读：

乡 思

老 舍

茫茫何处话桑麻？破碎山河破碎家。

一代文章千古事，余年心愿半庭花。

西风碧海珊瑚冷，北岳霜天羚角斜。

无限乡思秋日晚，夕阳白发待归鸦。

3. 如果不离开故乡故土，如果不因为家国忧患，人，还会有乡愁吗？

要点：这是一个开放性问题，可以见仁见智。可联系前篇课文《前方》，阐释现代社会的"乡愁"。现代社会是一个飞速发展的社会，传统意义上的家园依恋被不断消解，人与人的隔阂和人际关系的冷漠日渐加重。人成了"大地上的异乡者"，成了漂泊无依的、孤单的灵魂，每个人都行走在人生的旅途，浓浓的"乡愁"弥漫在每个现代人的心头。能消解这种"乡愁"的，只有诗意地栖居在大地上的生活态度。

集体朗读：

乡 愁

席慕蓉

故乡的歌是一支清远的笛
总在有月亮的晚上响起

故乡的面貌却是一种模糊的怅惘
仿佛雾里的挥手别离

离别后
乡愁是一棵没有年轮的树
永不老去

五、教学总结

交流课前搜集的"乡愁"主题诗歌以及阅读体会。

《品质》教学设计

教学目标：

1. 正确认识鞋匠格斯拉的人物形象，感受人物身上体现出的人格光辉，明白小说人物和社会环境之间的内在关系。

2. 深入理解本文丰富、深刻的主题思想，领会作者不动声色却又波澜汹涌的情感表达艺术，感受作者在人物身上寄予的深厚感情。

3. 学习小说刻画人物的艺术方法，鉴赏小说人物形神具备呼之欲出的高超技巧，体会小说朴实而深邃的语言风格。

教学重点：品味（人物、叙述）语言，揣摩行动逻辑，走进人物心灵。

教学难点：理解人物悲剧命运的社会原因，认同人物高尚的人格境界。

教学时间：两课时。

教学准备：课前充分预习课文，熟悉故事情节，对精彩语言作适当点评。

一、导入教学

1. 作者简介。

约翰·高尔斯华绥（John Galsworthy），英国批判现实主义作家。出身富裕的资产阶级家庭，在牛津大学学过法律。1932年因创作长篇小说《福尔赛世家》三部曲（《有产业的人》《骑虎》《出租》）获诺贝尔文学奖。作者成功地塑造了一些英国资产阶级的典型人物，揭露了他们的丑恶灵魂。他的作品描述细致深入，语言简洁确切，笔调含蓄讥讽，表面看似冷漠，实则爱憎分明。与同时代的英国作家相比，他的艺术成就和批判现实的深度是比较突出的。但是他并不想触及资本主义制度。短篇小说《品质》发表于1911年。

2. 请同学复述《品质》的情节（其他同学补充）。

读准字音：沁（qìn）人心脾、一爿（pán）、赊（shē）账、趿（tā）拖鞋、褶（zhě）皱等。

3. 讨论：请谈谈你阅读该小说的初步印象（譬如情节、人物、感动与否等）。

本文情节几乎没有大起大落，人物也没有激烈举动，平平淡淡的叙述，朴实无华的风格，它打动人心的力量来自何处呢？

二、文本研习

1. 本文题目为《品质》，"品质"一词含有几层含义？（要求言必有据，用文本语句印证自己发言的观点，引出重点语句研讨。）

要点：

靴品：美观、结实、合脚、便宜。

人品：高尚的职业道德——不计工时，不偷工减料，不随行涨价，精益求精，质量第一，以靴子作为自己的事业，把靴子质量看得重于生命。

2. 那几双靴子太美观了——只有亲眼看过靴子灵魂的人才能做出那样的靴子——这些靴子体现了各种靴子的本质，确实是模范品。……人们不可能时常到他那里去，因为他所做的靴子非常经穿，一时穿不坏的——他好像把靴子的本质缝到靴子里去了。

研讨：靴子还能有"灵魂"？谁见到过这"靴子灵魂"？高尔斯华绥笔下的靴匠是一个渺小的人物，但一旦赋予他"靴子灵魂"的见证者的身份，可以说他比任何英雄伟人都还要来得伟大，至少在这一点上他可以压倒世上一切人。"灵魂"一词，透彻地表达出格斯拉先生做靴手艺的非同一般。它已经超出了一般的手艺制作，而是融进了手艺人的职业理想、人生态度，从某种意义上说，也融进了手艺人的生命。

3. 他终于站在来客的面前，上身没有穿外衣，背有点儿弯，腰间围着皮围裙，袖子往上卷起，眼睛眨动着——像刚从靴子梦中惊醒过来，或者说，像一只在日光中受了惊动因而感到不安的猫头鹰。

研讨："靴子梦"指什么？为什么说从"靴子梦"中惊醒过来？格斯拉为什么"像一只在日光中受了惊动因而感到不安的猫头鹰"？这里抓住人物的眼神，突出了人物的工作状态，也揭示了格斯拉做的靴子为什么如此精美的秘密。对眼神的描写，突出了格斯拉先生对制靴工作的倾心投入，如痴如醉。

4. 叫我脱下靴子，把靴子老拿在手里，以立刻变得又批评又爱抚的眼光注视着靴子，好像在回想他创造这双靴子时所付出的热情，好像在责备我竟这样穿坏了他的杰作。以后，他就把我的脚放在一张纸上，用铅笔在外沿上搔上两三次，跟着用他的敏感的手指来回摸我的脚趾，想摸出我要求的要点。

研讨：这里又一次写到了做靴人的眼神。只要把靴子拿到手里，那眼神就立刻变了，神情也变了，进入了一种陶醉的境界。"好像"准确地描画出人物的心理世界。接着开始制作，不是一般地量一量脚的尺寸，而是用敏感的手在摸，而且是"来回"地摸，靴匠不是用手摸，而是用心在摸。正是如此用心，他的靴子才会那么合适，那么受人喜爱。再加上从不偷工减料，用上最好的皮革，每次总是对着皮革自我欣赏一番："多么美的一张皮啊！"于是，格斯拉先生的靴子成了一件无比精美的艺术品。

5. 他本人有点儿像皮革制成的人：脸庞黄皱皱的，头发和胡子是微红和鬈曲的，双颊和嘴角间斜挂着一些整齐的皱纹，话音很单调，喉音很重；因为皮革是一种死板板的物品，本来就有点儿僵硬和迟钝。这正是他的面孔的特征，只有他的蓝灰眼睛含蓄着朴实严肃的风度，好像在迷恋着理想。……他从不让自己有吃饭的时间；店里从来不存一个便士。所有的钱都用在房租和皮革上了。他怎么能活得这么久，我也莫名其妙。他经常断炊。他是个怪人。但是他做了顶好的靴子。

研讨：这幅肖像描写有两个明显的特点：一是把形似与神似结合在一起，二是把描写的落脚点归结在人物精神境界的揭示上。刻画格斯拉先生的外貌特征：僵硬和迟钝，缺少活力。"眼睛含蓄着朴实严肃的风度，好像在迷恋着理想"，这句话揭示了人物行动的内在逻辑，是理解人物形象走进人物心灵的"锁钥"。格斯拉虽然只是一个地位卑微的小人物，一个普通的制靴匠，但他有自己的职业理想，有自己的做人原则，有可贵的做人的良心。正是这些人之为人的人性光辉，使他的靴子做得格外精美，也使格斯拉的人格境界跃上了一个新的高度。即便在店铺濒临破产的时候，格斯拉先生仍旧以坚强的毅力在支撑着。他日夜不停地工作，却难以维持生活。虽如此，他却仍不肯出卖自己的诚实和信誉，换用劣质皮革。从"他经常断炊""但是他做了顶好的靴子"中我们可以想到：格斯拉先生已经把自己的生命融进了靴子里。他"好像把靴子的本质缝到靴子里去了"。格斯拉是在用自己的生命殉自己的事业——虽然只是极其普通平凡的制靴工作。

三、问题探究

1. 格斯拉是如何看待他的劳作和社会环境的冲突的？如何理解下列有关语句："他的语调里没有愤怒，也没有悲哀，连鄙视的情绪也没有，不过那里面却隐藏着可以冰冻血液的潜在因素。""'这些大公司真不顾体面。可耻！'跟着，他心里好像有点儿沉不住气了，所以说了一连串的挖苦话。"

研讨："潜在因素"是指对自己做靴工艺和真诚待人品质的自信以及对做劣等靴子的人的蔑视。"没有……也没有，……连……也没有……"极尽铺陈，从此句可以看出格斯拉是一个非常善良、宽厚、温和的人，对别人的卑鄙，难得产生愤怒、悲哀和鄙视的情绪。但这并不等于他不明就里，他一点也不傻，一点也不笨，只不过是宽厚！而社会往往把这种"宽厚"当作平庸！有时候，他也会爆发一两句："这些大公司真不顾体面。可耻！""体面"原指外表和面子，在这里指为人真诚的处世原则。格斯拉先生对大公司这种只顾赚钱、以次充好，为追求时髦而做出坑害顾客利益的行为予以抨击。

2. 作者是如何看待格斯拉这个人的？由此可以看出作者怎样的创作倾向？

研讨："我"尽可能多地向他订做靴子；赞美他做的靴子。"我从未把格斯拉当作鞋匠，而是当作老朋友。""我看看他满是褶皱的面孔，看到了我以前未曾注意到的东西：惨痛的东西和惨痛的奋斗——他的红胡子好像突然添上好多花白须毛了！"作者连用两个"惨痛"，体现出作者对格斯拉先生苦苦支撑店铺的深刻同情，这句也从侧面反映出资产阶级社会中竞争的残酷。"我"的同情挽救不了格斯拉的命运。

3.有人认为，制鞋匠格斯拉没有必要守着最好的手艺而饿死，应当"因时而化"。你认为格斯拉之死的根源是什么？如何评价格斯拉这个人物？

研讨：

（1）鞋匠格斯拉面临生存危机之际，他仍坚守着做人的准则，制作最好的皮靴（"把靴子的本质都缝到靴子里去了"）。他制作靴子，也爱他的劳动（"我们热爱靴子"），宁可饿死也不肯粗制滥造，表现了高尚的职业操守和做人品质。

（2）《品质》写于1911年。当时的英国社会，资本主义经济已经发展到一定的程度。物欲横流、金钱至上的观念已经充斥社会，人们追求时髦享受。这种为了金钱不顾一切的社会背景是格斯拉之死的真正根源。

（3）从历史发展的趋势看，当时的资本主义生产方式又代表了先进的生产力。从某种意义上说，格斯拉也是被社会淘汰的结果。他们手工制作靴子代表的毕竟是落后的生产力。历史总是在血和火的呼啸中前行；文明的每一点进步都要付出沉重的代价。如何在现代化大工业的进步中实现人的尊严和社会的和谐，是一个两难问题，但也是一个必须解决且正在解决中的问题。人们永远记住和感念的，是人性的光辉。我们不能因为社会发展的二律背反难题，从而否定格斯拉品质的价值，相反，应该大力倡导。因为社会发展的最终目标，是实现人的发展和幸福，而不能只见钱不见人。

四、艺术鉴赏

1.明暗双线结构。

研讨：小说中"我"这个人物的作用是什么？"我"是线索人物，是格斯拉悲剧命运的见证者，也是小说故事的叙述者。小说以"我"几次去格斯拉店铺做靴子为线索，以格斯拉兄弟店铺的兴衰历程为暗线展开故事情节。明暗双线结构，通过"我"的叙述和视角，故事真实可感，叙事脉络清楚，情节紧凑集中，情感氛围浓郁。

明 线	暗 线
序（1—2 段）	回忆当时店铺的摆设
开端（3—11 段） 初次做靴	生意繁忙
发展（12—27 段） 修理劣质靴子	大公司的激烈竞争
发展（28—42 段） 多次做靴	店铺缩小，哥哥去世，苍老消瘦
高潮（43—53 段） 最后做靴	衰老极了，生计无着，濒临绝境
结局（54—67 段） 谈论靴匠	人被饿死

2. 传神的人物形象。

研讨：形神兼备的人物描写："上身没有穿外衣，背有点儿弯，腰间围着皮围裙，袖子往上卷起，眼睛眨动着——像刚从靴子梦中惊醒过来。""他本人有点像皮革制成的人：脸庞黄皱皱的，头发和胡子是微红和鬈曲的，双颊和嘴角间斜挂着一些整齐的皱纹，话音很单调，喉音很重；因为皮革是一种死板板的物品，本来就有点僵硬和迟钝。这正是他的面孔的特征，只有他的蓝灰眼睛含蓄着朴实严肃的风度，好像在迷恋着理想。"点石成金的人物言行："这是一种手艺。""这些大公司真不顾体面。可耻！""我们热爱靴子，但是他们抢去了我们的生意。""用他的敏感的手指来回地摸我的脚趾，想摸出我要求的要点。"人物形象鲜活地立在了读者面前。

3. 抒情的语言风格。

研讨：简洁明净，毫不拖泥带水，人物的每一个动作、每一句话，都极有用处，不可简省。开头第 1—2 段的交代，深邃含蓄，耐人寻味。如"这些靴子体现了靴子的本质""好像把靴子的本质缝到靴子里去了""惨痛的东西和惨痛的奋斗——他的红胡子好像突然添上好多花白须毛了"。客观冷静，寓强烈情感于平淡的语气中。如"不过那里面却隐藏着可以冰冻血液的潜在因素""我记得，他费了很大劲才把这双靴子做好""他非常迟缓地照我的脚形画了样子，又摸了摸我的脚趾""可怜的老头儿是饿死的""好啦，这就是他的下场。照他的想法，你对他能有什么指望呢"。这些语言看似不动声色，其实隐含着作者强烈的主观感情，寄寓着作者的歌哭，有着浓郁的抒情氛围。

五、作业训练

1. 参考有关资料，为格斯拉先生的墓碑撰写墓志铭（300字）。

2. 参考恩格斯《在马克思墓前的讲话》，写作文《在格斯拉墓前的讲话》（800字）。

想象的翅膀是这样展开的

——作文教学课例之一

《记念刘和珍君》一文教完之后，看得出，学生都沉浸在一种悲愤和崇敬的气氛之中。特别是那几句结束语更是雨打芭蕉似的，声声敲击着同学们年轻的心灵："刘和珍牺牲时只有22岁，应该说，也是我们的同龄人。比一比刘和珍烈士勤奋学习、追求真理、勇于牺牲的高尚精神，我们的确要树立起新的人生标尺，提升我们的精神境界。"此时，教室里静极了。蓦然，我想到了章熊先生论著中介绍的一道作文题：我想为张志新塑像。我何不来个为刘和珍塑像呢？我知道，此时是布置这个题目的最佳时机。于是，我在黑板上写下了几个大字——我想为刘和珍烈士塑像。同时，我告诉大家，这是本周的作文题，请同学们课外构思，写出初稿，供作文课讨论。作为写作的准备，我要求每位同学搜集一幅塑像图片，以作参考。

两天后，我浏览部分同学的作文初稿，发现突出的问题有两个：一是想象力贫乏，内容单薄，有的甚至就是对课文内容的复述和拼凑；二是完全脱离了课文内容的规定和限制，想象内容不着边际，"塑像"虽然名为刘和珍，但实际内容可以是刘和珍，也可以是别的什么人。显然，两种情况都不符合命题意图。

作文评改课上，我围绕习作中存在的两种情况展开讨论。针对第一种情况，我请同学们介绍最使你感动的一尊塑像，实物或图片都行，并说一说感动的原因是什么。问题一提出，课堂气氛一下子活跃起来。有的说新街口广场孙中山先生的塑像体现出伟人的气度和风采，有的说雨花台烈士群像看了使人体会到肃穆和壮烈……七嘴八舌，议论纷纷。我因势利导，介绍说雕像最感人之处是人物的精神气度，并启发同学们，刘和珍精神气度的最大特征是什么？用什么材料最适合刘和珍的气质？这样的塑像适合放在怎样的环境中？随着问题讨论的深入，学生的思路渐渐打开。譬如，材质的选用，有的同学说选用大理石，这样可表现刘和珍的坚强勇敢；有的说选用汉白玉，这样与刘和珍纯洁无瑕的品德相得益彰；有的说选用青铜，寓刘和珍的精神流芳百世之意。再譬如，将人物塑像放在怎样的环境中，有的说应该放在北师大校园，让最爱学习的刘和珍永远生活在青春的校园；有的说，应该放在刘和珍的家乡鄱阳湖畔，让家乡的青山绿水永远陪伴着烈士的英灵；有的说应该放在长城的最高处，因为刘和珍的精神体现了中华民族之魂，让刘和珍和长城一样万古长存、永垂不朽……发言非常踊跃，同学们想象的翅膀在展开。

我把讨论引向深入，解决初稿中存在的第二个问题：想象不着边际，离题太远。我提出：刘和珍应当是怎样的神情、怎样的姿势、怎样的衣着、怎样的发型？换言之，我们设计的刘和珍固然应当是各具风采，风格各异，但其中应不应该有内在的限制？如果有，这种限制是什么？通过讨论，同学们明白，想象无论多么丰富、大胆，但仍应遵循一定的逻辑限制。对于这篇习作，限制就是课文文本。鲁迅先生的文本提供了一个清晰、完整的刘和珍形象，我们设计的塑像不应该是另外一个刘和珍，而应该是鲁迅笔下的刘和珍，即历史真实中的刘和珍。能否体现这个刘和珍的内在神韵，取决于我们对文章理解和领悟的深度如何。于是，大家带着捕捉刘和珍神韵的阅读动机，再次去阅读课文。这次阅读同学们格外投入，教室里悄无声息。我知道"此时无声胜有声"，同学们感情的潮水正汹涌澎湃。实质上，这是写作的又一次准备，是创作情感的又一次积蓄，是艺术灵感的又一次激发，是暴风雨到来之前的电闪雷鸣。我没有再组织讨论，因为我不忍心打破这宝贵的宁静。我知道，这是写作的最好氛围，思维的风帆在急驶，创造的火花在迸射。我转身在黑板上写了几个字：修改开始。修改进行得很顺利，下课以后，同学们都交上了修改稿。

批改作文时，果然，一个个刘和珍既各具风采，又紧扣原作的精神。发型是"齐耳短发"，那是那个年代女学生的固定发式；神情多是"微笑着"，当然也有满脸激愤，那是街头上的刘和珍；手里有的握着《莽原》，有的抓着传单，有的紧攥双拳；塑像底座上的文字，有的扣住刘和珍的年龄"22"，有的照应了刘和珍牺牲的日子"3.18"……应该说，两点修改意图都实现了，习作获得了普遍的成功。我沉浸在难以言说的收获的喜悦之中。

回顾这次习作的指导和修改过程，我体会到，要写好这类想象性作文，首先要创造一种适合想象的氛围，这种氛围是激发学生想象情感的酵母。本篇习作的情感酝酿始于《记念刘和珍君》的教学，没有课文教学创造的良好氛围，学生想象的翅膀是难以展开的。同时，要同学们每人介绍一尊塑像，也是必要的写作准备，为激发创作热情注入了活力，帮助同学们拓宽了视野，开拓了想象空间。

其次，生发想象也需要必要的限制，这种限制实质上是题目内在的逻辑规定。本篇作文的限制在于准确把握《记念刘和珍君》的内蕴，在于准确把握刘和珍的神采气度。有了这种内在的逻辑规定，非但不影响想象的展开，相反，因为有了这种限制，想象才变得严谨、有序和美丽。好比风筝，有了线的限制才遨游云空；好比河水，有了堤岸的限制才形成激流；好比诗歌，有了韵律的限制才变得绚烂；好比足球，有了规则的限制才产生魅力……

最后，想象作文的命题应有明确的训练意图，训练意图包含思想教育、情感教育、写作技能等多方面，没有明确训练意图的想象作文达不到培养想象能力的目的。"我想为刘和珍烈士塑像"的命题意图很明确。情感教育的功能自不待言，就作文技能而言，命题意图在于培养学生想象性说明、想象性描写的能力，要讲究层次。本文循着塑像的理由—环境—造型—质地—神采的顺序展开说明，内在层次的要求清晰、明确。描写要突出人物的精神气度，对塑像人物的想象性描写更应如此。刘和珍的塑像体现了人物怎样的精神，最终要通过文字来表达，描写能力的高下也就一目了然了。

寻找"熟得恰好的桃子"

——作文教学课例之二

　　法国著名作家儒勒·列那尔（Jules Renard）曾说：世上有"好作家"和"大作家"之分，"大作家"总是少数的，那么，让我们当个好作家吧。他认为"好作家"的风格之一，就是他们的作品语言精确纯净，简洁生动。列那尔举了一个例子，"有那么一个时刻，桃子熟了，稍早一点，稍晚一点，桃子都不那么好吃。趣味完美的人只喜欢熟得恰好的桃子和好的文笔"。列那尔的话给我们的作文教学以很大的启发。虽然我们的作文教学从来不以培养作家为目标，但重视对语言的要求，培养学生运用语言精确纯净、简洁生动的能力，是作文训练的重要内容之一。事实上，在我们的作文训练中，往往对审题立意、构思布局、写作技巧等方面注意得多一些，而对语言的要求却往往做得不够，从而导致学生语言表达的整体水平不那么令人满意。列那尔的话使我怦然心动，我在酝酿着一次寻找"熟得恰好的桃子"的作文训练活动。

想象"熟得恰好的桃子"

　　寻找"熟得恰好的桃子"的具体做法是把文章里的词语隐去，让学生根据自己的理解自由地"补"词语。隐去的词语必须是用得非常准确、不大能为别的词语代替的，在某种意义上是"唯一的"，即"熟得恰好的"。经过一番比较，我选出了《语文学习》"阅读新空间"推荐的散文《家园如梦》。《家园如梦》的语言很有特色，凝练、简洁、生动，内涵饱满，比较适合训练。随后，我把隐去了10多处词语的文章印发给学生，要求他们自由地猜测。被选作训练点的句子是：

1. 夜很深，也很静。浅浅的月光____进了我的村子，挤进了那扇用皮纸蒙住的格字窗。（流）

2. 辘轳上那长满黑斑的麻绳，依然牢牢地____着我的心事，绷得像调紧的弦。（吊）

3. 流浪的脚步离开家园，只把乡愁____在井中，任何一丝不经意的涟漪，都有可能荡得我遍体伤痕。（饲养）

4. 一阵春雨松软了季节，草叶上擎起一颗颗闪亮的星星，我思念的新绿在蛙鼓萦绕的池塘边____动。（萌）

5. 河边浣衣石上那窈窕的身影，是否还在____着自己的诺言？（守护）

6. 母亲为我摘莓子时被刺破的手指，滴着血，凝成一团不褪的火红，永远____在我记忆的深处。（燃烧）

7. 那些吃三月莓当饭的甜甜日子，是母亲用手一分一分地____来的。（扳）

8. 如今，鸟渐渐地少了，只剩下乱七八糟的鸟巢____在树桠间，可年迈的父亲却像童年的我一样，在鸟归的季节里一遍遍地数着鸟巢。（搁）

9. 父亲时常抱着我摇晃的童真围着古枫踱步，单薄的臂弯里____满葳蕤的慈爱。（长）

10. 我仿佛正挥舞着深秋的镰刀，虔诚地____着荷塘里的一切，包括莲根与莲叶，包括年成与祈愿，包括生命与感情。（收割）

11. 木屋里那盏豆黄的煤油灯，____着我那被都市潮涌湿了的灵魂。（温暖）

12. 家园如一根拉不断的线，末端总____着一个命名流浪者的大风筝。（系）

讨论时的课堂炸开了锅，七嘴八舌，相互补充着、启发着、辩驳着。有时经过讨论，达成共识；有时唇枪舌剑，争得面红耳赤，互不相让。一个精彩的选择，会引来满堂喝彩，一个稍不小心的发言，便招来一片善意的笑声。在学生讨论的基础上，我作些引导、点拨，归纳出跟原文相同或接近的答案。师生一起体会这些语言的精妙之处。譬如，第1句，学生列出了"射""泻""流"等答案。通过比较，他们认为"射"表示强烈的光线，"泻"适合很浓的月色，它们都没有"流"贴切，"流"写出了月光轻柔的情态，最为形象、贴切。再如第5句，学生列出了"记得""信守""坚守""誓守"等答案，并且互不相让。我指出，这几个词语都侧重于"守"，仅仅是一种决心，在意蕴上还显单薄，感情上还显生硬，都不如"守护"来得贴切。"守护"不仅是坚守，而且还多一层"保护"之意。两个青梅竹马的少年男女，对双方心中的那种微妙的感情，有"坚守"，更有"保护"，含有唯恐受伤的意思。学生颔首赞许。也有的答案，学生坚决不予接受，譬如第3句，只把乡愁"饲养"在井中，同学们对"饲养"二字难以认同，而主张用"留"字即可。我说不出更多的理由，只好慨然同意，教室里立刻呈雀跃状。讨论结束时，我要求同学们对这些答案进行分类，把具有相同妙处的归为一类。结果如下：一类为形象鲜明的，如流、吊、萌、系；一类为照应贴切的，如留、燃烧、长、收割、温暖；一类为意蕴丰富的，如守护、扳、搁。

当然，这样的分类只是便于说明问题，说明好的语言应该具有哪些特点。事实上，一个精当的词语，往往同时具备了以上几个优点。谁能说清最好吃的桃子是因为颜色好、水分足，还是口味好呢？

剖析"熟得不够好的桃子"

想象可口的桃子，比较省力，但语言训练是一件十分艰苦的工作，学习语言不可能总是这样轻松。于是，我安排了第二步：剖析"熟得不够好的桃子"。我印发一篇名为《懂你，大自然》的本班学生习作，要求同学根据刚刚归纳出的优秀语言的几条标准，对这篇习作从语言运用的角度进行修改，挑出那些还比较生涩或者熟得过了头的桃子，意图从反面体会寻找"熟得恰好的桃子"的艰苦。学生带着从未有过的兴奋进入角色，边阅读，边进行紧张的思考，有时还和同学交换意见。不一会儿，学生带着各自的"发现"要求发言。这里列举些讨论的片段。

1.性格孤僻的我，常将自己封锁在火柴盒似的单元里。

"封锁"应为"封闭"，封锁往往指对具体物体的限制，这里是指"我"的性格内向，不肯与他人交流，因而用"封闭"更为贴切。有同学提出"关"也可以，但马上有人指出，"关"只是指不与外人接触，不能说明思想是否跟人交流。另外，常把自己"关"在屋里，也不太符合实际。

2.每一次可心的交流，每一次无声的安慰，都会深深地感动着我。

"可心"可能是要表达"人"和"大自然"心灵相通的意思，但一般不这样说。如何修改呢？不少同学提出改为"愉快"。的确，我们和大自然的交流是愉快的，当我们面对星空、面对云海、面对朝阳，都是很愉快的。但是，有同学提出，"交流"不可能都是愉快的，譬如面对秋雨、惊涛，愉快显然难以涵括。另外，还有同学提出，"愉快"也不是"交流"的最佳境界，"交流"的最佳境界应该是相互理解，心与心沟通、默契。所以，最好的词语就是"会心"。

3.懂你，大自然，我们都想靠近你、抚摸你。

"靠近"是指物体和物体的接近。在感情的程度上，它仅是一种空间距离的接近，不能确切体现人与大自然和睦相亲的感情，可以说表达不到位；从逻辑上讲，有些大自然（譬如太阳、星辰）也是不太可能靠近的。宜用"亲近"，"亲近"主要指感情上的接近，表现人对大自然的喜爱、亲切的感情，较为贴切。

挑选"好桃子"

第三步，把同学们精心构思并作反复修改的习作在教室里贴出来，要求每个同学认真阅读，从中挑选、摘抄认为语言运用得最好的几句，并加以点评。习作的题目是颇带抒情色彩的《自我宣言》，这篇文章普遍写得富有激情和哲理，也洋溢着积极向上的、健康的情感。同学们在遣词造句上格外认真，都力争让大家从自己的习作中挑选出味道最好的"桃子"。令人高兴的是，同学们在挑选时往往不是单纯考虑词语的准确，而是把词语的推敲同整个句子意蕴的赏析结合在一起，而且不少点评的文字都很精彩，有的是对句子意蕴作进一步发挥、阐述，有的是作引申、补充，点评的文字和被评的文字往往相得益彰。有些写得好的句子，往往有多个同学点评。这真的是一个意外的收获。也难怪，语言的推敲揣摩从来就是与语句意蕴的咀嚼、涵泳联系在一起的。且看同学们选择了哪些"桃子"？又是如何品尝的？

1. 我不愿回首，我不愿咀嚼过去，我只想俘虏今天，让我主宰、开拓一个坦荡无羁的人生。

点评："咀嚼"是仔细品味。昨天当然需要品味，但昨天已过，如仍旧停留在对昨天的怀念中，那又有什么用呢？"主宰"也很精当，写出了自信和决心。全句意味深长，富有哲理。

2. 很多成功的门，其实是虚掩着的，只要勇敢地去叩门，大胆地走进去，眼前，就是一个崭新的天空。

点评："虚掩"一词用得很好，说明做事情应大胆，不要被事物的表象所吓倒，只要勇敢地去努力，就有可能成功。

3. 勤奋并非表面上的一种敷衍。

点评："敷衍"写出了一种对学习不负责任的态度，和"勤奋"联系起来看，很贴切、准确。

4. 大海没有波澜就没有壮阔，人生没有理想就没有希望。

点评：将人生比作大海，很贴切。没有理想的人生就像没有波澜的大海一样，无人为之喝彩，无人赞赏。

5. 骄傲的花朵在炫耀中纷纷凋谢，谦逊的绿叶在默默中获得永恒。

点评：语句对仗工整，形成强烈对比，给人留下鲜明的印象。

6. 山之所以是美的，由于它有利剑般的顶峰和深不可测的峡谷，有凝固的凹下和凸出；海之所以是美的，由于它浩荡呼啸，浪涛汹涌，有不安的耸起和跌宕；生命之所以是美的，由于它和山、海一样跌宕起伏，一波三折，但它比山、比海更绚丽多彩。

点评：排比句式，有气势。用"大海"和"山"比喻生命，准确、贴切，写出了生命的美丽和壮观。"凝固""不安""耸起""跌宕"等词语生动形象，表现力强。

7. 昨天，第一行歪歪斜斜的脚印，已被深深地烙在岁月的风尘里；今天，生活的道路依旧在脚下延伸。

点评："歪歪斜斜"写出了人生之路的艰辛，"烙"说明记忆深刻，"岁月的风尘"极具文采，"延伸"给人以想象和希望。

8. 可能世界并不残缺，真正残缺的只是自己；也可能世界并不完美，而我们只依附于某种残缺。

点评：用"残缺"和"完美"形容精神世界，耐人寻味，发人深省，充满了辩证思维。

9. 生活的强者，能从生命的苦果中酿出奋斗的美酒。

点评：一个"酿"字增加了文字的人格化，也写出了人生成功的艰辛过程，给人以力量和激励。

读着这些精彩的文字，我十分高兴。

选择需要眼光。从洋洋几十篇几万字的习作中，挑选出味道好的"桃子"，对于中学生，并非易事。这是一种语言鉴赏力的训练，此其一。其二，语言是思维的外壳。一个个词语的精心锤炼，岂止是语言训练，更是思想在被不断锻打。我分明感受到了一群年轻的心灵正在日渐丰富，幼稚的感情正在日趋成熟。这可是比语言训练更为重要的收获。其三，选择和点评，培养了同学们相互理解、相互欣赏、相互激励、相互包容的品质。这种品质对于将要走上社会的未来公民来说，绝不是可有可无的吧！

辑四

札记：那些滋养那些人

蔡元培：美育为近代教育之骨干

20 世纪的中国教育注定要和美育结缘！

20 世纪之初（1912 年），时任国民政府教育总长的蔡元培先生极力倡导美育，终将美育写进了国民政府的教育方针；在经历一个世纪的风风雨雨、曲曲折折之后，1999 年，全国教育工作会议又一次确定美育为国家教育方针。于是，在斗转星移、世纪交替的宏大背景下，我又时常于晚雨敲窗、夜阑人静之时，捧起这本封面已经褪色、薄薄而又沉重的《蔡元培美学文选》，默默地和先生对话，品尝一代伟人思想和智慧的醇香，也品尝悠悠岁月酿就的孤独和苍凉。

历史好像绕了一个圈。当然，这是一个螺旋式的圈。然而，这个"圈"对于蔡元培先生，尤其是对于蔡元培先生的美育思想，究竟意味着什么呢？似乎还研究得很不深入。在"风雨如晦，鸡鸣不已"的 20 世纪初叶，蔡元培先生的美育主张如同他所追求的资产阶级社会理想一样，最终只落得个"无可奈何花落去"的凄凉结局。所以，蔡元培先生的塑像，在文学家的笔下，是"不管如何变了角度端详，总觉得先生的目光微含忧郁，抑或是期待；淡淡的，淡淡的，像是壮士闻鸡，又像是英雄凭栏……"（卞毓方《煌煌上庠》）。然而，不可否认的是，当年，蔡元培高瞻远瞩，把美育写进了国家的教育方针，无论怎么评价其意义都不为过。这无疑是现代中国教育史上最为重要的一块奠基之石。蔡元培，无论怎么说，都应当是中国教育史上绕不过去的一位泰斗。

想当年，蔡元培先后掌教育部和北京大学之门，也算是中国教育文化界的一个重量级人物。在教育方针中，他首倡美育，更是开一代风气之先，被毛泽东同志誉为"学界泰斗，人世楷模"。蔡元培和鲁迅，同是浙江绍兴人，秀丽的浙东山水孕育出了这两位20世纪中国思想文化界的巨人。鲁迅小蔡元培13岁。当年，鲁迅还是因为蔡元培的提携和推荐，才当上了教育部的一个佥事，恰恰是分管蔡元培先生极力倡导的美育（另有图书馆、博物馆）。由此既可以看出两人之间非同寻常的关系，也可以发现蔡先生对美育的格外重视。然而，岁月沧桑，世事纷纭。与鲁迅的崇高地位和巨大影响形成鲜明对比的是，蔡元培先生却在很长的一段日子里，被人们忘记了。虽然北大校园里蔡元培先生的那座塑像依然静静肃立，但作为一位伟大的思想巨人，是不是显得过于寂寞了点？

我们真的能绕过这样一位现代文化史上的巨人吗？不可能，也不应该！历史唯物主义告诉我们，历史是不能割断的。只有站在巨人的肩上，才能比巨人看得更远。对于蔡元培先生留下的那笔文化遗产，我们应当实事求是地予以研究、分析，继承其中的精华，根据变化了的历史条件和新的形势，找出符合实际的解决问题的办法。

在美育问题上，蔡元培先生给我们留下了哪些思想遗产呢？

首先是美育于人生的意义。他认为，美育可以提高人的道德情操，培养人的献身精神和创造能力，以便为救国、为革命、为建设出力。他说：

人人都有感情，而并非都有伟大而高尚的行为，这是由于感情推动力的薄弱。转弱而为强，转薄而为厚，有待于陶养。陶养的工具，为美的对象，陶养的作用，叫作美育。[1]

所以吾人急应提倡美育，使人生美化，使人的心灵寄托于美，而将忧患忘却外。

救国者，艰苦之业也。墨翟生勤而死薄，勾践卧薪而尝胆，范仲淹先天下之忧而忧，后天下之乐而乐。断未溺情于耳目之娱，侈靡之习，而可言

---

[1] 蔡元培：《蔡元培美学文选》，北京大学出版社1983年版，第220页。

救国者。①

常常看见专治科学，不兼涉美术（即美育，笔者注）的人，难免有萧索无聊的状态。无聊不过，于生存上强迫的职务之外，俗的是借低劣的娱乐作消遣；高的是渐渐的成了厌世的神经病。因为专治科学，太偏于概念，太偏于分析，太偏于机械的作用了。②

正是从这种积极的审美观点出发，他才那样看重美育，认为"美育为近代教育之骨干"。他一生倡导美育，在实施美育的过程中，始终把提倡美育和反对封建专制、批判宗教迷信、反对帝国主义侵略紧密联系在一起。这在当时的历史条件下，进步意义是不言而喻的。今天，人们对美育的冷漠，是不是与人们对美育的意义认识不足有关呢？只要看一看社会上有些人空虚的精神状态（如报刊披露的大造生人墓、在大街上比赛扔钞票、浪掷千金以买一笑等），看一看本该是精神贵族的大学生乃至高级知识分子中都有人精神苍白、灵魂缺血（譬如硫酸泼狗熊），就可知道，提高人的道德情操和人生品位的任务，是多么艰难而又任重道远。实现中华民族的伟大复兴，又是多么需要美育来陶铸和砥砺我们的民族精神！

其次是美育与创造的关系。蔡元培倡导美育的另一个动机，就是认为美育能激发创造精神。以美术教学为例。美术是美育的一个重要途径，但是应该如何进行美术教学呢？蔡元培认为，一定要让孩子自己去创造。

美育之在普通学校内，为图工音乐等课。可是亦须活用，不可成为机械的作用。从前写字的，往往描摹古人的法帖，一点一划，依样画葫芦，还要说这是赵字哪，这是柳字哪，其实已经失却生气，和机器差不多，美在哪里？③

学校教育注重学生健全的人格，故处处要使学生自动。通常学校的教习，每说我要学生圆就圆，要学生方就方，这便大误。④

---

① 蔡元培：《蔡元培先生全集》，台湾商务印书馆 1991 年版，第 946 页。
② 蔡元培：《蔡元培美学文选》，北京大学出版社 1983 年版，第 137 页。
③ 蔡元培：《蔡元培选集》，中华书局 1959 年版，第 152 页。
④ 同②，第 109 页。

美术所以为高尚的消遣，就是能提起创造精神。[1]

蔡元培指出这一点非常重要，抓住了美育的精神实质。因为如果美育仅仅就是为了陶冶情操，那么，美育就仅仅是享乐、消遣，并没有什么特别重要的意义。如果美育能培养创造精神，激发创造的欲望，并且促进智力的发展，其意义就非同小可了。于是，蔡元培先生发出了这样的号召："文化运动不要忘了美育。"并且获得了当时教育界和社会的响应和拥护。至于美育为什么能促进创造力，蔡先生没有多作论述，但这个判断无疑是正确的，已经为近一个世纪的学术成果所证明。反观我们今天的艺术教育，蔡先生批评过的现象依然存在。不重视艺术课的开设，随意减课停课并不鲜见；或者，仅仅把音乐、美术当作一种"技能"去培养，而不是把艺术课当作培养学生创造精神、创造意识的重要载体。不同的观念和认识，在艺术教育实践中的做法和效果是会有很大差距的。

再次，蔡元培先生以思想家的睿智和深刻，拓展了美育的范围。蔡元培先生敏锐地提出了一个著名观点，即学校的美育不限于音乐、美术，甚至也不限于文学。蔡先生指出："凡是学校所有的课程，都没有与美育无关的。例如数学，仿佛是枯燥不过的了，但是美术上的比例、节奏，全是数的关系；截金术是最明显的例子。数学的游戏，可以引起滑稽美感。几何的形式，是图案美术所应用的。理化学似乎机械了，但是声学与音乐，光学与色彩，密切得很。雄强的美，全是力的表示。"蔡先生不愧是一位卓越的教育家，他有着常人所不具有的目光。就像当年在北大石破天惊地提出"思想自由，兼容并包"的方针一样，蔡元培先生的学科美育观，其意义也是非常深远的。它不仅拓宽了美育的研究领域，尤为重要的是，它为学科美育的发展指出了一个方向。而这一点，在此之前，还从来没有人指出过。沿着蔡元培先生指出的方向继续研究，或许是我们今天学科教育学前进的重要路径。因为已经有学者指出：学科教学在经历了知识中心、能力中心这两个发展阶段之后，正向着审美中心的方向发展。

---

[1]　蔡元培：《蔡元培选集》，中华书局 1959 年版，第 147 页。

审美中心，意味着学科教学突破了知识能力本身，而和人的生命、人的发展紧紧地联系了起来。在学术研究上，有时，有人高瞻远瞩、言简意赅地指出研究方向，比在同一平面上发表长篇大论要重要得多。蔡元培先生的学科美育观当属此例，这一点会越来越被未来的实践所证明。可惜，蔡元培学科美育思想的意义，远远没有引起教育界和学术界的重视。学科美育之外，蔡元培还深刻地指出，美育不仅限于学校，家庭、社会都有其各自的责任。在《美育实施的方法》中，他详细论述了社会美育要从专设的机关做起：美术馆、美术展览会、音乐会、剧院、影戏馆、历史博物馆、古物学陈列所、人类学博物馆、植物园、动物园；地方的美化包括道路、建筑、公园、名胜的布置、古迹的保存等。显然，蔡元培是把美育作为一个系统工程加以考虑的。即使在今天看来，这一思想也还是颇有见地的。

最后，就是把美育列为教育方针。应该说，这是蔡元培先生对中国教育的一个卓越贡献。虽然由于当时历史条件的限制，作为教育方针的美育不可能得到有力的贯彻和实施，但是，正是借助于此，美育在教育界、学术界才产生了广泛而深远的影响。而在此之前，中国社会和教育界对美育在教育中的重要性还是很陌生的。在这方面，蔡元培先生其国民政府教育总长的位置和在学术界的巨大影响，起了决定性的作用。这对促进后人认识美育的重要意义来说，其作用无疑不可低估。今天，美育越百年风云横空而来，又一次被列为国家教育方针，当然绝不是一次简单的复归或轮回，其背景和意义都不可同日而语，这是在中华民族迈进 21 世纪走向伟大复兴的关键时刻，中国教育在面临着重大使命和严峻挑战的复杂背景之下作出的历史性选择。美育肩负着神圣的使命！可是，美育的现状实在令人忧心，可谓命途多舛！

所以，我们想起了蔡元培！不仅仅是要怀念。面对如此丰富的思想文化遗产，我们应当怎样去接受呢？时代不同了，但是，我们新时代的美育大厦难道能在一片"废墟"中拔地而起？当我们以迈向新世纪的豪情与走向世界的胸襟，在教育方针的大旗上，醒目而严肃地写上"美育"的时候，我们有没有想起过蔡元培这个响亮的名字？我们今天的美育，如何从蔡元培先生的美育思想中汲取营养和精华，完成学术发展史上必不可少的"扬弃"过程，寻找出今天创造美育辉煌的策略和路径?

我们有理由期待着,我们也有理由担忧着。期待着,是因为美育是美丽的,教育会因美育而美丽,社会也会因美育而美丽;担忧着,是因为在教育通往美丽的路上,横着的"拦路虎"实在太多。走笔至此,忽然想起了几年前曾经听到的一位外国教育家说的一句话。这位教育家在惊叹于我们很多学校精美硬件设施的同时,又说了一句意味深长的话:"你们别的都好,就是学生没有个性,而且学得太累太累!"想到此,心头不禁有些黯然:美育,你在哪里?蔡先生,魂兮归来!

宗白华：潇洒的散步人生

宗白华，这位中国美学巨子，在美学界也算是赫赫有名的人了。当年，宗白华就是和朱光潜、邓以蛰并称"北大美学三杰"，奠定了北京大学美学学科的坚实基础。而在中国美学史上，宗白华的名字又是和朱光潜、李泽厚等美学大家联系在一起的。但是，因为宗先生的著述甚少，所以，知道的人可能要少一些。

宗先生最为著名的著作是《美学散步》。我读到的这本书叫《美学与意境》，内容是在《美学散步》的基础上扩展开来，比《美学散步》要多一些篇幅。不过，我还是喜欢《美学散步》这个名字。宗白华先生的一生，就是潇洒的散步人生！宗先生说："散步是自由自在的、无拘无束的行动，它的弱点是没有计划，没有系统。着重逻辑统一性的人会轻视它，讨厌它，但是西方建立逻辑学的大师亚里士多德的学派却唤作'散步学派'，可见散步和逻辑并不是绝对不相容的。中国古代一位影响不小的哲学家——庄子，他好像整天在山野里散步……""散步"标明了宗白华美学的独特特征。一方面是方法上的，另一方面是境界上的。方法，即不局限在抽象的思辨领域；境界，则是自由自在的。

提起宗白华，首先得说一说 20 世纪 20 年代他当《学灯》编辑时对郭沫若的慧眼识珠。郭沫若当时在日本留学，写的诗歌寄回国内总是泥牛入海。宗白华以其敏锐的鉴赏力，看出了这位"未来的东方诗人"的诗歌天才，连连为郭沫若发稿，有时甚至是一个整版。后来奠定郭沫若在现代文学史上崇高地位的第一本诗集《女神》，大多是在《学灯》面世的。郭沫若曾以为第一个为他发表诗作的是《学灯》的另一位编辑郭绍裳。宗白华呢？对此完全是一种豁达的学者胸怀。别人提起时，总是微笑着而不多言，其潇洒的人生态度于此可见一斑。郭沫若在了解真相之后，则称宗白华为"我的钟子期"，高山流水遇知音，知遇之恩溢于言表。

言归正传，还是回到我们的语文教学中来。教学也是一门艺术。虽然同其他艺术门类相比，有很大的区别，但是，"教学是一门科学，也是一门艺术"。既是艺术，就应该有其规律。这种规律和其他姐妹艺术的规律应该有相通之处。简单地模仿、比照可能是不明智的，但完全拒绝借鉴也是愚蠢的。应该说，在前些年的学科美育研究中，出现过一些可贵的探索。譬如教学节奏问题、课堂布白问题，也包括板书艺术问题等。但是，总的说还停留在比较浅的层次上。从语文教学艺术的角度来看，这位美学家给我们带来了哪些启示？

首先，是形式和内容的关系。艺术必须讲究形式，必要的形式结构对艺术表现有十分重要的作用。但是，形式又是为内容服务的。形式必须是有内容的形式。我们且来看一段宗白华先生的精彩论述："艺术有形式的结构，如数量的比例（建筑）、色彩的和谐（绘画）、音律的节奏（音乐），使平凡的现实超入美境。但这'形式'里也同时深深地启示了精神的意义、生命的境界、心灵的幽韵。音乐是心灵的和谐也是心灵的律动。心灵必须表现于形式之中，而形式必须是心灵的节奏，就如同大宇宙的秩序定律与生命之流动演进不相违背，而同为一体一样。"[1] 在语文课堂教学中，也有很多形式结构需要我们去考究，譬如教学节奏问题。从教师讲的角度说，45 分钟的课堂平铺直叙不足取，也不能是"连珠炮"式的紧锣密鼓。前者容易乏味，后者容易疲劳，听课效率都不是最佳。从学生活动的角度看，没有学生的活动，教师唱"独角戏"不好，让学生"满堂动"也不行。前者气氛太单调沉闷，后者也容易流于松散。应该有张有弛，有密有疏，有铺垫有照应，这都是形式方面的讲究。形式的价值

---

[1]　宗白华：《美学和意境》，人民出版社 1987 年版，第 108 页。

是必要的。宗白华说:"形式之最后与最深的作用,就是它不只是化实相为空灵,引人精神飞越,超入美境。而尤在于它能进一步引人'由美启真',探入生命节奏的核心。"形式"不只是实现了'美'的价值,且得真自由,真解脱,真生命","它不只是实现了'美'的价值,且深深地表达了生命的情调与意味"。也就是说,必要的形式对于内容的表达,有着补充、升华、提高的作用。

但是,更重要的还是内容。何处该张,何处该弛,哪里应密,哪里应疏,却还是属于内容方面的问题,需要我们教师去认真构思和推敲。其"张"的地方,"密"的地方,一定是一节课的关节之处,应该是或与主题关系密切,或是学生思维活动紧张之处,或是需要师生通力合作讨论之处。总之,譬如书画,应该是浓墨重彩之处;譬如音乐,应该是旋律繁密之处。而这样的高潮,在课堂上又不宜过多。在此之前,还应有必要的铺垫,必要的"前奏"使教学高潮的到来水到渠成。否则,会出现教师在台上"干使劲",甚至"干着急",而学生就是"启而不发"。用一位颇有经验的老师的说法:你要和他互动,他就是不想和你互动。

若干年前,曾有一位颇有影响的教师谈教学氛围的和谐一致,举了这样的例子:教学《焦裕禄》,把教室布置成悼念焦裕禄的灵堂,教师的着装也是黑色,学生发言似念悼词。当时,这样的做法好像还博得了不少喝彩,以为这样的设计对形成课堂氛围有帮助作用,今天看来就有些过于偏重形式了。因为这一节课上得如何,是否成功,关键可能不在于这些形式的氛围(当然对低年级学生,或许会有些短暂的影响),最重要的还是对课文内容的切入把握得如何。其一,是否让孩子深入地走进了文本?其二,文本内容是否打动了孩子的心灵?是否产生了情感共鸣?尤其重要的是,这一切是否抓住了语文的因素,是否从语文的角度切入?如果像政治课,像班会课,像英雄事迹演讲课,那可能还不是我们语文课应该追求的效果。如果是语文的因素使我们的孩子情感产生了共鸣,精神得到了升华,那么,必要的教学形式烘托出和课文内容一致的氛围,譬如用投影打出一幅焦裕禄的肖像,让学生口头作文予以描述,或者是出示几幅兰考人民悼念焦裕禄的挽联,让学生朗诵解读,这样的形式就是和内容相得益彰的，而且是语文的形式，也就符合宗白华所说的"深深地启示了精神的意义、生命的境界、心灵的幽韵"。这样的形式对内容的表达应该是必要的。

其次，谈谈课堂的布白问题。布白本是中国书画艺术里的一个概念。譬如写字。字的结构，又称布白，因字由点画连贯穿插而成，点画的空白处也是字的组成部分，虚实相生，才完成一个艺术品。空白处应当计算在一个字的造形之内，空白要分布适当，和笔画具同等的艺术价值。所以大书法家邓石如曾说书法要"计白当黑"，无笔墨处也是妙境呀！这也像一座建筑的设计，首先要考虑空间的分布，虚处和实处同样重要。画画也是如此。宗白华是我国几位美学家中对传统艺术研究最深入的一位，而且艺术悟性极好。相比之下，朱光潜的长处在于扎实的美学心理学基础，李泽厚的优势在于深厚的哲学功力和宏观的研究视野。宗白华是位真正的艺术鉴赏家，尤其对传统艺术研究体会颇深。所以，对中国艺术创造中"虚实相生"的问题有很多论述。"布白"其实也就是虚实相生。且来看看宗白华的论述：

"补空要注意'虚处藏生'。补空不是取消虚处，而正是留出空处，而又在空处轻轻着笔，反而显示出虚处，因而气韵流动，空中传神。这是中国艺术创造里一条重要的原理，贯通在许多其它艺术里面。"[①]"殷代甲骨文、商周铜器款识，它们的布白之美，早已为人们赏识。形体简约，而布白巧妙奇特，令人玩味不尽，愈深入地去领略，愈觉幽远无际，把握不住。"[②]"以虚带实，以实带虚，虚中有实，实中有虚，虚实结合，这是中国美学思想中的一个重要问题——虚和实的问题。"[③]宗先生还举了好多书法戏曲中的例子来说明虚实相生的问题。

传统艺术中的"布白"对我们的课堂教学应该是有启发的。我们可以把教师的讲授活动看作课堂的"实"，把学生的活动看作课堂的"虚"。虚实相生，简言之，就是留下足够的空间让学生去思考、消化、探究、创造。"布白"移

---

① 宗白华：《美学和意境》，人民出版社 1987 年版，第 342 页。
② 同①，第 352 页。
③ 同①，第 385 页。

植为一种教学艺术之所以必要，就是因为它不仅符合审美的形式规律，符合松弛有度、疏密有致的审美节奏，而且非常符合教学规律。课堂如果总是教师的"一言堂"，不给学生留下思考的余地，这课就很难说是成功的，效益很难说是高的。因为知识在学生接受过程中都需反刍，需要在讨论中生成，在探究中升华。尤其是在新课程改革的背景之下，学生参与程度如何，几乎可以说是课堂教学效果的关键影响因素。尽可能多地创造学生的活动空间，让学生在活动过程中学习、锻炼、提高。因此，学习一点"布白"艺术，对于我们提高课堂教学艺术，提高课堂教学效率，是大有裨益的。宗白华说，形式的美可以"以美启真"，"由形式进入生命节奏的核心"。"布白"艺术也可以把我们带入教学艺术的佳境。

最后，谈谈课堂教学的风格问题。大而言之，语文课的教学风格可以分两类：一是朴素平实型；二是绚烂热烈型。朴素平实型课堂，以扎实的讲解、精妙的分析、深入的讨论为特征，没有什么噱头，也没有更多的光彩炫目的色彩。这样的课如果要抓得住学生，往往需要教师有过硬的教学功力。绚烂热烈型课堂，教师往往富有激情，有些才艺方面的特长，譬如讲课绘声绘色、擅长表演等，因此他们的课堂往往生动活泼，感染力强。两者不能说有什么优劣之分，只能说与教师主体的气质性格以及教学趣味相关。以中学语文界的两座高峰钱梦龙和于漪为例。钱梦龙是前者，于漪是后者，其课堂都是教学之精品。如果从审美角度看，各有其独特的审美价值。但要注意的是，朴素不是寒碜，平实不是平淡。没有根底、内容贫乏、缺少内在张力的课就不是朴素平实，而很容易成为寒碜平淡。同样，绚烂不是花哨，热烈也不是热闹。没有足够的底蕴，也往往误把花哨热闹当作绚烂热烈。曾有过一段时间，语文教改的各种公开课比赛上，盛行表演作秀型的课，而且认为这就是好课。这就多少有点东施效颦了。

关于这些，宗白华的一番话同样值得我们借鉴玩味。在艺术风格上，宗白华极为推崇"清水出芙蓉"之美。他说："苏轼要求诗文的境界是'绚烂之极归于平淡'，即不是停留在工艺美术的境界，而要上升到表现思想情感的境界。平淡并不是枯淡。玉的美就是'绚烂之极归于平淡'的美。一切艺术的美，以至人格的美，都趋向玉的美：内部有光彩，但是含蓄的光彩，这种光彩是极绚烂，又极平淡。"这段话给我以很大启发。课堂毕竟不是舞台，教师授课和演员演戏毕竟有质的不同。

宗白华美学思想可以说博大精深。这里从语文教学的角度谈些启发，其实已经是跨越门类的借鉴了，但我想艺术都是相通的。只要承认教学是一门艺术，就总有值得相互学习借鉴之处。把一门艺术的经验"移植"到另一门艺术中，关键要善于感悟。"运用之妙，存乎一心。"教师的艺术感悟能力也应是教师综合素养的重要组成部分。

此情可待成追忆

——纪念李泽厚先生

2021年11月3日上午，我刚到办公室，忽接人民文学出版社编辑李磊老师电话，问我是否知道李泽厚先生病重的消息，而且说得很具体是肺衰竭，顿时大吃一惊。我告诉李磊，此消息有待进一步求证，因为就在十天前，10月22日，我还和李先生通过电话，先生讲话思路清晰，笑声爽朗，还有那老顽童般的机敏，丝毫没有生病迹象。打朋友电话求证，朋友告诉我，最近几天已联系不上，我当即有了不祥预感，毕竟，已是耄耋之年，什么事都有可能。果然，中午近12时，赵士林教授微信即发布李先生于当地时间2021年11月2日仙逝消息，顿时大脑一片空白。十多年来和李先生交往的情景在脑海里不时涌现，往事历历在目。连续几天，神思恍惚，心绪纷繁，微信群中哀思如缕，悼声满屏，而我却什么也没有写，什么也不能写，一直到四天以后，才勉强凑成一副挽联：

悼念李泽厚先生：

> 思想三论美学四讲雄文若雷　儒道互补寂寞走我路
> 己卯五说新梦百年赤子怀玉　西体中用深情参大同

后学杨斌　敬挽

我分别请朋友将挽联转马文君师母、李艾公子和中国社科院哲学所治丧办公室，并且在微信中发布，至此，压抑几天的心情才似乎稍有缓和。我深切地感到，长河落日，壮丽辉煌，一个时代的思想落幕了；而我，却永远失去了一位思想和问学的良师益友！再也不能像以往那样，遇到问题，或电话，或微信，随时随地就向先生请教起来了。

一

许多朋友都曾问我，你是如何同李泽厚相识的？

的确，这是一个很容易产生的疑问。一位是名满中外的哲学家、思想家，一位是普通的中学语文教师，这之间相隔的距离如同天壤云泥。在 2011 年出版的《李泽厚论教育·人生·美——献给中小学教师》的后记中，我曾经详述了这一过程，这里就不再细说了。我只能说，人生是一件奇妙的事；偶然，极大的偶然。当年，我致电《原道》编辑部，和主编陈明聊天，这是认识李泽厚的缘起。然而，这是一个偶然，因为一个普通读者去和素不相识的刊物主编聊天，这想法有点不可思议；陈明很忙，他一个人在工余打理一份刊物，其忙碌可想而知，无暇和我细聊，直接把李泽厚在北京和美国的电话给我，这也是一个偶然，因为一般都不会把朋友电话给一个陌生人，何况我并没有提出这一要求，只是想和陈明聊聊李泽厚；怀揣李泽厚先生北京和美国的两个电话，转眼就是四五年的光景，我一次也没有拨过，因为我从来也没有想过和这位神明一般的人物对话，然而就在那么一个莫名其妙的某时某刻，因了一些说不清道不明的情绪，我拨通了大洋彼岸的电话，从此便建立了联系，这又是一个更大的偶然。

当然，这也不全是偶然。如果不是此前 30 年一直在默默阅读李泽厚，我可能不一定会买那本旨在弘扬儒学的思想文化读物《原道》，之所以买是因为那期刊物上有李泽厚的文章，而多年来我已形成不放过任何有关李泽厚文字的阅读习惯。买了杂志，之所以要依着刊物编辑部的电话去找主编陈明，正是因为读过《浮生论学：李泽厚、陈明 2001 年对谈录》，知道他们两人真是太不一般的朋友，我是想通过陈明进一步了解李泽厚。和李先生第一次通电话之后，之所以能一直保持联系，按李先生当时的说法是他在美国很寂寞，欢迎随时来电话，但其实并非完全如此，如果不是从电话中得知我是多年的"粉丝"，且常常有这样那样的问题要请教，恐怕联系未必能一直持续。因为后来熟悉了我才逐渐知道，李先生其实很不喜欢闲聊，他的时间很宝贵，每次电话开始，当我问及最近身体如何、有何新作之类的寒暄时，先生往往会直截了当：这个不说，有什么问题？随即进入正题。当然，闲聊也是有的，很少，那可能真是先生"寂寞"之时。而十多年间，先生"寂寞"的日子并不多，他的新作一本接着一本出版，而且据他的好友兼邻居刘再复观察，李泽厚在家里的日常生活是手不释卷，除了读书、写作、每天散步一小时之外，他不做任何其他家务，是美食家，但几十年从没有进过厨房；用师母马文君女士的说法，"一心一意照顾了他60年"，而美丽贤淑的师母，本职是煤炭文工团舞蹈家。

正是因为这一连串的偶然和并非完全偶然，我一步步走近了李泽厚，走进了这位思想巨人的学术和心灵世界，编选出版了几个李泽厚作品读本——《李泽厚学术年谱》（复旦大学出版社2016年版）、《思路：李泽厚学术年谱（增补版）》（广西师范大学出版社和孔学堂书局2021年版）以及《李泽厚刘纲纪美学通信》（浙江古籍出版社2021年版），在一定意义上也可算是"草根派"李泽厚研究者了。

发自肺腑地说一句，这是我的人生幸运，是命运对我的慷慨眷顾。不仅在于我由此编著出版了这些有关李泽厚的著作，不仅在于阅读李泽厚拓展了我学业事业的眼界和胸襟，也不仅在于因为李泽厚而认识了许多气味相投、心灵相通的真诚朋友，真正受益无穷的是，因为走近李泽厚，我的人生充满了一种前行的力量和精神慰藉！

二

说起这几本书的编著和出版，还得从我们的第一次见面说起。

2009年11月3日，我借出差天津之机，转道北京拜访李泽厚先生。这是我和李先生第一次相见的日子！说来真是如此之巧，得知李先生永远离开我们的消息，竟然也正是 11 月 3 日这一天。李先生离世是美国科罗拉多时间 2021 年 11 月 2 日早上 7 时（北京时间 11 月 2 日晚上 10 时），从第一次见到李泽厚算起，我和先生交往的时间，不多不少整整 12 年。

有关这次见面的详细情景，我曾有专文《明月直入　无心可猜——初访李泽厚先生散记》记述（收入拙著《写在讲台边上》，中国人民大学出版社 2018 年版），本文不拟重复。概括地说，从下午 2 点到 5 点，我和李先生在他北京的寓所整整聊了三个小时，而按照事先约定是一个小时，因为先生正患感冒，本不拟见客，和我见面是还在先生回国之前就电话约好的，而且先生反复强调，不要专程来访，那样要失望的。恰巧学校要去天津参加一个课题活动，因而这个见面时间就这样确定了。先生虽然感冒，还是破例答应见我。那天聊天的话题很广，但主题都是围绕先生其人其事其书展开。李先生说到自己的"三可三不可"原则：可以吃饭，可以座谈，可以采访；不开会发言，不讲演，不上电视（后来知道，中央电视台和凤凰卫视都曾提出过采访要求，哪怕只是拍一些生活场景，也被先生谢绝）；先生还说到"四个静悄悄"原则：静悄悄地写，静悄悄地读，静悄悄地活着，静悄悄地死去。李先生也说到自己平生受到的三个最高奖赏，说到自己多年来无求于人、独立自在的个性，说到自己关心政治但不参与政治的态度，说起自己和学界人物的平生往事……先生还带我参观他的书房和卧室。在书房里让我随便挑一本他的著作，签名送我；在卧室里看他美国寓所的照片，在阳台上眺望景山和天安门。我几次起身告辞，先生总说再聊会儿，不着急，没关系，四点多时，我又一次要走，先生说再等等，太太马上就要到家，见一见再走。这样一直聊到五点，马文君老师回到家，我们一起照了相，才依依惜别。

第一次和精神偶像面对面，一切都很新鲜，至今想起来都是历历在目。那个阳光和煦的深秋下午，是我人生经历中幸福感满满的难忘时光。而给我心灵带来巨大触动的，却是李先生书房门口挂着的那副竹刻对联。门联很小，大约几十厘米；也很不起眼，刻在竹板上的是歪歪扭扭的几个字。我没有完全认出来，李先生在向我介绍门联时，浓重的湖南口音又让我没有完全听清楚，好在有照片，回家以后，我第一时间查证资料，弄清楚了门联内容。原来是李白

《独漉篇》中的诗句："明月直入，无心可猜。"显然，其内容应该是室主人精心选择和思考过的，因为对联之外，客厅里也有出于同一人之手的"无心"竹刻。对联用语平实，看似简单明白，但是，要理解其确切的命意却颇为不易。若撇开原诗整体内容，只取两句诗的独立意境那很好理解。诗人静卧室内，恍惚觉察窗上的帘帏在缓缓舒卷，好像有个人在那里将它拨开。哪里有人呢？原来是明月要来与我亲近！而我的心灵也早与皎洁的月光融为一体，心地一片纯净光明，没有喧嚣，不带杂质，表明室主和诗人一样，一派光明磊落，超越世俗。如果结合全诗看，门联诗句的个中滋味可谓婉转复杂，值得仔细品评。《独漉篇》由湍急浚深、浊流滚滚的河水起兴，借越鸟、胡雁抒写诗人客中漂泊、报国无门的孤愤悲哀，从清风、明月的入室，表现诗人似有所待的心境，衬托诗人客中无伴的寂寞、孤寂和冷落，结句则借"锈涩苔生"的龙泉雄剑，表达报国无门的抑郁情怀和慷慨豪情。那么，李泽厚先生在此是取何种命意呢？在此后的交流中，我曾不止一次地和李先生探寻，我自说自话地妄加揣测：撷取字面超脱悠然之意，无疑是室主人喜欢的意境，更多的则是综取《独漉篇》全诗命意，曲折委婉地表达其慷慨悲歌、壮志难展之意。对于我的解读，李先生既未肯定，也从不否定，只是说，那是你的理解，与我无关，却从不肯再多作一点解释。我能体会到，这副门联或许隐藏着室主人巨大的心理秘密！闲适恬静的诗句背后，是否汹涌澎湃着复杂的情感波澜？这只能是一个永远无法破解的心灵之谜了。

这一次北京之行，还有个插曲。11月2日晚上，天津活动刚结束，我接到了我们校长的电话，要我们一行四人第二天参观南开中学和天津师大附中，校长已经和两所学校领导讲好，我们是晚上的火车，白天有一整天的空隙，校长见缝插针，安排我们去两所名校学习。我是领队，接到这个电话颇有为难，我只好坦白，让他三位老师前去考察，我要转道北京，没说为什么。校长让我改日再去北京，我说，已约定拜访一位老学者，不宜变更；校长不依不饶：什么重要人物，推迟一天去见好了。再三追问之下，我不得不报出了李泽厚的名字。校长没有再说什么，默许了。我心中有点困惑，但也没有多想。返回苏州几天之后，校长召我，我才恍然想起此事，心中一阵忐忑，校长详细询问了面见李泽厚的情况，然后，淡然说了一句：李泽厚所有著作，我都有，都读过，而且多次买李著送朋友。这可倒真是让我吃了一惊！他可是学理科的，而且是20世纪90年代的大学生，那正是李泽厚在国内销声匿迹的时期。我们已同事五年，有过不止一次的深谈长谈，却从没有说起过李泽厚，由此，我想到了李泽厚巨大而神秘的影响力。

三

第二年秋天，先生又如同候鸟一样飞回北京，这些年，几乎没有例外。

2010年9月18日，我们在北京第二次见面。那天中午，在北海边上的一家苏州饭馆，我和子恒、茶居、永通一行四人，和李泽厚、马文君夫妇围坐一席。先生侃侃而谈，我们正襟聆听，时而觥筹交错，时而笑声朗朗，湖畔秋高气爽，室内如沐春风，俨然一幅新的子路、曾皙、冉有、公西华侍坐图。先生言谈，看似普通平常，实际上关心的都是现实问题，是一个对社会积极干预的思考者。因为人多，又因为是在饭桌上，先生善饮，谈兴甚浓，谈哲学，谈教育，谈人生，其温暖而睿智的哲人风采，我们有幸与焉，那顿饭一直吃到下午三点多钟；而我，也正是从此次访谈之后，开始了对李泽厚思想的深入研习之旅。

吃饭前在先生寓所，大夏书系的两位朋友曾小心翼翼地提出可否编一本李泽厚论教育的书，先生委婉谢绝；后来我们再也没有提及此事，我知道，李先生不答应的事，说了也是白说，你很难改变他。李先生返美之前，说有一批书要送我，让在北京的茶居主编去帮忙寄出。出乎意料的是，后来茶居告诉我，李先生已同意编选这本论教育，让我赶紧联系永通着手筹办。这样，编选此书的任务就落到我身上了。在和李先生进一步沟通此书时，先生提出："你要认真写一篇序言，详细说明你编写这本书的理由，否则我还是不同意。"后来，当李先生看到书稿和我写的万字长文之后，亲自写了一篇短序，并且为选本加了副标题，这就是大夏书系2011年出版的《李泽厚论教育·人生·美——献给中小学教师》。先生在序言中指出："中小学教师在指引年轻人的人生道路上可以产生关键性的影响，比大学老师重要得多。那么，这本书就算我对中小学教师们献上的一份敬意吧，愿它能得到你们的喜欢。"我想，李先生在写这段文字时，一定是想到了自己的中小学老师，想到了那些老师曾给予他的教育和影响（几年以后，李先生曾赠送我他在湖南省第一师范读书时的七篇作文，上面有老师用朱笔打的密密的圈点，还有多条予以高度褒扬的评语）。当然，或许也会想到自己短暂的小学教师生涯，想到他十分敬重的母亲陶懋柟女士——那也是一位辛劳一生最终在工作岗位上去世的小学教师。

《李泽厚论教育·人生·美——献给中小学教师》出版以后，收到相当不错的社会反响，尤其是哲思短语60则，据说颇受读者欢迎。于是，反应敏锐的永通君不久又作出策划，命我一鼓作气，再编选一本《李泽厚话语》。这一选本，我们一直没有想出合适的书名，最后还是李先生给出了"话语"二字，真好，一语双关。李先生指定让邓德隆先生参与其事，还要负把关之责。邓君乃商界精英，可是探骊得珠，对李泽厚思想研读心得颇深。我和邓先生反复研讨，最终从李著中选摘495段话语，分七辑编排，我们各自写了一篇序言，邓德隆写了《中国的山水画有如西方的十字架》，我的文章是《谁是李泽厚》，显然，两篇序言各有分工，我偏重于介绍作者，邓则偏重于学术评价。这两个李泽厚读本的编选，有力促进了我对李泽厚著作的深度研读，无疑也大大拉近了我与先生的心理和情感距离。

此后，先生每次回国，我们都要设法见一面，在上海见过，在苏州也见过。其中比较重要的是2014年。那一年的5月9日至27日，李泽厚应约在华东师范大学开设了四次伦理学讨论课，举行了两次对谈。讨论课全部采用对话式，场场爆满，气氛热烈，形成了深刻的思想交锋，用媒体的话说，李泽厚这次沪上之行成了2014年度中国思想界的一件"文化盛事"。这六次活动，我参加了五次，最后一次是他与杨国荣教授单独对谈。记得第一场讨论课那一天，我早早地来到了华师大的一个大会议厅，上课开始前，我来到门外走廊上等候李先生，我们已有一年多未见了（前一年没有回国）。当工作人员陪同李先生向会场走来时，我快步迎了上去问候："李先生，您好！"李先生笑了笑，说："你是谁？我不认识你。""我是杨斌。""哦，杨斌啊，你也来啦！我和你说过，我不认人的。"呵呵，是的，李先生在电话中曾不止一次地说过，他不认人脸，也不记声音，和儿子通电话时也会问你是谁？这个说法果真得到了验证。这个讨论班的内容这里就不细说了，主办方华东师范大学出版社有专门的《什么是道德？李泽厚伦理学讨论班实录》一书出版。令人惊叹的是李先生敏锐的反应，虽说已是84岁的老人，可和年轻的大学生辩论起来，仍然是唇枪舌剑，精彩纷呈，主持人也常常被他犀利的词锋噎得张口结舌。这让人不由感叹，在李泽厚身上真是有一种明星气场，难怪20世纪80年代他去北京大学演讲，去食堂吃饭时会被大学生里三层外三层地围得水泄不通！李先生还曾和我说起过，1980年他随中国社会科学院代表团访日，表现格外活泼，有人说他能搞外交，因为很多日本人讲话后他都能马上即兴作答。李泽厚说他这方面不是没有才能，而是不喜欢，实际上很内向。由此可见，所谓内向外向不是绝对的，气场强大的人，在特定氛围的激励下，内向的人也会有出人意料的华丽表现。这是我第一次在公众场合领略李先生的学人风采，那是一种在峰顶登高远眺的超然，看似散淡随意，其实成竹在胸。

那天讨论课结束已是12点多，校方陪李先生去用餐休息，因为会场人来人往，我没打招呼就随着人流向外走。刚走出会场没多久，忽然接到邓德隆电话，邓先生问我在哪里，我告知所在位置。刚才会场里挤满了人，我们都不知道对方也在，没想到的是，李先生特意叮嘱邓德隆，要他安排请我吃饭。我再三推辞，邓先生说："这可不行，今天的饭一定得吃！这是李老师特意交代的任务。"这个温暖的细节，我一直铭记在心。我常说，李先生虽然去国多年，可仍然是那样世事洞明，知世而不世故，其重大原创性理论"情本体"他也是处处身体力行。可以佐证的还有一件小事。2010年秋天，李泽厚来苏州小住。那一天，我陪他去了无锡鼋头渚，游了虎丘，按照计划，李先生准备再去一趟常熟，到常熟理工学院校门口转转，看这所学校一眼，并不进校门。其中原委先生没说，只有我心中知道，只是因为此前不久，这所学院的一份刊物发表了我写的关于李泽厚诗歌释读的文章！多么含蓄缱绻的情怀，多么恳挚深情的老人啊！后来，因为过于疲劳，李先生取消了这个计划。

四

和李泽厚相识这 12 年来，我花费时间和精力最多的事，就是编撰《李泽厚学术年谱》。出乎一般人意料的是，李先生从一开始就非常不赞成甚至是反对我做这件事。

我曾在多个地方说过，我对李泽厚的热爱，是从喜欢他的文字开始的，这当然与我从事的语文教师职业有关。李泽厚文风的最大特点，在我看来，就是深刻思想、丰沛情感和朴实文字的完美统一。大家熟知的《美的历程》如此，其他哲学思想史论著甚至序言、后记之类的短章在骨子里也是这样。我们不知道的是，李泽厚还写诗，写得不多，但像模像样。2005 年第 12 辑《原道》最初刊发了李泽厚的 13 首诗词，2006 年出版的《李泽厚近年答问录》中又补发了 9 首。出于职业喜好，我曾试图作一些解读，但因为时间跨度从 15 岁的青年时期一直到 1970 年代末，其中有很多涉及诗人生平经历之处，无法确解。2000年李泽厚 70 岁生日时，不少朋友要给他搞庆祝活动，要为他开学术讨论会，他一概拒绝，这些我都是后来知道的。但作为由衷热爱李泽厚的读者，作为沐浴过李泽厚恩泽沾溉的受益者，我真的不希望李泽厚先生 80 寿诞也这样静悄悄地随风逝去。我以为，如何对待自己民族的杰出人物，与当事人无关，却可度量出一个民族的文化自信和思想自觉，考验的是一个时代的理论气度和精神胸襟！因此，我想赶在李泽厚 80 岁生日之前，以一篇诗歌释读向李泽厚先生献礼，当然，这是一份微不足道的生日小礼。这篇文章写作过程持续五载，删改多次。其间遇到疑难困惑处，曾多次致电李先生求教。尽管他对写这样的解读并不赞成，认为种种原因发表的可能性几乎为零，更重要的是"诗无达诂"，诠释总难尽如人意。尽管如此，他仍然颇为耐心地提供了许多有关写作背景和诗歌本身的解答，最后将定稿特地寄到美国，请李泽厚先生亲自审定并做了很多增补。2010 年，这篇长达 1.5 万字的《挂帆千里听涛声——李泽厚诗歌释读》在《东吴学术》（常熟理工学院主办）上公开发表，算是献上普通读者的一份诚挚心意。

这就得说到《东吴学术》时任主编林建法先生了。敏锐的林主编从释读稿中看到了我对李泽厚其人其事的熟悉程度，因而几乎在刊发诗歌释读稿的同时，拍板决定《东吴学术》设立"学者作家年谱"专栏，第一位传主人选就是李泽厚。这样，在长期阅读积累的李泽厚的资料基础上，尤其是有了近五年来为解读李泽厚诗词刨根问底的追寻求索，应林建法先生之约，我开启了李泽厚学术年谱的编撰工作。当然，这是远比写诗词释读要更加艰辛复杂的写作历程。年谱写作过程中，我和李先生的联系频率骤然加快，因为要请教的问题太多，最多一个月，我们总要通上一次一个小时左右的越洋电话，我会把平时积存的困惑记下，电话中边问边记，定稿之前，李先生曾两次亲笔修改。他说，他修改的原则是只纠错，不增补，开始我对这句话理解不深，后来在年谱不断完善增补的过程中，我方明白，李先生在当初的修改过程中，是抱持多么大的耐心和宽容。因为无论是涉及人物经历的广度，还是涉及思想理解的深度，《李泽厚学术年谱》初稿真的是十分粗浅。2013年，《东吴学术》破例分三期连载《李泽厚学术年谱》，约3万字，其他学者作家都只有一期；再后来，还是由林建法主编牵头，在复旦大学出版社出版"《东吴学术》年谱丛书"，每册8万字，又是破例，《李泽厚学术年谱》16万字。2021年4月，《思路：李泽厚学术年谱》几经辗转，经过山重水复、一波三折的复杂历程，终于由贵州孔学堂书局和广西师范大学出版社联合出版，近34万字。对于两份年谱的写作经历，我在年谱后记中有比较充分的记述，非这篇短文所能胜任，只好从略。在这本书的后记中，我写下这么一段话：

"桃李春风一杯酒，江湖夜雨十年灯。"这部学术年谱的编撰是一段漫长的旅程，沿途风光无限。哲人思想的旖旎风景、色彩斑斓的逻辑画卷以及诗一般的华彩辞章，常常让我沉醉其间流连忘返，而众多师友林林总总的帮助和激励更让我感动莫名。

这是我编撰年谱的真实感受，也概括了我写作过程中真切的心路历程。最值得庆幸的是，这本增补版年谱在李泽厚先生健在时终于出版了，而且最后一稿经过李先生亲自审定，否则真是后悔莫及之事。当然，遗憾也还是有的。出版社为了确保年谱出版，进行了一些必要的技术处理，但有些删削令李先生不甚满意，所以曾经一度要求停止运作，不出了。以湖南人既"霸"又"挺"的性格，再加之李先生又把湖湘性格发挥得淋漓尽致，他说不出，没人敢出，这一停就是好几个月。好在经多方转圜和协商，隔了一段时间，估计老人家情绪好了一些，我也小心翼翼地委婉相劝，终于得以重新启动。山重水复，柳暗花明，此之谓也。寄样书前，我问李先生，要几本？答曰：一本，不须多寄。我知道，这是一种态度！谁知看到样书后，他又跟我说，再寄两本来吧！我知道，这也是一种态度！这就是表示差强人意了。其间还有一个涉及语言表达的小插曲。就在《思路：李泽厚学术年谱》迟滞不出时，李先生曾经试图托朋友联系在香港出版，问我的态度如何？我微信回复：我支持！再后来便没有了音信。隔了大约一个月，我问起此事，谁知李先生说："算了，你的态度不积极。"我直呼委屈，我哪里不积极啦？我不是表示支持的嘛！李先生和我较真了，他说，什么叫支持？这是一种对别人事情的态度，没有当作自己的事！我问，那我应该怎么回答？李先生也不作正面回应，只是说，算了，算了！说实话，至今我也没有闹明白，我的回答究竟错在哪里。

2021 年，还有一件值得欣慰的事。《李泽厚刘纲纪美学通信》终于在 7 月由浙江古籍出版社出版。该书出版过程也非一帆风顺。通信集收录两位美学家 1979 年至 1999 年间围绕《中国美学史》所写的 245 封往返信件，是一份记录《中国美学史》（第一、二卷）诞生过程和幕后故事的第一手资料，也是见证两位著名学者为中国美学事业倾心合作的一段学术佳话，内容十分珍贵，史料性、学术性俱佳。该书定稿是在三年多以前，那时刘纲纪先生还健在，两位老先生都同意出版。但是，李泽厚先生态度明确而坚决：不能删削一个字，否则宁愿不出。因为是私人通信，难免会对一些学界人事"说长道短"，同时也涉及一些敏感话题，因此书稿几经辗转，始终无法落地。后来李先生说，有一家杂志可以全文发表，刘先生却又顾虑重重，理由是作为史料出版可以理解，但由杂志发表则未必妥当，因为杂志讲究时效，人家会问，为什么此时此地发表这些信件啊，有什么背景缘由呢？再后来，刘纲纪先生于 2019 年 12 月仙逝，于是就一直拖了下来。2020 年下半年，《思路：李泽厚学术年谱》正进入紧张编辑阶段，在一次电话中说到编辑删节在所难免之类的话题时，不知是因为《思路：李泽厚学术年谱》的波折让老先生进一步感受到了出版社的难处，还是刘纲纪的过世让他突然感到岁月无情？总之，在那次电话中，李先生态度忽然有所改变，答应《李泽厚刘纲纪美学通信》也可以作些让步，必要的删节可以接受，但要注明。如是，《李泽厚刘纲纪美学通信》立即启动出版程序。这应该是李先生看到的最后一本自己的新著。拿到样书，李先生很高兴，再三表示，要我向出版社转达他的感谢。感谢两点：一是删的很少；二是删得很精当。这几乎可以算是李先生对出版社和编辑的最高奖赏了！因为我曾经不止一次听到过李先生说，什么什么书编得不满意；还有一次，我们在北京请李先生吃饭，之前曾经请某出版社一位责编同往，这位编辑委婉谢绝。席间提起，李先生说，他不敢来见我，这是因为对书的编辑不甚满意。之后，李先生要我把《李泽厚刘纲纪美学通信》中删节文字补写上去，再将补写本寄他，我赶紧照办。这样，我今年一共往科罗拉多寄了四次书，顺丰快递的那位小伙子都和我混熟了，一见面就说，又往美国寄书啦！连通信地址都不要，手机上存着呢。

五

10月22日，我和李先生通电话，询问手录抄补本是否收到？因此，谈话还是围绕那本《李泽厚刘纲纪美学通信》展开。他表示书已经收到，并且又一次要我转达对出版社和责编的感谢。因为聊到学术界的一些近闻，那天李先生表现出不常见的兴奋，多次笑声朗朗，尤其是反复提到《论语》的句子：戒之在得。他用浓重口音的湖南话说，盖（戒）之在得，盖（戒）之在得啊！他还引用自己《论语今读》的解说文字说，特别是老人贪恋已有之名位利禄，患得患失，有害无益啊。那天电话里，我还提到人民文学出版社即将出版的先生新作《伦理学新说》，李先生告诉我，这是近年来三本伦理学著作的合集，很重要。我说，责编老师的朋友圈已发出书影图片，我问过了，稿子已下厂，即将出炉。我最关心的当然是有多少新写内容，是否有新写序言，或者后记之类文字？谁知李先生听了我的询问，竟然又是嘿嘿一笑，然后老顽童一般地说："不记得了！""不记得了？怎么可能！"我在电话里发出疑问，李先生还是笑而不答。不过，早已谙熟李先生说话风格的我，当即明白，新写文字，一定有。果然，后来责编李磊老师给我发来了新写的《伦理学新说》序言。序言结尾有云："慨夫知音者少，识货者稀，九十残年之孤独老朽只好作此自我吹嘘谬称'新说'的广告了。悲夫哉，不悲也。"不知李先生那天电话里的笑声是否与这令人忍俊不禁的文字有关？2020年7月，《南方人物周刊》发表记者访谈《九十李泽厚 最后的访谈》，结尾有云："总之在这里，我最后要向读者说的一句话就是：谢谢！这算是告别吧！"人生情味，慷慨深挚。李先生过去也多次说过和读者告别的话，这个序言才真是李先生和读者最后告别的文字。

第二天，10月23日，我刚起来，就看到微信中有李先生的未接电话，我赶紧回电话过去，谁知先生说："对不起，是我不小心拨错了。"正是一大早，昨天又刚通过话，于是我也没有多说，只说了一句"没关系"就和老先生"再见"了，通话时间31秒。这是我和李先生相识12年来通的最简短的一次电话。这一天，离李先生离世的日子还有10天！

如果知道，我一定会用沧桑而深情的表白向即将远行的李泽厚先生告别：

云山苍苍，江水泱泱。先生之风，山高水长！

2021年11月12—18日

在叶圣陶语文旗帜下重新集结

　　叶圣陶是 20 世纪我国伟大的教育家、文学家、社会活动家和编辑出版家，是中国现代文化教育的一代宗师。20 世纪的中国社会，风云激荡，革旧鼎新。叶圣陶积极投身时代激流，以深厚国学根底、广阔文化视野和现代教育理念，躬身从事文化教育工作 70 余载，深思慎取，博采众长，总结、提炼和积淀出包括语文教育思想在内的颇为珍贵的教育思想；而要准确理解和完整把握叶圣陶语文教育思想的丰富内涵，则应该将其置放于教育思想的视域内予以重新发现和辩证考量。

　　叶圣陶教育思想的总纲，即"为人生"的教育本质观。中小学教育要着眼于学生的成长和终身发展，为学生一生发展奠基。这是叶圣陶一以贯之的教育思想。一个世纪前，刚走上教坛不久的叶圣陶就多次著文，大声疾呼："小学教育的价值，就在于打定小学生一辈子有真实明确的人生观的根基。"[①] "学校教育的目的就在于使学生养成正确的人生观，因而不能不注意教育与人生的关系。"[②] 后来又多次提到："如果我当中学教师，决不将我的行业叫作'教书'……却要使学生能做人，能做事，成为合格的公民。"[③] 正是这一着眼于人、人生和人的发展的思想，使叶圣陶教育思想根本区别于传统教育观念，从而获得了鲜明的

---

① 　叶圣陶：《叶圣陶教育文集（2）》，人民教育出版社 1994 年版，第 8 页。
② 　同①，第 58 页。
③ 　同①，第 84 页。

现代意义和价值，跃上了 20 世纪那个时代的思想潮头。从这一总纲出发，叶圣陶在知识与生活、学科教学与教育目标、教学过程与教学方法、教师师表风范、现代语文教育等一系列领域，提出了诸多重要的思想观点。其要旨可概括为："教育就是要养成良好习惯"的素质教育观；"教是为了达到不需要教"的教学哲学观；"受教育的人的确跟种子一样"的学生主体观；"德育总跟智育、体育结合在一起"的全面发展观；"国文是生活工具，也是发展儿童心灵的学科"的语文教学观；"教育工作者的全部工作就是为人师表"的师表风范观等。

以上诸观点绝不是支离破碎、寻章摘句的只言片语，而是叶圣陶在实践基础上长期思考、孕育和积淀的思想结晶，也犹如珍珠般反复不断地闪烁于叶圣陶浩瀚的教育文字中，贯穿这些珍珠的正是"教育为人生"这一思想红线。在我们的研究中，叶圣陶语文教育观也正是在这样的大背景下予以诠释和融汇。我们认为，叶圣陶语文教育思想的主要内涵包括：

其一，国文教学有其独当之任。

1940 年 8 月，叶圣陶在《国文教学的两个基本观念》一文中，阐述了对于国文教学的两个基本观念。"第一，国文是语文学科，在教学的时候，内容方面固然不容忽视，而方法方面尤其应当注重。第二，国文的涵义与文学不同，它比文学宽广得多，所以教学国文并不等于教学文学。"叶圣陶认为，"国文教学自有它独当其任的任，那就是阅读和写作的训练。学生眼前要阅读，要写作，至于将来，一辈子要阅读，要写作。这种技术的训练，他科教学是不负责任的，全在国文教学的肩膀上"[①]。在此，叶圣陶阐述了国文教学作为一门学科的独立价值，即要为一辈子的阅读写作打好基础。国文既是发展儿童心灵的重要学科，也是人生应付生活的必需工具，表现出叶圣陶对语文学科性质的辩证认识。

其二，国文是发展儿童心灵的学科。

1922 年 1 月，叶圣陶发表《小学国文教授的诸问题》，深刻分析了当时小学国文教学"不以儿童本位为出发点""不明白国文教授之真作用"的两大病根，明确指出："第一须认定国文是儿童所需要的学科。""第二，须认定国文是发展

---

① 叶圣陶：《叶圣陶教育文集（3）》，人民教育出版社 1994 年版，第 51 页。

儿童的心灵的学科。……学童所以需要国文，和我们所以教学童以国文，一方面在磨炼情思，进于丰妙；他方面又在练习表出情思的方法，不至有把握不住之苦。"①1923 年，叶圣陶在他撰写的新学制《初级中学国语课程纲要》中，把"使学生有自由发展思想的能力""有研究中国文学的兴趣"列为四项目标中的两项。②叶圣陶对语文教学的这一深刻认识，同他对教育的本质认识完全一致，即"各种功课有个总目标，那就是'教育'——造成健全的公民"③。国文教学关注学生的心灵发展，也即关注人的精神和思想发育，关注人的自身发展。

其三，国文教学必须抛弃旧式教育的古典主义和利禄主义。

1942 年 8 月，叶圣陶在《国文杂志》发刊词中，对国文教学承袭旧式教育传统提出激烈批判："旧式教育是守着古典主义的：读古人的书籍，意在把书中内容装进头脑里去，不问它对于现实生活适合不适合，有用处没有用处；……旧式教育又是守着利禄主义的：读书作文的目标在取得功名……至于发展个人生活上必要的知能，使个人终身受用不尽，同时使社会间接蒙受有利的影响，这一套，旧式教育根本就不管。"④叶圣陶鲜明提出，语文教育的根本目的和价值是"养成善于运用国文这一种工具来应付生活的普通公民"，既反映出对语文学科属性的准确认识，又体现了对现代教育目的和价值的深切把握。

其四，固本培根、科学有效的阅读和写作教学观。

阅读观：通过文字桥梁，把握意义情味。叶圣陶认为，阅读是读者和作者双向交流的过程，也是读者通过文字走进作者心灵的复杂心理过程。叶圣陶主张的阅读教学方法主要是鉴赏、想象、涵泳、揣摩、讨论、吟诵，在亲近文字的阅读过程中，不断培养和训练语感。应该说，这些方法是承继了传统语文教育的优良传统，是符合汉民族语文学习规律的经验之谈。

作文观：修辞立其诚。"诚"是叶圣陶一以贯之的做人准则。作文贵在"立诚"也是叶圣陶重要的作文教学思想。叶圣陶的作文"立诚论"，继承了中国

---

① 叶圣陶：《叶圣陶教育文集（3）》，人民教育出版社 1994 年版，第 11–12 页。

② 叶圣陶：《叶圣陶集（16）》，江苏教育出版社 2004 年版，第 3 页。

③ 叶圣陶：《叶圣陶教育文集（2）》，人民教育出版社 1994 年版，第 87 页。

④ 同①，第 92 页。

传统文化"忠恕""诚敬"的思想精华，更为注重从生活这一本原去汲取营养，增加阅历，磨炼情思，去培植求真、立诚的根本，把写作和做人完美地统一了起来。

叶圣陶对语文教育的理解如此深刻而全面，不是偶然的。作为语文教育家的叶圣陶，事实上可能具有其他许多人都无与伦比的独特优势。幼时苦读经典的五年，为叶圣陶打下了坚实的国学基础；几十年躬身从事大中小学语文教育的实践，使他对语文教育积累了许多切身经验；长期编辑中小学语文教材，多了一份别人所没有的透视语文的"视角"。尤其是叶圣陶具有丰富的文学创作成功体验，这无疑使他对汉语文特点和规律有着独到而深刻的把握和领悟。我们无法说清楚作为优秀作家对母语的这种把握和体悟，在多大程度上影响和成就了作为语文教育家的叶圣陶，但无可置辩的是，叶圣陶对语文乃至教育许多关键问题的认识，与他汉语创作的成功体验是密不可分的。比诸那些从书本到书本、从概念到概念，甚至把完全不同于汉文字的其他语言教学体系生搬硬套地移植到母语教学的做法，叶圣陶语文教学思想的巨大价值和独特优势是显而易见的。

还必须着重强调的是，叶圣陶语文观是他用教育家的宏大视角观照语文演绎出来的科学判断，同时又是遵循语文学科的内在逻辑归纳出来的实践智慧。我们认为，丰富的语文教育实践（包括编写教材），无疑为叶圣陶教育思想的形成提供了坚实的学科基础，相比那些缺少教学深刻体验的教育家，叶圣陶由学科教学走向教育思考，是一种莫大的优势；我们也同时认为，叶圣陶对语文教育的种种思考，时代的烙印深刻而鲜明。叶圣陶就读中学期间，正值辛亥前后，西学东渐，蔚然成风；在角直任教期间，又恰逢五四运动，虽处僻壤，但贪婪吮吸新文化思潮，其间还直接聆听了杜威在苏州的演讲。叶圣陶高举教育救国旗帜，抱持以改造社会之宏大理想投入教育改革，锋芒直指旧式教育。许多教育理念形成于先，也必然辐射到语文教育观念之中。叶圣陶语文教育观和其教育思想之间，存有一种紧密而深刻的相互影响、相互激荡、彼此生发、彼此成就的互动关系。这种源自语文学科的深刻体验和教育思想之间的逻辑张力，对于彰显其教育哲学的澄明与理性，对于保证其语文教育观的深刻与宏阔，其重大作用不言而喻。质言之，因为有了母语教育体验的坚实支撑，叶圣陶教育思想的实践性、民族性底色格外厚重；因为有了先进教育理念的统摄引领，叶圣陶语文教育思想也获得了现代性的可贵品格。现代性、民族性、实践性成为叶圣陶语文教育思想的特色和气质。

正是基于上述理解，我们开启了"叶圣陶语文教育思想传承与创新研究"的历程。我们的研究总体追求如下特性：

科学性：秉持科学态度，仰慕而不盲目，求真求实，论从证出。对研究对象不矮化也不神化，断语讲求分寸，逻辑力求谨严。既充分评估其意义和价值，又实事求是，做到有一分依据说一分话。

经典性：不泛泛而谈、面面俱到，而是精心选点，系统梳理其形成发展脉络，深入阐述其思想价值，准确厘定其学术方位，努力凸显成果的学术品位、文献品质和经典价值，使之成为前沿性成果。

实践性：我们坚持研字当头、立足实践、研以致用、研用结合原则，致力于寻找叶圣陶语文教育思想与当下教学改革的结合点、生长点、着力点和创新点，用思想的力量引领实践，用实践的精彩彰显理论魅力。

我们期待，在叶圣陶语文旗帜下重新集结，接续以叶圣陶为代表的前辈们开创的现代语文教育传统，守正笃实，传承创新，让母语的魅力和诗意在语文教育过程中尽情彰显，让语文原野成为师生共同的精神家园！

（本文为《语文的旗帜：叶圣陶语文教育思想传承与创新研究》导言，陕西师范大学出版社 2023 年版。）

民国语文三大家教育思想管窥

沧海横流，风云际会，20世纪大转折时代的苍黄风雨催生出一批现代语文教育家；而其中可以称之为学派的，我以为首推叶圣陶、夏丏尊、朱自清，似可简称之为"叶氏语文学派"，这应该是现代教育史上第一个具有学派意义的语文流派。

一

顾黄初是研究叶圣陶语文教育思想比较早的一位学者。他曾经深刻指出：叶圣陶语文教育思想实际上"是时代的产物，是与他同时代的一大批进步语文学家、语文教育家、文艺家、美学家共同智慧的结晶"[①]。他认为，"叶氏成就的事业，在当时是同这样一些语文界、教育界、出版界才华出众的人物的支持和合作分不开的"[②]。这些人物包括角直五高时期的吴宾若、王伯祥，吴淞中国公学时期的舒新城、朱自清、周予同、刘延陵，浙江一师时期的夏丏尊、陈望道、丰子恺以及顾颉刚、郭绍虞等。董菊初在《叶圣陶语文教育思想概论》中曾分别列出专章，介绍叶圣陶与夏丏尊、朱自清、陈望道、郭绍虞、陶行知、杨贤江、鲁迅、蔡元培、吕叔湘、梁启超、胡适、黎锦熙、浦江清、王伯祥以及老

---

① 顾黄初：《学习叶圣陶，发展叶圣陶》，《语文学习》1994年第10期。
② 顾黄初：《叶圣陶语文教育思想讲话》，开明出版社1994年版，第115-116页。

解放区的语文教育家等之间的学术联系。叶至善也曾说过："研究我父亲，和研究这些前辈结合起来，也许好些。"①

可以说，是伟大时代造就了叶圣陶这样一位在现代语文教育史上继往开来的人物。而与这些朋友之间的学术交往和联系，也正是伟大时代给予叶圣陶影响的一个重要组成部分。这么说，丝毫也不影响叶圣陶的学术地位，相反，正彰显出叶圣陶虚怀若谷的宽广胸怀和海纳百川的包容性格。在众多与叶圣陶产生人际交往和学术联系的朋友之间，最为重要的当属和叶圣陶同声相应、同气相求的两位民国语文大家夏丏尊和朱自清。叶圣陶、夏丏尊、朱自清三人是把个人情谊同学术志趣完美结合的朋友，有关他们三人之间的终身友谊，读者可参阅《三人行，行行复行行》。该文曾引述叶圣陶孙女叶小沫的一段回忆：一次在饭桌上吃饭，爷爷和爸爸照例喝着酒。不知怎么说起了外公，爷爷忽然泪流满面，放声大哭，连声说："好人，好人！"②

叶小沫说：爷爷长长的一生当中，让他这样大放悲声的，除了夏丏尊，只有朱自清。诚如斯言！在《佩弦周年祭》一文中，叶圣陶就曾这样写过："我喝多了白干，不记得怎么谈起了你，就放声而哭，自己不能控制。"1921 年 7 月，叶圣陶在上海中国公学任教，结识朱自清；1923 年（或 1924 年）到春晖讲学，订交夏丏尊。三人切磋砥砺，莫逆终生，成就一段杏坛佳话。夏丏尊 1946 年去世，和叶圣陶交谊 23 年；朱自清 1948 年病逝，和叶圣陶交谊 27 年。在《叶圣陶集》中，怀念夏丏尊、朱自清的诗文有近 20 篇，不仅如此，叶圣陶和夏丏尊或朱自清合著的书籍达 14 种之多。其中重要的语文教育著作有：

《文章讲话》 夏丏尊、叶圣陶合著

《开明国文讲义》 夏丏尊、叶圣陶等合编

《文心》 夏丏尊、叶圣陶合著，朱自清作序

《国文百八课》 夏丏尊、叶圣陶合著

《阅读与写作》 夏丏尊、叶圣陶合著

---

① 董菊初：《叶圣陶语文教育思想概论》，开明出版社 1998 年版，第 70 页。
② 马建强：《三人行，行行复行行》，《钟山》2012 年第 3 期。

《精读指导举隅》 叶圣陶、朱自清合著

《略读指导举隅》 叶圣陶、朱自清合著

《国文教学》 叶圣陶、朱自清合著

……

"嘤其鸣矣，求其友声。"老一辈学人之间，讲究的是以文会友，以友辅仁。叶圣陶和夏丏尊、朱自清之间深厚情谊的形成，既有他们性情淳厚、志趣相投的性格因素，同时也与他们的语文教育观有高度一致的契合分不开。这一点不仅表现在他们有如上所述的众多合著，同时也在他们各自的著述中清晰地表现出来。

叶圣陶语文学派由是应运而生。

二

关于学派的形成，有人认为大致有赖于师承、地域、问题三种因缘，因而学派大体上可归为三类，即"师承性学派""地域性学派"和"问题性学派"。师承性学派如阳明学派、章黄学派，地域性学派如浙中学派、泰州学派，问题性学派如考据学派、疑古学派。如果此说不谬，那么叶圣陶语文学派当既属地域性学派，也是问题性学派。他们出生、成长以及共同从事语文教育活动的地域主要是江浙地区，由传统至现代的语文教育变革则是他们所共同面临的时代课题。

先看他们的活动地域与交往，主要看三人有交集的部分。

1921 年 9 月，叶圣陶执教中国公学中学部，初遇朱自清，且在新旧两派斗争的风潮中结下友谊。胡适曾专程从北京赶来调解这场风潮，留下这样的日记："他们攻击去的新教员，如叶圣陶，如朱自清，都是很好的人。这种学校，这种学生，不如解散了妙！"[1]同年 11 月，朱自清到杭州浙江省立第一师范任教，朱自清又请来叶圣陶成为同事，两人为了能一起海阔天空地闲聊，将宿舍合并，

---

[1] 胡适：《胡适全集（29）》，安徽教育出版社 2003 年版，第 487 页。

一间屋作为宿舍，一间屋作为办公室，成为莫逆之交。在杭州期间，两人还一起筹办五四以来第一个专门的诗歌刊物《诗》。抗战期间，叶圣陶到重庆、乐山、成都等地，中学教国文，大学教文法、修辞和写作。1940年，叶圣陶任职教育厅教育科学馆专门委员，后主持开明编译馆成都办事处工作。这段时期和朱自清合作撰写《精读指导举隅》《略读指导举隅》《国文教学》三本语文教学指导书和理论专著，合编过《开明新编高级国文读本》《开明文言读本》两套国文教材。朱自清在昆明西南联大教书，回成都探亲休假三次，每次都是第二天便迫不及待地要见叶圣陶。

夏丏尊1921年与朱自清相识，一见如故。1922年，夏丏尊到经亨颐创办的春晖中学负责管理日常事务。1923年，便介绍朱自清到宁波四中和春晖中学同时兼课，次年则正式到春晖中学任教。其间，夏丏尊将意大利作家亚米契斯的教育小说 *Cuoer*（意大利语心的意思）翻译成《爱的教育》。朱自清曾有一首旧体长诗《白马湖》，叙写他与夏丏尊的友情。这段时间，叶圣陶在商务印书馆国文部编辑国文教科书，夏丏尊《爱的教育》正是由叶圣陶帮助出版。夏丏尊、朱自清在春晖任教期间，叶圣陶曾应邀到白马湖畔讲学。1925年春，夏丏尊等在上海联络叶圣陶等人组织立达学会，创办立达学园。1926年8月，夏丏尊与同乡章锡琛等一起创办开明书店，叶圣陶辞去商务印书馆的高薪职务来开明工作，声言"因为开明，老朋友多，共同做事，兴趣好些"。1930年，夏丏尊在开明创办《中学生》杂志，次年即由叶圣陶接任。其时，朱自清在清华大学任教，夏丏尊、叶圣陶仍然礼聘朱自清担任《中学生》特约撰稿人，为朱自清出版《伦敦杂记》。正是在开明书店，叶圣陶与夏丏尊在事业上相互砥砺，默契合作，在教材编写、语文研究、文学创作、编辑出版等方面创造出辉煌业绩。叶圣陶创作的小说《倪焕之》在《教育杂志》上连载，后在开明书店出版，夏丏尊作序文称之为"全力描写时代"的"划一时代"的作品。夏丏尊、叶圣陶合作出版了20多部国语国文教材；两人合作编写的《文心》，产生了广泛影响力，抗战前接受中学教育的人，很少没有读过《文心》和《中学生》的；《文心》的序言，则是由朱自清作的，朱自清对《文心》作出高度评价的同时，写道："本书写了三分之二的时候，丏尊、圣陶做了儿女亲家。他们俩决定将本书送给孩子们做礼物。丐尊的令嫒满姑娘，圣陶的令郎小墨君，都和我相识；满更是我亲眼看见长大的。孩子们都是好孩子，这才配得上这件好礼物。"[1]

可以看出，无论是就学术交往的深度和广度，叶圣陶和夏丏尊、朱自清三人之间的密切联系是其他人无法相比的。而三人中叶圣陶家住苏州，夏丏尊在上虞长大，朱自清出身扬州，共同的江南地域背景为他们奠定了鲜明的文化烙印和精神特质。这可能也是他们能够几十年同声相应、风雨同舟的共同文化基础。

三

以上是从地域性方面说的，再看问题性方面。发轫于20世纪初叶的现代语文教育，是一场重大的教育变革。一路走来，筚路蓝缕，面临着许多教育史上从未遇到过的历史难题，来自旧势力的重重阻挠和前进途程中种种无法避免的现代化陷阱，都使得那一代语文人义无反顾地成为语文教育转型的探求者和改革者。这是历史赋予一代人的使命。叶圣陶、夏丏尊、朱自清无疑是那一代语文人的典型代表。那么，叶氏语文学派具有哪些共同的思想倾向、精神特质和语文主张呢？

（一）现代意识

叶圣陶、夏丏尊、朱自清都是时代之子、教育志士，救亡图存的时代浪潮是他们共同的生存语境，五四新文化运动是他们共同的精神血脉。1905年，19岁的夏丏尊负笈日本，入东京弘文学院，1907年考入东京高等工业学校；1907年辍学回国后，即应浙江两级师范学堂之聘，担任国文教师，并积极投身教育改革，倡导白话文教学；为实现理想教育，夏丏尊还邀请一批志同道合的同志到春晖中学，在白马湖畔营造了一个闻名遐迩的教育环境。他在翻译的《爱的教育》一书中，更彰显了"爱是教育的灵魂"的教育理念。"教育没有了情爱，就成为无水的池，任你四方形也罢，圆形也罢，总逃不了一个空虚。"夏丏尊写

---

[1]　朱自清：《朱自清全集（13）》，江苏教育出版社2004年版，第472页。

在译者序言里的这句话早已成为情感教育的经典名言。叶圣陶比夏丏尊小八岁。1912 年中学毕业前夕，叶圣陶写下"此身定当从事于社会教育，以改革我同胞之心，庶不有疚于我心焉"的豪言壮语，随即投身小学教育。1917 年，叶圣陶在角直和志同道合的朋友们一起开始了轰轰烈烈的教育改革运动，做了中国历史上从未有人做过的事。1919 年发表第一篇教育论文《今日中国的小学教育》，提出"小学教育的价值，就在于打定小学生一辈子有真实明确的人生观的根基"[①]，由此奠下了其"为人生"教育思想的第一块基石。1916 年，朱自清中学毕业并成功考入北京大学预科，积极参加五四爱国运动，嗣后又参加北大学生为传播新思想而组织的平民教育讲演团。他投身新文学运动，其作品热切地追求光明，憧憬未来，有力地抨击黑暗世界，揭露血泪人生，洋溢着反帝反封建的革命精神。反对旧教育，提倡新文化，呼吁教育救国，培养公民的现代教育理念，是他们共同的价值追求。因此，和旧式教育的科举应试、读经作文有霄壤之别，他们的语文教育观具有鲜明的现代意识。

（二）文学底色

叶圣陶、夏丏尊、朱自清都是现代著名作家。叶圣陶、朱自清无须赘言，他们都以丰硕的创作成果跻身现代文学名家之列。夏丏尊也是中国新文学运动的先驱者之一，文学研究会的第一批会员。1924 年翻译出版了《爱的教育》，影响了几代教育人；还曾翻译过日本田山花袋的《棉被》，是中国最早介绍日本文学的翻译家之一。夏丏尊的学术著作还有《文艺论 ABC》《生活与文学》《现代世界文学大纲》等。"操千曲而后晓声，观千剑而后识器"（刘勰《文心雕龙》），丰富的创作经历、深厚的文学情怀、成功的创作体验，这些无疑使他们对汉语文本质特征、审美特性和学习规律，有着别人所不曾有的独到而深刻的把握和领悟。在教材选编上，文学作品占有相当比重。叶圣陶说过："小学生是儿童，他们的语文课本必是儿童文学，才能引起他们的兴趣，使他们乐于阅读，从而发展他们多方面的智慧。"当年，叶圣陶编写的《开明新编国文读本》受到社会

---

① 叶圣陶：《叶圣陶教育文集（2）》，人民教育出版社 1994 年版，第 8 页。

普遍欢迎，其浓郁的文学特质是重要原因，更重要的是表现在对学科性质的理解和把握上。"文字是一道桥梁。这边的桥堍站着读者，那边的桥堍站着作者。通过了这一道桥梁，读者才和作者会面。不但会面，并且了解作者的心情，和作者的心情相契合。"这是叶圣陶的话，其实也表达出他们共同的语文教育观。作者的心情，就是作者凭借文字营造出来的氛围、意境、思想情感。概言之，是作者流淌在文字中的生命，是源自作者心灵的歌哭，或者说，就是作者的心灵；而触摸作者心灵的路径，就是文字。语文教育的全部秘密，就在于此。真理就是如此简单而纯朴。没有对文字奥秘和语言规律的深刻洞悉，是很难有如此切中肯綮之言的。

（三）民族传统

三人中，夏丏尊曾负笈日本，朱自清曾游历欧美，但时间都不是很长；而叶圣陶一直立足国内。无论出国与否，他们对西方现代教育理念都积极吸收，但同时却又从不做"学究式"的概念推演和"书斋式"的坐而论道，而是深深植根于中国教育土壤，始终从教育教学实际出发，不断提出、探索和回答语文教育现实中的重大问题。他们都以自身深厚的国学素养为坚实依托，以丰富的汉语文学创作体验为经验源泉，以长期亲力亲为的教学实践和教材编辑实践为研究基础，接受西方先进理念但绝不照搬，从中国传统文化中汲取营养，孜孜探求契合汉语言审美特性、符合汉语言学习规律的现代语文教育方法，从而形成了具有浓郁中国特色和民族风格、包蕴深厚中国历史文化图景和现代文化底蕴的语文教育思想。即以教学方法论为例，譬如叶圣陶的"揣摩说"、夏丏尊的"语感说"、朱自清的"咬文嚼字说"，无一不折射出他们对汉语言文字特性的精湛把握和深刻领悟。应该说，这些方法是承继了传统语文教育的优良传统，是符合汉民族语文学习规律的经验之谈。这样的语文学习，紧紧抓住"语言"这个抓手，深入体会语言的精神内涵，既有效提升语文素养，又深入感受语言深处蕴涵的人文情怀。如此，母语的魅力和诗意都在语文学习过程中尽情彰显。走进语文，便是亲近母语，便是走进我们的精神家园。

当然，这些都是就大的方面而言。若就语文教学的具体方法主张而言，三人在方向一致、大旨相同的同时，也会有各自的侧重方面。譬如，叶圣陶可能会着眼语言和思维之间的关系，更加重视语言的工具性及其在教学中的基础地位；夏丏尊可能更偏重语文的形式特征和语感培养；朱自清对文化经典的重视程度则超过叶、夏二人。

四

我们之所以要聚焦叶圣陶和其同时代的语文教育家做学科层面的横向比较研究，绝非标新立异，为"学派"而"学派"，我们的考量是，试图从语文教育家层面深入探寻叶圣陶语文教育思想的历史坐标。那么，该如何认识叶圣陶、夏丏尊、朱自清语文教育思想的历史方位和当代价值呢？换言之，我们今天除了向先贤们表示仰慕和敬意之外，是否还有必要从他们的语文教育思想中汲取营养和智慧呢？当然，回答是肯定的。

从历史的角度说，叶圣陶他们所处的时期，正是中国社会由传统向现代转型的肇始，语文（时称国文）教育也正如一个新生婴儿，旧时代之脐带和新时代之胎记相互缠结，经验和教训杂陈，辉煌和艰难并在。他们所进行的一切探索和创造，对于今天的我们，都是一笔宝贵的财富，具有传承和借鉴的重大价值。尤其是百年时光在历史长河中只是瞬间；相比他们的时代，今天仍处于同一历史转型时期，语文教育的现代转型，仍在路上。昨天他们面临的问题今天同样存在，他们的思想和智慧对今天仍然具有深刻启迪。把叶圣陶、夏丏尊、朱自清这三位思想一致、旨趣相同且又渊源甚深的语文大家聚集在一起，作一学派意义上的集体亮相和整体观照，三家之言相互映衬、相互烘托、相互参照、相互诠释，则可更加凸显他们对语文教育的种种思考，便于读者全面地而不是片面地、整体地而不是孤立地、辩证地而不是机械地学习其完整的思想体系。

从现实的环境看，语文教育一直是纷争不断、折腾最多而社会满意度较低的一个学科。"文化大革命"以前的语文教育有过一些成功的探索，但也不可避免地受到极"左"思潮的干扰和破坏；改革开放40多年来，语文教育出现复苏和繁荣的局面，其最好时期可能还要算20世纪80年代，百废正兴而拨乱反正，诸家蜂起而空气清新。之后，也许是社会转型加速而颠簸加剧，语文的身影却总是荡秋千般地左右晃动，常常从一个极端走向另一个极端，一会儿强调语文的基础能力而忽视精神陶冶，一会儿高扬人文性旗帜而悄然丢弃了"语文"。平心而论，这种屡屡失衡现象的根源并不全在语文自身，社会对教育的制约作用往往因为语文学科的特殊性而变得格外敏感，但是语文界本身也绝对难辞其咎。其最大错失似乎就在于对母语教育传统尤其是现代语文教育传统的轻视、漠视甚或怠慢。母语教育的改革路径，理所当然地应从本民族语文教育传统中汲取营养传承经验，而不是生搬硬套其他语言系统的法则和定律。民国时期处于旧式教育向现代教育转变的关键节点，承前启后，民国语文是中国现代语文教育奠基的关键时期，积淀的语文教育经验十分宝贵。从某种意义（譬如学科教育）上说，那也是一个需要巨匠而且产生了巨匠的时代。叶圣陶、夏丏尊、朱自清就是那一批巨匠中富有典型意义的代表人物。可惜，我们很多人已经忘记了这些熠熠生辉的名字；而对于什么是真正的语文，什么是符合母语特点和规律的语文教育，常常盲人摸象一般，一叶障目，不见泰山，或搬弄概念，故弄玄虚，与母语教育的本质渐行渐远。

我不由得想起了纪伯伦的诗句："我们已经走得太远，以至于忘记了为什么而出发。"重新集结在叶圣陶、夏丏尊、朱自清的语文旗帜下，接续他们开创的现代语文教育传统，已然成为时代的召唤和历史的必然。

（本文为《什么是我们的母语：民国三大家论语文教育》序言，华东师范大学出版社 2014 年版，收入本书时略有增补。）

读书好似播种

语文教师应该成为杂家，这话可能许多人都说过。我初次听到，是在我读师范时的语文老师——张维旭先生的课堂上。张老师的文选阅读课是最受我们欢迎的课之一，而这位语文老师的专业却是历史。也许，"杂"真的应该成为语文教师读书的一种底色，虽然"杂"而成家非一般人所能望其项背。

一

我出生在一个普通的农民家庭。父亲小时候上过短时间的冬学，应该是农闲时的识字班吧，但家无寸纸。据说曾祖父是读过书的，考过秀才而未中。舅舅是小学教师，家里会有一些文艺杂志，母亲常带回家来"剪鞋样"用。那时，我曾对母亲提出，必须先让我看完之后才能开"剪"。我就是从那些旧杂志开始最初的阅读之旅的，那是我读小学一二年级的时候吧。我的第一本课外书，也是舅舅带我到县城新华书店买的，现在还记得叫《冰凌花》，是儿童文学读物，书里关于东北兴安岭、兴凯湖神奇风光的描写给我留下了深刻印象。这本书，可算是我第一本正式的启蒙读物。记得我读小学时还曾自费订阅过《中国少年报》。

五年级时，"文化大革命"开始，邻居家有一套四卷本《毛泽东选集》，我天天在他家翻阅，从中得到不少政治、历史知识。没有更多的书读，是当时最大的烦恼，有时这种烦恼甚至比物质生活的匮乏更为难挨。记得自己曾从村里读过初中的叔叔家找到过一些没头没尾、没有作者、没有书名的旧书，狼吞虎咽地读了《红岩》《红旗谱》等几本长篇小说。滹沱河畔年轻人的爱情，北方草原上悠扬的马头琴声，都曾在乡村少年的敏感心头，留下深深的文学烙印。那可算是我最初的文学启蒙。高一时，曾从学校领到过一本"课外文选"，一篇《三月雪》，让我如痴如醉。我第一次惊讶地发现了文字的美好和魅力，心像融化了又像是醉了一般。当了多年的语文教师后我才知道，那其实是一种文学的感动和陶醉！可在当时，在最容易感动也最需要感动的年龄，我们的这种感动是来得多么少啊！过了那个懵懂的激情年代，再读文学，很精彩的文学，我们却只有欣赏，只有分析，而再也难有那种刻骨铭心的感动。在后来求学的日子里，我们可以贪婪地补上名著阅读这一课，可再也补不上那一份来自心灵的感动和陶醉。读书好似播种，是有特定季节的。不同的年龄需要不同的阅读，错过了，就是一种无法弥补的人生缺憾！

二

高中毕业后，我回乡务农。一年之后，担任民办教师，有机会读到单位唯一的一份报纸《光明日报》，常常是一字不漏地从头版读到末版。《光明日报》有文学、史学、哲学等各种副刊，每遇副刊更是如获至宝。舅舅的单位靠近县城的公社中心小学，有多份报纸，尤其是有一份标明"内部订阅"的《参考消息》。我常常利用星期天去走亲戚，骑着自行车往返三四十公里，其中一个重要目的就是去看报纸。经常是每次去后，就睡在办公室里，白天连着晚上，非把近一个月的报纸全部翻阅完毕，才能踏实睡觉。于是，看报纸成了我多年保持的一种阅读习惯。

那是一个名副其实的书荒年代，读报代替读书，是一种无奈，你别无选择！那段时期，我也读到过一些重要的书，读得最多的是鲁迅，但都是单行本。鲁迅的小说、散文尤其是杂文我都读过，开始时不怎么懂，后来读得多了，也就渐渐明白了其中的一些意味。当时陪伴我的唯一一本古文，是为配合"评法批儒"出版的《龚自珍诗文选注》，让我知道还有一种文章是和今天的文章不一样的，算是打下了一点文言文的基础吧。龚自珍的散文不好懂，但他的诗歌我很喜欢，当时反复读过多遍。

做民办教师期间，有一次到公社中心小学开会，发现中心小学有个可以借书的地方，几个上了锁的书橱，立在校长的宿舍兼办公室里，每位教师每次可以借一本。那时已是"文化大革命"后期，虽革命风潮已过，但读书仍是一件十分奢侈的事。隔着玻璃门，我紧张而激动地选了《论艺术——没有地址的信》这本书，作者是一位外国人。凭着直觉，我认为这是一本小说，当时我只对文学入迷。回到家才发现，这根本就不是小说，而是一本谈艺术起源的纯理论书。反正也没书读，将就着看看吧。就这样，硬着头皮"啃"了下来，没有读懂多少东西，那个稀奇古怪的作者名字也没有记住，但也算有了一次艺术理论的启蒙。若干年以后，我才知道，这本书是俄国著名文艺理论家普列汉诺夫的名著《论艺术》，也译作《论艺术——没有地址的信》。或许是从这里受到了最初的美学启蒙吧，我渐渐对理论书籍有了一点兴趣。后来，陆陆续续从那个"威严"的书橱里，借到了范文澜的《中国通史简编》，文史哲经无所不包的百科全书一般的《读报手册》，还有记述希特勒第三帝国由兴而衰全过程的《第三帝国的兴亡》，纯粹是囫囵吞枣，但毕竟也算尝过了一些酸枣之味。在适当时候播下种子，口味就会慢慢形成。后来，碰到了李泽厚的书，一下子就迷上了他的哲学美学思想，从思想到文笔，沉醉不知归路。我想，或许与这段时期的文史杂览尤其是那本《论艺术——没有地址的信》有一定关系吧？

三

1977 年恢复高考，我考取淮安师范中文专业。披星戴月，学校赶教学进度，中文专科课程没有修完，我们就被提前送往教学一线。初中恢复三年学制，急需大量教师，我和我的师范同学们就这样成为苏北乡村教育的"突击队"。后来，又读了三年本科函授，总算比较完整地接受了中文本科教育。

就读师范期间，除了学习专业课程，课余时间几乎全都泡在图书馆里。那时的学习风气可是真好，晚自习，稍稍迟到一点，阅览室就找不到座位。用如饥似渴、饿汉扑在面包上之类的比喻，一点都也不觉得夸张。同学中有一位老大哥，他的阅读兴趣很特别，一般同学都是看文学著作或者期刊，老大哥看的却主要是各式各样的社科杂志，而且很认真地做笔记。受他的影响，我也会经常乱翻各种社科期刊，碰到有兴趣的内容也会做些摘记。我的阅读是盲目的，一个字"杂"，但凡感兴趣的都看。老大哥不一样，他是有目标的，只是当时我并不知道。师范毕业不久，老大哥就发表了几篇太平天国方面的研究论文，又不久，考取一所重点大学的历史专业研究生，由硕士到博士，现在早已是颇有影响的教授、博导了。这种没有目标、杂七杂八的泛读，于我而言，虽然没有形成什么专业研究方向，但或许也起到了一些培养"阅读口味"的作用。这些都是后来慢慢体会出来的。

师范毕业，我被分在黄海之滨、离县城最远的一所乡村中学。学校图书室几乎无书可读，只好把希望寄托在报刊上。那段时间，我自费订阅《语文学习》《诗刊》等刊物，还报名了《诗刊》社组织的"刊授大学"。《语文学习》等专业期刊给我的教学带来许多鲜活材料和经验，"诗"则是当年的兴趣爱好，两者相互助益，并无抵牾。每天傍晚时分，我会踩着石板路，准时来到小镇邮局，领取当天轮船航班带的精神食粮，然后心满意足、悠然自得地坐在办公室前的椅子上，尽情享受惬意的阅读时光。如遇五级以上大风，轮船断航，我会很失望，仿佛只有此时才实实在在地发现了我和城里人的距离。

值得一说的是和苏霍姆林斯基的相遇。那是在另一所乡村中学，我的母校。一个偶然的机会，我在学校图书馆发现了一本蒙尘的小书，苏霍姆林斯基的《给教师的100条建议》。粗读下来，觉得其中有很多富有启发性的内容，比我们在师范学校学到的教育学要具体、鲜活、生动得多。我如获至宝。从此，我们语文组教研活动中的一个常规内容，就是共同学习这本《给教师的100条建议》。每次读一点，然后大家议一议，不拘一格，畅所欲言，感觉收获多多，更大的影响则是在日后的教育生涯中慢慢显现出来。可以说，苏霍姆林斯基是第一位给予我深刻影响的教育家。

四

1985年，本科函授毕业，我进入灌南县中学工作。未曾想到的是，此一去，在我个人的阅读史上竟然有了划时代的意义。

在这里，我遇到了李泽厚。

关于阅读李泽厚的故事，我已在许多地方说过，这里就不详细展开了。的确，无论是教学还是研究，无论是读书还是做人，无论是思想方法还是文笔文风，李泽厚先生都给我以诸多启迪和教益！

后来我才知道，其时的李泽厚已凭借一本《美的历程》大红大紫，成为风靡全国的学术明星。李先生到北京大学演讲，在食堂就餐时，竟然被大学生们包围得水泄不通。还有一个似乎有些夸张的说法，当时的大学文科生宿舍，几乎每个房间都能找到《美的历程》，如同"凡有井水处，皆能歌柳词"。可这些，与我无关，我也并不知晓。我工作的那个乡村学校，不仅偏居海滨一隅，而且三面环水，是一个近乎与世隔绝的"半岛"。在那个时代，交通闭塞即信息闭塞，李泽厚实在是离我太过遥远。我是后来在本科函授的课堂上知道李泽厚这个名字的。徐州师院美学老师印锡华先生很会讲课，可以把枯燥乏味的美学理论课上得风生水起，兴味盎然。我记住了印先生上课时在手里转来转去的淡绿色茶杯，也同时记住了李泽厚这个陌生的名字。

我读李泽厚的第一本书并不是《美的历程》，而是他的一本学术随笔《走我自己的路》。吸引我的，与其说是作者那深刻的思想，还不如说是他十分清新睿智的文笔，或者更准确地说，是那思想和文笔水乳交融在一起的感染力。《走我自己的路》中多次提到，读书要广博杂，研究要精专细。要注意微观研究，要以小见大，由小而大。尤其是初学者，一定要学会选择一个个很小的点，深入下去，逐步地拓宽拓深。这些道理对别人也许无甚新鲜之处，但对我来说，却似醍醐灌顶。正是李泽厚这番读书和治学的经验之谈，开启了属于我自己一个人的研修之路：发现语文之美，而且一走就是几十年。随着对李泽厚阅读的不断深入，我的语文审美研究也在曲曲折折地摸索前行，由语文美育走向语文之美，将视角由关注语文外在育人功能走向聚焦语文本体之美，后来又再进一步走向纵深，由语文之美迁移到学科魅力，进而由语文学科走向教育美学。这种以小见大、由小而大的治学方法，最初即是从《走我自己的路》中得到的启发。《走我自己的路》是我教学教研之路上的良师益友！那片荒芜的旷野上，种子一经播下，就总会在某个角落悄悄发芽。

五

读过《走我自己的路》之后，我的阅读似乎有了新的方向，便到处搜寻李泽厚的书。每次出差，新华书店总是必去之地。以前去书店，多是随便乱翻，浏览而已，因为囊中羞涩，也因为没有什么特别关注之处，因此是看得多，买得少。现在不同了，只要是李泽厚的书，遇见必买。但那时的李泽厚大红大紫，他的学术著作也成了畅销书，偶尔的一两次出差很难碰上。我手里的李著大多是从外地邮购，或是外地朋友买来送我的。20世纪90年代初，安徽文艺出版社出版了一套六卷本的《李泽厚十年集》，我几乎是第一时间从合肥购得，李泽厚重要著述都囊括其中了。把沉甸甸的一套书放进书橱，顿时有了一种高朋满座、蓬荜生辉的感觉。多少个或阴或晴的日子，多少个一灯如豆的夜晚，我就在这默默的阅读中，汲取养料，消磨时光，驱遣心情黯淡的艰难时刻。

作为读者，我就这样默默地读着自己心仪的书。这过程本身就是一件十分幸福的事。从未想过，后面还会有故事发生。

转折之点是因为那本《浮生论学：李泽厚、陈明2001年对谈录》。书中李泽厚的许多治学和人生故事，引起了我的好奇。曾有人把读书比作吃鸡蛋，你只要觉得鸡蛋好吃就够了，何必还要去看鸡的模样？读者和作者是不必一定要见面的。这话就一般情况而言，无疑是对的，而且是一个很风趣的比喻。但我想说，这要看"鸡蛋"到底是一个怎样的"鸡蛋"，还要看吃了这"鸡蛋"究竟是否产生以及产生了怎样的反应。有的鸡蛋，吃了就是想看看下这个蛋的鸡。读了那本《浮生论学：李泽厚、陈明2001年对谈录》之后，我产生了更多了解李泽厚的强烈欲望。于是，我和陈明有了联系。通过陈明，我有了李泽厚的联系电话。后来，我们打了好多的越洋电话。再后来，我们见面了，而且不止一次，在北京，在上海，在苏州。再后来，我得到李泽厚先生的授权，选编了《李泽厚论教育·人生·美——献给中小学教师》和《李泽厚话语》（和邓德隆合编），编撰了《李泽厚学术年谱》。这几本书都有后记，有关我和李泽厚先生交往的许多故事，里面都有详尽的说明，这里就不再赘述了。总之，邂逅李泽厚，是我阅读旅途中最为幸运的一个"偶然"！这里几乎是我个人专业发展、精神发育全部的"诞生地和秘密"。当然，这样说并非我只读李泽厚而不读其他书，只是强调李泽厚对我个人成长的重要性而已。事实上，20世纪80年代几套影响深远的丛书，"走向未来""文化：中国与世界"，以及李泽厚主编的"美学"丛书和"美学译文"丛书，我也曾读过、浏览过一些，虽说大多是"贪多嚼不烂"，没有真正读懂多少，但不排斥，不拒绝，有新鲜感，也算经历过西方学术思潮的初步洗礼吧。

2017年，我有机会将多年积攒的一些随笔札记整理成书，其中多与读书有关。蔡元培、梁启超、陈寅恪、宗白华、赵宋光……一路走来，我从这些大师那里获益良多，便用"星空与岁月"为这一辑命名，致敬岁月，感恩前贤。另有两个人物专辑，一是"重新发现叶圣陶"，二是"走近李泽厚"。叶圣陶和李泽厚，的确是我近20年来的阅读重点。阅读叶圣陶是我的工作，职责所在；阅读李泽厚是我的业余兴趣，边阅读，边研究，相向而行，相辅相成。"重新发现叶圣陶""走近李泽厚"这两辑文字，其实也是在一个更深层面回答"我是谁，我从哪里来，我到哪里去"的问题。

我把这个小册子命名为《写在讲台边上》，其实，我想表达的是一个人的思想历险过程；书出来后，有评论称是一位教师的精神发展史，似乎也有点像。

相信种子，相信岁月

一直非常喜欢梭罗富有哲思而又不乏诗意的言说："相信种子，相信岁月。"回眸自己语文教学教研的一路风雨，感慨最深的也还是这句话。农人最现实，但他们决不指望今天早上播下种子，就企望着明天傍晚得到收获。不管墒情如何，土质怎样，也不管未来是怎样的收成，总是该浇水的时候浇水，该耕耘的时候耕耘。

一、漫漫语文美育之路

师范毕业，在乡村工作了6年，我曾用一句话概括那时的语文课："跟着感觉走。"1985年，我调入省重点中学——灌南县中学。幸运的是，我遇到了对我的教学观念产生很大影响的李坦然老师。李老师对我语文教学的影响，我曾在多个地方讲过，但在这里还是不得不提起。在我们每个青年老师的成长路上，都会有这样能给你以切实帮助和影响的人。古人云：三人行，必有我师。重要的是我们是否真正"认识"与我们同行的老师，是否抓住身边的这些学习机遇，以及是否拥有开放的心态。从李老师的课堂上，我悟出了语文教学的不少门道，也让我在起步之时少走了许多弯路。受李老师的影响，我也努力追求一种朴实无华的教学境界，教学中总是力求在课文中找出一个个语言的精彩亮点，让同学们去讨论、去发现、去揣摩作者的用意，领悟语言的魅力。当时还无力对它进行理论概括，但我已经朦胧地感觉到，理想中的语文教学似乎就应该像李老师这样，沿着"语言"（或规范地说"言语"）的路径，走向更深更远的地方。从语言入手，品味词语，咀嚼细节，鉴赏技巧，正是我最初语文美育实践的三个着力点。语文教材对语言的要求很高，选文出自名家之手，经过千锤百炼，言浅意深、言简意丰之处甚多。语言是思想的直接现实。关键词语、经典细节、艺术技巧，更是作家语言艺术的凝聚之处。由此入手，走进文本深处，走进文字背后的思想和情感内涵，即品味语文之美。显然，这还是一种大而化之的简单归纳，语文之美的发现，空间其实十分广阔！但我的语文美育的确就是这样简简单单起步的。

真正理性地省视自己的语文教学，是在读了李泽厚《走我自己的路》之后。关于这本书给我的启发和帮助，我也曾在多个地方说起。要说清我研究语文美育的因缘，这本《走我自己的路》的确也是一个绕不过去的话题。因为正是该书中作者的"治学经验谈"，让我坚定地选择了自己的专业发展方向。在这些"治学经验"的指引下，我选了语文教学领域的一个个很小的点：教学情境、教学情绪、教学风格、教师素质、教学创造……结合自己的教学实践，从审美的角度作些探讨，很快，短短几年内，我相继在《教育研究》《普教研究》《教育探索》《江苏教育研究》等刊物上发表了一系列研究文章。从此，一发而不可收，我就这样莽莽撞撞地踏上了漫漫语文美育之路。因此，多年来，我一直对李泽厚先生充满感激之情，但怎么也没有想到的是，20多年以后，我们竟然有了若干次深入的交流和交往，而且，这种交流和交往还直接催生出了果实：我或编或撰了与李泽厚先生有关的几本书。这已是题外之话了，但我仍然不得不说，感谢生活，感谢岁月的馈赠！

二、从语文之美到教育美学

在语文美育之路上，一走就是20年，我也从一个青年走成了中年，从杏坛学徒走成了特级教师，从苏北小城走到江南，走到了苏州。我有了自己得心应手的课堂，有了自己不断累积的体会，也有了自己的第一本语文美育专著。一次，我阅读英国教育家赫伯特·斯宾塞的作品，其中一段话让我印象极深，而未曾想到的是，这段话从此开启了我的又一段新的旅程。斯宾塞的话我在前文中已经引过，此处从略，总之，一石激起千层浪！

斯宾塞的话引起了我的思考和顿悟。斯宾塞用"诗意"一词来解释科学的魅力，而对于语文来说，语文之美，就是作者凭借文字营造出来的氛围、意境、思想情感，是作者流淌在文字中的生命，是源自作者心灵的歌哭，或者说，就是作者的心灵。同时，语文之美，也是作者凭借文字呈现出来的母语的魅力，或者说是语文形式的魅力。不同的文体有不同的魅力，不同的风格有不同的魅力，不同的表达方式也有不同的魅力，甚至不同的教学个性、教学语境都会碰撞、生发、创造出不同的语文魅力。语文如此，其他学科也莫不如此啊！

于是，近几年，我从经营多年的语文美育基地重新出发，从语文学科走向整体教育。功夫不负有心人！我欣喜地感悟到了发现学科魅力或者说学科之美的重要意义。在我编著的《什么是真正的教育——50位大师论教育》一书中，我即从教育学整体构架出发，把"知识的魅力"作为全书的一个重要章节。我认为，学科之美应该成为教育学研究的重要内容和极具创新意义的突破口。一番追寻和叩问的结果是，我逐步形成了自己的教育美学思想框架：教育本质之美、教育内容之美、教育艺术之美、教育主体（教师）之美、教育主体也是教育对象（学生）之美。教育应该是一项充满智慧同时也是培育学生智慧的工作，教育应该是一项为学生幸福人生奠基同时教师也能从中体会到职业幸福的工作，教育应该让学生经常感受到学习之美同时教师也能体验到劳动之美的工作。与教育之美同行，教育生活会丰盈而温暖。返璞归真，正本清源，你会发现，教育原来可以如此朴素而美好！

站在教育美学的高地上，再来审视我的语文教育观，我觉得用"发现语文之美"来表述要更加贴切。语文美育，还是更多着眼语文的外在功能，虽然这也是语文教学必须承担的任务，但还是缺少了对学科内部规律的洞悉与揭示；"发现语文之美"，则是进入语文内部，着眼于语文自身的魅力，其中自然包含了对语文学科内部规律的探求。于是，在2013年出版的《发现语文之美》中，我对语文自身魅力即内部规律给予了比较多的关注，力求从语文角度诠释学科之美。我以为，从语文美育到发现语文之美，表明自己在语文认识之路上的一次升华；而这次升华，来自对教育美学的整体思考。科学有险阻，认识无止境。对教育美学的求索，我仍然在路上。

三、走近大师，走近叶圣陶

对于作为语文教育家的叶圣陶，早在 20 世纪 80 年代我就知晓，当时有过一个全国学习叶圣陶语文教育思想的热潮。但于我而言，其实也就是记住了诸如"教是为了不教"之类的教育格言，真正走近大师叶圣陶，还是 2001 年我来到苏州之后的事。

苏州一中是叶圣陶的母校。1907—1912 年，叶圣陶在这里度过了五年中学学习生活，接受了当时先进的现代教育。之前，他上过几年私塾和一年新式小学，中学毕业之后即走上小学教育之路。因此，人们一直都把叶圣陶在苏州一中的五年求学生活和在角直小学的五年教学生涯，看作叶圣陶教育思想重要的两个源头。我们学校也一直有着学习弘扬叶圣陶的传统。进入苏州一中校园，首先映入眼帘的就是一尊叶圣陶汉白玉塑像。来到苏州一中不久，我即担任学校教科室主任。学习、研究叶圣陶教育思想，成了我的"分内事"。恰在此时，有一股否定叶圣陶语文教育思想的"风"在语文圈内圈外陡然兴起。本来如果作为一种学术讨论或争鸣，对一种学术思想见仁见智都是正常的，但在当时似乎形成了一种强大的潮头：新的教育理念来了，一切传统的教育思想、教育方法统统过时了，落伍了！

在此背景下，既由于本职工作的需要，更是因为对眼前纷繁现象的质疑和警觉，我开始认真阅读和深入研究叶圣陶。不得不再次提到李泽厚。李泽厚的哲学和思想方法又一次给予我极大的启迪。多年以后，在我编选的《李泽厚论教育·人生·美——献给中小学教师》后记中，有一段话表明了这段时期的心路历程：

在教育改革进程中，如何看待西方教育思想和中国传统教育智慧的关系，李泽厚的文化观也对我们启发良多。如何看待传统文化，李泽厚一直是既不保守又不激进。一方面，李泽厚主张大力引进西方先进观念，但同时他又主张继承汲取传统文化精华。他既不主张激进地否定传统全盘西化，又不赞成不分青红皂白地照搬所谓"国学"精粹，用李先生自己的话说叫作"转换性创造"。可以说，李泽厚后半生孜孜矻矻就是致力于这种思想文化的"转换性创造"。教育也是一种文化。用李泽厚的思想观照我们近些年一波接一波的教育喧腾，很多现象就可以看得比较清楚。即以语文教育为例。我们的母语教育形成的优秀传统，尤其是五四以来叶圣陶、朱自清、夏丏尊等那一代语文巨匠的教育经验，我们真的能说扔就扔弃之若敝屣？真的能轻率地全盘否定或者动辄"走出窠臼"？那种过分的激进，是不是可以说是思想方法的片面偏狭或者不够成熟呢？

因此，正是在否定叶圣陶、否定教育传统甚嚣尘上的那些日子里，我和我的教育同仁们一起，在我们力所能及的范围内，具体说就是在我们学校，大力推动开展学习实践叶圣陶教育思想活动。深入的学习研讨让我们达成共识：西方有西方的教育哲学，东方有东方的教育智慧。东西方教育都在不断吸取对方的长处，但绝不应该是全盘照抄；我们要在学习借鉴一切先进教育思想的基础上，努力完成传统教育的现代化转型。对于我们的母语教育，理所当然地应从本民族语文教育传统中汲取营养传承经验，而不是生搬硬套其他语言系统的什么法则和定律。民国时期处于旧式教育向现代教育转变的关键节点，承前启后，民国语文是中国现代语文教育奠基的关键时期，那一时期积淀的语文教育经验十分宝贵。从某种意义（譬如学科教育）上说，那也是一个需要巨匠且产生了巨匠的时代。叶圣陶、夏丏尊、朱自清就是那一批巨匠中富有典型意义的代表人物。可惜，我们很多人已经忘记了这些熠熠生辉的名字。而对于什么是真正的语文，什么是符合母语特点和规律的语文教育，常常盲人摸象一般，一叶障目，不见泰山，或搬弄概念，故弄玄虚，把语文弄得与母语教育的本质渐行渐远。

十年辛苦不寻常。十年过去了，我们的叶研工作也在不断走向新的境界。

学校建立了叶圣陶教育思想展馆，省教育行政部门批准苏州成立了江苏省叶圣陶教育思想研究所。于我个人而言，出版了三本有关叶圣陶教育思想的选本。其一，叶圣陶教育思想读本《如果我当教师》，整本书以叶圣陶"为人生"教育思想为主线，分教育观、教学观、语文观、教师观、学生观等七个板块，构建了一座叶圣陶教育思想大厦；其二，《教育照亮未来——民国八大教育家经典文选》，聚焦蔡元培、胡适、陶行知、叶圣陶等一批民国教育家，作教育理念上的横向比较，试图从教育家层面厘定叶圣陶教育思想的历史方位；其三，《什么是我们的母语：民国语文三大家论语文教育》，聚焦叶圣陶、夏丏尊、朱自清三位民国语文教育家，作学科层面的横向比较，试图从语文教育家层面探寻叶圣陶语文教育思想的历史坐标。如此，三个选本形成三个不同维度，支撑起叶圣陶教育思想（包含语文教育观）研究一个稳定而自足的文本世界。我把这三本书视作向先贤的致敬，更是对未来教育的叩问。

四、人生即选择，选择即放弃

有哲人说：人生即选择。其实，我们也可以说：事业即选择。在我们事业发展之路上，常常充满着各种诱惑、歧路和机缘形成的困扰。不同的选择，即意味着不同的事业路径和发展结果；而每一次选择，即意味着对其他方面的放弃。某种意义上，选择之难即放弃之痛。

在我的事业旅途中，也曾有过两次比较重要的选择。第一次是在 1984 年夏天，我刚刚走上教坛的第三个年头。一场铺天盖地的教育改革大潮在家乡涌起：校长聘任制。县教育局任命校长，而校长以下包括副校长在内的所有人员均由校长聘任，谓之"组阁"。这种改革的力度之大，即使在 30 年后的今天看来也是前所未有的。在这场改革大潮中，才担任教务副主任半年的我被任命为一所乡镇中学校长。由于种种原因，我在暑期开学前夕选择了辞职，重新去做一名普通语文教师。说实话，这个选择在当时是有遗憾也有痛苦的。虽然我在给教育局领导的辞呈中有诸如"我可能成为一名优秀语文教师，而不可能成为优秀校长"之类的话，但其实那更多的只是一种托辞而已。开弓没有回头箭，我认定：语文教师，这已成为我的宿命；优秀，必须成为我的信念。我只能沿着这条道路前行，别无选择。第二次选择是在2001年，我放弃了省重点中学副校长的职位，选择了江南，再次做一名普通的语文教师。如果说第一次选择还或多或少有些无奈的成分，这一次则完全是轻松甚至愉快的选择。已过不惑之年的我，非常清楚自己内心的需要，也非常明白自己在哪儿能找到职业的幸福，此时自己的专业发展目标愈益清晰，信念也愈益坚定！

选择是重要的，比选择更重要的是坚持。目标明确之后，需要的就是有"咬定青山不放松"的韧劲。咬定语文美育发展方向之后，30年来，我的专业关注目光就始终没有游离过。这在世事纷扰、名利喧嚣的今天，应该不是一件容易的事。

执着是重要的，但执着不仅仅是专注。行走在语文的旅途中，一路有李泽厚、叶圣陶两位大师的思想和智慧同行，是我的幸运。他们不仅让我少走了许多弯路，而且也开拓了我的胸襟和视野，丰富和滋养了我的人生。

相信种子，相信岁月！相信种子的生命力，也相信岁月的公正。岁月是什么？岁月就是栉风沐雨的历练，就是冰雹霜冻的打磨；之后，才是丰腴，才是果实。

附录：

只问耕耘，不问收获

在灌河岸边那一片肥沃的土地上，我度过了难忘的青少年时光，也修完生活的第一章功课。父母和师长给我最大的人生教益就是：只问耕耘，不问收获。漫漫教学之旅，这是我不倦前行的信念和动力。

这不是矫情。谁都渴望成功，渴望辉煌。但我更清楚，选择了三尺讲台，就是选择了寂寞。这是寂寞者的事业。有点无奈，但也无悔。在耕耘的过程中，有诗意的飞扬，有智慧的碰击，有灵魂的契合，有思想的自由。足矣！过程的美丽比结果更重要。心，在这里永远年轻！

这也不是高尚。现实已经是一个拒绝崇高的年代，奉献也因用得太滥而变得廉价。仅仅是要寻求一个精神的支点，一方心灵的家园。人，诗意地栖居，总得有一安身立命之处。面对物欲横流，红尘滚滚，人显得很脆弱，很难不滑向浮躁，也很难不走向琐屑。定力不够时，这是一副良好的心药。

这更不是无为。无为是看破一切，是消极遁世。无为是不会付出任何汗水和心血。但这又有点无为的嫌疑。这是一种生活的态度——一种真诚淡泊的生活态度，一种处于无为和有为之间的生活态度，一种无力超越但又不甘平庸的生活态度，一种希望成功但又不想急功近利的生活态度，一种不愿虚度时光但更不愿蝇营狗苟的生活态度。

我崇尚这种态度，它使我人生的步履不太潇洒也不太疲惫：踏实而不觉沉重，匆忙而不失从容。

写于 2002 年 6 月

初版后记

有关本书的话题，该说的似乎都已在书中说了；因此，打定主意：本书不写后记。

然而，近日在阅览室看到人大复印报刊资料转载的北京大学陈平原教授访谈稿《发现语文之美，享受阅读之乐——北京大学中文系教授陈平原访谈》[①]，还是有点忍不住手痒，想再"记"上几句。陈平原在文章中说：

我主张语文教学应该轻装上阵：以审美为中心，不戏说，不媚俗，也不自戴高帽。在我看来，中学生之阅读作品，可以有质疑，有批判，但更应注重"了解之同情"，以及鉴赏中的追摹。现实人生中，确有许多假丑恶，但语文教学更倾向于表彰真善美。与此相联系，在教学活动中，以培养"发现的眼光"为主要目标——知识可以积累，眼光及趣味却不见得。而所谓"发现的眼光"，是指在教学活动中，努力去发现汉语之美、文章之美、人性之美以及大自然之美。好的诗文，兼具"四美"，只是含而不露，需要认真体味，方能有所领悟。

"经典阅读"与"快乐阅读"，二者并不截然对立。我只是强调，追求不假思索的瞬间愉悦，不是语文教学的根本目标；相反，应该注意的是培养学生发现的目光。发现什么？发现表面上平淡无奇的字里行间所蕴涵着的真善美。而

[①] 李节：《发现语文之美，享受阅读之乐——北京大学中文系教授陈平原访谈》，《语文建设》2012年第 12 期。

这种"发现"的能力，并非自然而然形成，而是需要长期的训练与培育。

读到这些文字之后，我回到办公室的第一件事，就是想和陈教授聊聊，最好能请他为本书写几句话。不管怎么说，能和北大著名教授的语文教学观"撞"到一起，我还是颇有几分高兴的，也不想掩饰这份高兴的心情！从朋友处找到陈教授家的电话，方知陈教授正在香港讲学。"作序是不可能了，他要在香港半年！"陈太太夏晓虹教授告诉我，"不过，你可以把那几句话印在封底啊！"夏教授颇为善解人意。我说："那就算是您的授权了！""没问题，只要注明出处就行。"夏教授以学者的严谨友好地提醒我。

有趣的是，本书"导言"的开头，我引用了一位素不相识的语文同行对敝语文观的评语；"后记"，则又和文学教授陈平原先生的语文观不期而遇。"嘤其鸣矣，求其友声。"看来，写书著文者，总是希望遇到知音的，我也未能免俗。

另有一点略作说明。本书是从八年前出版的《语文美育叙论》中析出偏重实践部分的内容，增加了近年来若干相关文字，连缀而成；《语文美育叙论》中偏重论说的文字，则拟择机另作打发。既各得其所，避免原来"叙""论"混合的大杂烩，也"资产"重组，再行梳理反思，增添一些新近的认识和思考；但核心观点则没有变化，多年一以贯之。语文界此伏彼起、层出不穷的种种旗号流派，似乎对我没有什么影响。路漫漫其修远兮，求索可以上下，却不能像地道战，打一枪换一个地方。

借此机会，我要向为拙著作序的语文前辈于漪先生表示诚挚感谢。26年前，在上海五角场空军招待所，曾有幸聆听过于漪、钱梦龙等多位语文名师的讲座或授课，其景其境，犹历历在目。那个青年语文教师讲习班，其实也可视作我走上教研之路的一个起点，之后和诸位先生再未谋面，心中却一直怀有深深的景仰！此次冒昧求序，我是像交作业一般把书稿寄给于漪老师的。同时，我也要向素不相识的吴东范老师表示诚挚感谢。没有吴老师的盛情邀约，也就没有和东北师范大学出版社这一次的愉快合作！

是为记。

2013年元旦前夕

再版后记

岁月蹉跎。一转眼，《发现语文之美》问世已然十年，今由东北师范大学出版社转到老朋友华东师范大学出版社"大夏书系"再版，颇有游子回家之感。幸何如之。本次修订，删旧文 15 篇，大多是课例，也有一些陈旧文字；新增 15 篇，议论、听课手记以及阅读札记都有，均为近年心得。其他文字不变，全书结构大体依旧，原阅读和写作课例因删略较多，故合二为一；辑一名称新改为"方法：发现和创造的双重变奏"，和该辑内容更为切近，也符合我对教学经验的理解。我向来认为，教无定法，语文课堂理应气象万千，个人经验的凝练，宜大而化之，笼而统之，不宜太过精确，若打比方，这种经验更像中医，而不是西医，用这样那样的环节、步骤或者方法、技巧来概括，总觉得有拘泥刻舟之嫌，不知读者诸君以为然否？按惯例，应当有一后记，且以近作《语文美育、语文之美和教育美学》代之，一则偷懒省事，二则其内容与本书关联甚多，恰好借以剖明心迹，阐说原委，全文照录如下。

自 2017 版课标将"审美鉴赏与创造"列为四个语文学科核心素养之后，语文审美重又成为议论热点。这是一个可喜的现象。毕竟，自 20 世纪 80 年代热闹过一番之后，审美在语文江湖上已经是一个近乎被遗忘的词。但是，美是汉语言的本质属性；审美缺失，语文教育总不完整，此其一。其二，语文教育于精神发育干系甚大；缺少美感熏陶的心灵，人格亦不可能健全。因此，愚顽如我，"误入尘网中，一去三十年"，孜孜矻矻地守着这一亩三分地，只问耕耘，冷暖自知。

我的探索过程，经历了从"语文美育"到"语文之美"命名的变化，其实也是两个有联系但更有区别的不同阶段。

语文美育，这是一个在20世纪80年代广泛流行的概念。当时的语文美育，多是"贴标签"式的，譬如自然美、心灵美、人格美之类的概念。很快，我就发现，这样的美育与语文无关。我理解的语文美育，简言之，是在语文教学中体现美的精神和原则，给学生带来发现的愉悦、创造的快乐、成功的体验。语文美育是让学生在"语文学习"的过程中，潜移默化地去发现和感受。首先，是教学内容的选择，力求挖掘"语文"中的情感因素，滋养学生心灵；其次，"美育"必须和语文因素水乳交融，而不是抛开语文。概言之，就是"美的发现"（发现语文之美）和"发现的美"（在发现过程中学生体会到的喜悦和激动）。操作要领是：品味词语——选择经过作者锤炼、意味丰富的关键词语让学生反复品味，是语言思维的训练，也是情感意味的品评；咀嚼细节——选择看似平常，实则内涵丰厚的细微之处，体会细节背后的深层意蕴；鉴赏技巧——文章总是凝聚着艺术的秘密，发现不同文体、不同风格的艺术匠心，接受艺术技巧的熏陶。但是也有不足，这从命名上即可看出，我之"语文美育"观虽然强调了从语文角度（这是至关重要的）入手，却还是容易被误解为过多关注语文的外在教育功能（当然这也是不可或缺的）。

十多年来，我一般不再使用"语文美育"概念，而代之以"语文之美"的新说法。相比起来，"语文之美"是一个更加贴近汉语文教育本质的命名。语文之美首先是指语文的形式之美。譬如文字，要重估汉字的教学价值，从审美视角进入文字深层；譬如音韵，要重视文字的抑扬顿挫，高度重视朗读之必要；譬如"由字以通其辞"，重视推敲、揣摩、涵泳等古已有之的传统语文教学手段；譬如句，譬如篇，譬如文体等，汉语言文章都有其独特的逻辑和规律，这种逻辑和规律与从西方语言学而来的那种思路有着本质的不同。形式也是内容，语文形式是语文教育不可忽略的重要内容。在重视语文形式的同时，必须强调指出，对语文形式不可片面理解，不能把语文形式抽象成只有骨架、没有血肉的语文知识或语法规则，不能把语文形式仅仅归结为语文试题上的那点语言运用规律。美学大师说"美是有意味的形式"。语文之美不只是"语文形式"之美，更重要的还有"语文意味"之美，而从某种意义上说，"语文意味之美"是比"语文形式之美"更深层、更有意蕴、更值得咀嚼，因而也更重要的语文之美。操作要领是：构建"言语—意蕴"阅读教学模式，聚焦发现语文之美，由文本走进心灵；构建"立诚—创造"作文教学模式，聚焦创造语文之美，用文字表达心灵。由"语文形式之美"走向"语文意味之美"，才是语文教学的全部旨趣所在和唯一路径选择。

从"语文美育"到"语文之美"的求索路上，我欣喜地发现，学科之美原来是一个颇具普遍意义的重大课题，即学科魅力问题；而这一点，恰恰是在教育学原野上尚未被人们耕耘过的处女之地。为此，我从语文教育走向教育学，把"学科的魅力"作为教育美学体系建构的一个重要维度。这，已经越出语文教育的话题边界了。[①]

谨向大夏书系诸位朋友，向本书编辑杨坤老师、韩贝多老师表示诚挚感谢。不当之处，欢迎读者朋友批评指正，不胜感激！

是为记。

杨　斌

2023 年 12 月

[①]　杨斌：《语文美育、语文之美和教育美学》，《语文教学通讯》2020 年第 34 期。